마음의 쉼터

현용수교수 -
마음을 돌보는 심리수업

마음의 쉼터
회복의 심리학

**지친 날에,
당신을 위한 이야기**

불안한 시대를 살아가는 우리에게 필요한 것은
'당신은 괜찮다'는 따뜻한 한마디입니다.

What we need in these uncertain times
is a warm word "You are okay."

현용수 지음

행복한 마음

■ 프롤로그

지친 날, 마음이 전하는 작은 신호

살아간다는 건 생각보다 무겁습니다.
아침 눈을 뜨는 순간부터 저녁까지, 해야 할 일들은 끝없이 이어지고, 하루의 끝에 이르면 마음은 어느새 지쳐 목소리를 잃어버린 듯합니다. 그러다 문득 찾아오는 작은 신호들—저도 모르게 흘러나오는 한숨, 이유 없이 고이는 눈물, 손 하나 까딱하기 싫은 무기력감. 우리는 종종 그것을 그냥 '기분 탓'이라 여기고 지나치지만, 사실은 마음이 켜놓은 작은 경고등일지도 모릅니다.

자동차가 연료 부족을 알리듯, 마음도 우리에게 말을 걸어옵니다.
"지금은 잠시 멈추어야 해. 조금은 쉬어도 괜찮아."
이 신호에 귀 기울이면, 상처 난 마음은 회복할 여지를 얻고 다시 자라날 힘을 준비합니다. 하지만 무심히 지나쳐 버리면, 그 신호는 더 커다란 불안과 우울로 이어질 수도 있지요.

상담심리학은 이 작은 신호를 자기연민Self-Compassion과 회복탄력성Resilience의 출발점으로 봅니다. 자기연민은 스스로를 다그치지 않고 따뜻하게 안아주는 마음가짐이고, 회복탄력성은 쓰러진 자리에서 다시 일어설 수 있는 힘입니다. 결국 우리 안에는 이미 회복과 성장을 향한 씨앗이 숨겨져 있는 셈이지요.

이 책은 그 씨앗을 발견하고, 다시 길을 걸어 나갈 수 있도록 돕는 작은 안내서가 되고자 합니다. 상담실에서 만난 누군가의 이야기, 심리학 연구가 들려주는 통찰, 그리고 우리가 일상에서 만나는 사소한 순간들을 곁들여, 당신이 자신의 마음을 조금 더 깊이 이해하도록 이끌고 싶습니다.

지친 날, 마음의 신호에 잠시 귀 기울여 보세요.
그 속에는 이미 당신을 일으켜 세울 힘, 잃어버린 따뜻함, 그리고 다시 길을 나설 용기가 고요히 숨 쉬고 있습니다.

2025년 10월
삼성, 모퉁이에서
목원 현용수 씀

| 목차 |

■ 프롤로그 · 04

1장   흔들리는 마음, 불안한 시대

01. 왜 이렇게 지쳐만 갈까? -현대인의 불안 심리 · 13
02. 경쟁 사회와 고독 -관계 속에서 오는 마음의 상처 · 43
03. 마음의 겨울 -끝없는 불안과 무기력 · 54

2장   마음을 어루만지는 위로의 이야기

01. 작은 불빛 하나가 어둠을 이기는 순간 · 63
02. 한 그루 나무처럼 버티는 힘 · 69
03. "괜찮아"라는 말의 따뜻한 울림 · 74

3장   심리학이 알려주는 회복의 기술

01. 호흡과 명상이 뇌를 치유하는 원리 · 101
02. 인지전환 -생각을 바꾸면 마음이 달라진다 · 106
03. 감정 다루기 -불안, 분노, 슬픔을 길들이는 방법 · 117

4장   나를 안아주는 시간

01. 자기 연민(Self-Compassion)의 심리학 · 131
02. 회복탄력성(Resilience) -흔들려도 무너지지 않는 힘 · 137
03. 느리게 걷기, 고요히 호흡하기 -일상 속 실천 · 143
04. 긍정심리학이 말하는 행복의 조건 · 148

5장 함께하는 치유와 희망

01. 관계 속에서 치유되는 마음 –공감과 경청 · 157
02. 공동체가 주는 위로 –혼자가 아님을 깨우치다 · 162
03. 다시 살아갈 용기 –내일을 향해 나아가는 발걸음 · 167

6장 일상에서 실천하기

01. 호흡과 명상으로 뇌 치유하기
  –마음챙김 명상의 심리학적 효과 · 175
02. 글쓰기와 표현으로 마음 돌보기
  –말로 다 전하지 못한 마음을 문장에 맡기는 법 · 191
03. 예술치료(그림, 음악, 무용)의 효과
  –설명하려고 하면 더 멀어지는 마음 · 197
04. 관계 속에서 얻는 위로 –공감과 경청이 주는 치유 · 206
05. 몸과 마음을 함께 돌보기 –운동과 뇌의 긍정적 변화 · 215
06. 작은 실천으로 시작하는 회복 –"하루 10분 느린 삶"의 치유력 · 222

7장 마음의 기술-뇌 이해하기

01. 감정은 어떻게 만들어지나
  –내감각(몸의 신호)+해석이 만나는 '구성된 감정'의 원리 · 261
02. 보상 시스템과 습관 루프Habit Loop
  –도파민·선호 학습, 좋은 습관/나쁜 습관의 뇌 메커니즘 · 266
03. 세로토닌·GABA·옥시토신
  –안정·진정·유대의 화학, 약물/생활습관과의 연결 고리 · 274

04. 신경가소성(Neuroplasticity)의 법칙

-반복·집중·휴식·수면이 시냅스를 바꾸는 네 가지 열쇠 · 281

05. 수면과 뇌 청소 시스템

-서파·REM의 역할, 글림프 흐름과 감정 회복의 관계 · 287

06. 뇌 친화적 하루 루틴 설계

-3-3-3 실천(3분 호흡·3줄 일기·3가지 감사)과 주간 피드백 · 291

8장 명상Meditation, 심리학을 위로하다

01. 왜 명상인가

-고통을 없애기보다 '고통과 함께 머무는 힘'에 대한 서문 · 299

02. 마음챙김의 핵심 원리 -알아차림·비판단·현재성의 세 기둥 · 303

03. 호흡 명상 프로토콜

-즉시 안정(1-3분)과 깊은 회복(10분) 루틴 · 309

04. 자애/연민 명상(Metta & Self-Compassion)

-자기비난을 따뜻함으로 전환하기 · 312

05. 걷기 명상 -일상 속에서 실천하는 움직이는 마음챙김 · 317

06. 만트라·소리 명상 -주의 안정과 불안 진정을 돕는 리듬의 힘 · 320

07. 이미지/시각화 명상 -회복 서사를 재구성하는 마음의 영화관 · 323

08. 치료 통합: MBSR·MBCT·ACT -근거기반 명상프로그램과 상담의 만남 · 327

09. 공동체 명상의 힘 -그룹 연습, 공감·소속감이 만드는 치유 효과 · 332

10. 명상: 21일 실천 계획 -주·일 단위 목표, 장애물 대처, 유지 전략 · 335

　명상: 측정과 피드백 -자가 체크리스트(불안/우울/수면/마음챙김)와 진행 모니터링

　명상: 작은 증언들 -"명상이 내 마음을 어떻게 바꿨는가." 현장 이야기 모음

9장 새로운 삶이 시작된다

01. 새벽은 이미 시작되었다
-치유 여정의 마지막이 아닌 새로운 출발선으로서의 인트로 · 347

02. 나의 회복 서사 다시 쓰기 -내러티브 리프레임
-"무슨 일이 있었나"에서 "그 이후 나는 누구인가"로 · 351

03. 놓아보는 연습, 애도·수용·용서 리추얼
-작별 편지, 상실 박스, 수용 선언문으로 마음의 공간 만들기 · 358

04. 감정일기와 표현적 글쓰기의 유지 전략
-5문장 저널·자기연민 편지로 흔들림을 정리하는 방법 · 366

05. 건강한 경계와 자기 보호
-'예스/노' 스크립트, 에너지 관리, 회복을 해치는 습관 다루기 · 374

06. 가치·목표·행동의 90일 로드맵
-핵심가치 3개 선정→3대 목표→주간 작은 행동 설계(OKR-lite) · 382

07. 감사와 기쁨의 근육 키우기
-3감사·작은 기쁨 수집·칭찬 리추얼로 긍정 정서 끌어올리기 · 386

08. 흔들릴 때 돌아오는 길
-위기대응 체크리스트(호흡·그라운딩·연락처·안전문장) · 392

09. 의미의 확장 —나눔과 봉사, 일의 재정의
-배운 것을 관계/일/사회에 환원하는 방법 · 397

10. 새로운 삶 선언문
-개인 확언문과 '내가 선택하는 삶' 서명식 · 407

■ 에필로그 -다시 길을 나서는 마음에게 · 414

1장

흔들리는 마음, 불안한 시대

『우리는 흔들리는 시대를 살아갑니다.
끝없는 경쟁 속에서 지치고,
관계의 단절 속에서 고독해지며,
마음은 차가운 겨울에 머무릅니다.
불안은 길게 이어지고,
무기력은 삶의 빛을 가려버리지만,
그 속에서도 우리는 여전히 따뜻한 숨을 찾습니다.』
- 본문 요약

1. 왜 이렇게 지쳐만 갈까?

　-현대인의 불안 심리

2. 경쟁 사회와 고독

　-관계 속에서 오는 마음의 상처

3. 마음의 겨울

　-끝없는 불안과 무기력

우리는 지금 흔들리는 시대를 살아가고 있습니다.

끝없이 달려야 하는 경쟁 속에서 지치고, 관계의 단절 속에서 고독해지며, 마음은 차갑게 얼어붙은 겨울을 지나고 있습니다.

불안은 길게 이어지고, 무기력은 삶의 빛을 가려버리지만, 그 속에서도 여전히 꺼지지 않는 희망이 있습니다.

그 희망은 크고 특별한 것이 아니라, 내 안에 남아 있는 아주 작은 따뜻한 숨, 그리고 다시 시작할 수 있다는 믿음에서 피어납니다. 이 장은 바로 그 흔들림 속에서 우리가 왜 지쳐만 가는지, 또 어떻게 다시 삶의 힘을 되찾을 수 있는지 함께 살펴보고자 합니다.

01
왜 이렇게 지쳐만 갈까?
– 현대인의 불안 심리

지친 마음에게 보내는 편지

어느 날 문득, 나도 모르게 한숨이 길게 새어나옵니다.

살아가는 게 벅차다는 신호, 이제는 더는 괜찮지 않다는 마음의 작은 외침일지도 모릅니다.

요즘 우리는 누구나 조금씩 흔들리며 살아갑니다.

내일이 어떻게 될지 모르는 불안, 사람들 속에서도 사라지지 않는 외로움, 그리고 끝없이 달려야 한다는 압박감.

이 모든 것들이 우리의 어깨 위에 켜켜이 쌓여, 마음은 늘 무겁고, 숨조차 가빠옵니다. 하지만 기억했으면 합니다.

당신이 느끼는 불안과 피로는 결코 당신 혼자만의 것이 아니라는 사실을.

이 책을 펼쳐 든 바로 이 순간에도, 세상의 수많은 사람들이 같은 마음으로 오늘 하루를 겨우겨우 살아 내고 있습니다.

이 글은 그들에게, 그리고 당신에게 보내는 작은 편지입니다.

화려한 성공 이야기도, 특별한 교훈 도 담지 않았습니다.

다만, 마음이 흔들리고 지칠 때
잠시 기댈 수 있는 나무 같은 한 줄기 이야기가 되었으면 합니다.
때로는 따뜻한 빛처럼,
때로는 조용히 등을 두드려 주는 손길처럼.
이 책이 당신의 마음 곁에 머물러 줄 수 있다면,
그것으로 충분합니다.

오늘도 괜찮습니다.
당신은 이미 잘 살아내고 있으니까요.

만성 스트레스의 시대

현대인은 이전 세대보다 더 많은 편의와 물질적 풍요를 누리고 있습니다. 하지만 그 편의와 풍요는 동시에 끊임없는 경쟁과 피로를 낳았습니다.

미국 심리학회(APA, 2022)의 '스트레스 현황 보고서'에 따르면, 응답자의 87%가 "지속적인 압박감으로 인해 일상적 피로를 느낀다."고 말했습니다. 이는 단순한 주관적 체감이 아니라, 신체적·심리적 건강에 직접적 영향을 미치는 요인입니다.

신경과학적으로 볼 때, 스트레스 상황에서 분비되는 코르티솔 cortisol은 단기적으로는 생존을 위해 필요합니다. 하지만 과도한 분비가 장기화되면 해마hippocampus의 기능을 약화시켜 기억과 학습 능력을 저하시키고, 편도체amygdala를 과도하게 활성화시켜 불안을 증폭시킵니다. 결국 우리는 "별일 아닌 일에도 불안이 커지는" 악순환에 갇히게 됩니다.

지금, 흔들리는 마음에게

우리가 느끼는 불안은 단지 바쁘고 힘든 삶 때문만은 아닙니다. 눈에 보이지 않지만 마음 깊은 곳을 흔드는 몇 가지 힘이 있습니다.

첫 번째, 내일을 알 수 없는 두려움입니다. 예측할 수 없는 미래는 늘 우리를 긴장하게 만듭니다. 작은 일에도 "혹시 큰일이 생기면 어떡하지?"라는 불안이 스며듭니다. 미래 불확실성에 대한 과민한 반응이 우리를 더 불안과 두려움에 빠뜨리고 있습니다.

두 번째, 끝없는 비교의 늪 때문입니다. 스마트폰 속 세상은 언제나 다른 사람의 화려한 순간을 보여줍니다. 그 앞에서 우리는 자꾸만 작아지고, '나만 부족한 건 아닐까?'라는 생각에 잠깁니다. 그에 따른 상대적 박탈감(relative deprivation)은 실제 성과와 상관없이 불안을 증폭시킵니다. 이는 특히 청소년과 청년 세대에서 자존감 저하와 우울 불안 증가로 연결되고 있습니다.

세 번째, 혼자가 되는 두려움입니다. IT 기술, AI 인공지능 등 빠르게 변하는 세상 속에서 정체성을 붙잡기 어렵습니다. "나는 누구인가?"라는 질문은 종종 외로움과 함께 다가옵니다. 관계 속 소속감을 잃으면 존재 자체가 위태롭다는 불안이 커지며, 이는 사회적 고독(social isolation)으로 이어집니다.

네 번째, 더 잘해야 한다는 압박감입니다. 이 사회는 이긴 자가 모두 가져가는 사회현상 때문입니다. 쉼 없이 달려도 "아직 부족하다"는 목소리가 우리 안에서 들려옵니다. 작은 실패에도 스스로를 책망하며 불안을 키웁니다. 이에 따른 완벽주의(perfectionism) 성향은 작은 실패에도 과도한 자기 비난을 불러오고, 이는 만성 불안과 무기력을 강화시키고 있습니다.

최근 심리학에서는 이를 '내적 성취 강박(internalized achievement pressure)'으로 설명하며, 청년뿐 아니라 중년, 장년, 노년 세대에도 크게 나타나고 있습니다.

결국 우리의 불안은 단지 개인의 나약함이 아니라, 이 시대가 우리에게 지우는 무거운 짐일지도 모릅니다. 하지만 기억하세요. 당신이 흔들리고 있다는 건, 여전히 살아 있다는 증거이고, 버티며 걸어가고 있다는 뜻입니다.

오늘도 괜찮습니다.
이미 충분히 잘 살아내고 있으니까요.

☐ 세대별 마음 에세이 — 흔들림 속에서 다시 서다

삶은 늘 흔들림의 연속이었습니다.
우리는 각자의 나이를 살아가지만, 사실은 모두 비슷한 마음의 파도를 경험합니다.

스무 살의 설렘과 두려움, 마흔의 흔들림, 예순의 회한과 성찰, 칠순의 지혜와 고독, 여든의 마무리와 고요 사이에서 세대는 다르지만 마음의 떨림은 닮아 있습니다.

어린 시절에는 '나는 누구일까'를 묻고,
젊은 날에는 '어디까지 달려야 할까'를 묻습니다.
중년이 되면 '이 길이 맞는 걸까'를 돌아보고,
노년이 다가오면 '나는 무엇을 남길 수 있을까'를 곱씹습니다.

이 책은 그러한 질문들 속에서 흔들리며 살아온, 그러나 끝내 다시 일어서는 세대들의 이야기를 담았습니다.

누군가는 청춘의 불안을 지나며 다시 서고,
누군가는 가족과 일, 관계의 무게 속에서 다시 서며,
누군가는 나이가 익어가는 고독을 껴안으며 또다시 서게 됩니다.

흔들린다는 것은 약함의 표시가 아닙니다.
그 흔들림 속에서 우리는 삶의 방향을 새로이 찾아가고,

다시 서는 법을 배워갑니다.

"흔들려도 괜찮다. 다시 설 수 있으니까."

◇ 40대 - 끝없는 달리기 속에서

○○씨는 마흔 둘입니다.

회사에서는 중간관리자로서 위로는 상사의 요구, 아래로는 후배들의 기대를 동시에 감당해야 하고, 집에서는 아이들의 교육과 부모님의 건강까지 챙겨야 합니다. 아침마다 지하철에 몸을 싣고 출근하는 그는 마음속으로 묻습니다.

"나는 지금 잘 살고 있는 걸까?"

하루는 끝이 없을 만큼 길지만, 정작 나를 위한 시간은 늘 모자랍니다.

주말에도 회사 메일을 확인하고, 아이의 학원 스케줄을 맞추다 보면 어느새 한 주가 지나가 버립니다. 몸은 점점 무겁게 가라앉고, 마음은 늘 쫓기듯 불안합니다. 달리는 동안 숨 고를 틈조차 없으니, 삶은 점점 더 빠르게 지나가는데 정작 자신은 그 속도를 따라가지 못하는 듯 느껴집니다.

심리학이 전하는 이야기 : 40대의 발달과제

심리학자 에릭슨(Erikson)의 발달이론에서 40대는 생산성 vs 침체성(Generativity vs Stagnation)의 과업에 놓여 있습니다. 이 시기의 핵심은 '다음 세대와 사회에 얼마나 기여하는가.'입니다. 가정에서는 부모로서, 직장에서는 사회적 역할자로서 책임을 다할 때, 사람은 삶의 의미와 성취감을 느낍니다.

그러나 이 과정에서 자기 자신을 돌보지 못하면 쉽게 침체와 무기력에 빠지게 됩니다. 성취와 책임의 균형이 깨지면 "나는 무엇을 위해 달리고 있는가?"라는 허무함이 찾아오고, 정체감의 혼란에 휘말리기도 합니다.

40대에게 건네는 용기와 쉼터

40대의 삶은 끝없는 달리기와 같습니다. 하지만 달리기 도중에도 숨을 고르고 물을 마시는 휴식이 필요하듯, 삶에도 작은 쉼표가 반드시 필요합니다.

- **작은 멈춤의 힘**

지금 이 순간, 단 5분이라도 핸드폰을 내려놓고 깊게 숨을 고르는 것. 그 단순한 행위가 내 마음을 위한 안전지대가 되어 줍니다. 숨을 고르는 순간, 내 안의 불안이 잠시 멈추고, 다시 달릴 힘이 생겨납니다.

- **나만의 의미 찾기**

아이를 돌보고, 일을 해내며, 부모를 챙기는 그 모든 수고 속에는 이미 '생산성'이라는 값진 의미가 숨어 있습니다. 때로는 그 사실을 잊고 스스로를 다그치지만, 사실은 충분히 잘해내고 있는 것입니다. "나는 충분히 잘하고 있다"라는 속삭임을 스스로에게 건네 보세요.

• **함께 나누는 마음**

삶의 무게는 혼자 짊어질 때 더 무겁습니다. 동료와, 친구와, 혹은 가족과 솔직한 마음을 나누는 것만으로도 짐은 절반으로 줄어듭니다. 지쳐 멈춘 자리에서 고개를 들면, 함께 걷고 있는 사람들이 있다는 사실을 발견하게 됩니다.

40대, 독자에게 전하는 치유메시지

40대의 삶은 종종 끝없는 달리기처럼 느껴집니다. 하지만 기억하세요. '멈춤'은 포기가 아니라, 다시 달리기 위한 숨 고르기입니다.

하늘을 올려다보고, 지금까지 달려온 길을 잠시 뒤돌아보세요.

그 길은 결코 헛되지 않았습니다.

당신은 이미 수많은 책임을 감당하며, 누군가의 삶에 큰 의미를 더해왔습니다.

지금 잠시 멈추어 선다고 해서 당신의 길이 끊어지는 것이 아닙니다. 오히려 그 멈춤은 내면을 단단하게 하고, 더 오래 달릴 힘을 줍니다.

그러니 스스로에게 이렇게 말해 주세요.

"나는 잘 살아가고 있다. 그리고 앞으로의 길 또한 빛을 품고 있다."

40대는 무너지기 쉬운 시기이지만, 동시에 더 깊어지고 단단해지는 시기이기도 합니다. 달리기를 잠시 멈추어 숨을 고르는 그 순간, 삶은 다시 새로운 리듬을 찾아갈 것입니다.

◇ 50대 −무거운 어깨 위의 세월

OO 씨는 쉰둘입니다.

조직에서는 여전히 성과를 요구받고, 집에서는 부모님의 돌봄과 자녀의 취업 걱정이 한꺼번에 어깨 위에 내려앉습니다.

거울 앞에 서서 희끗희끗한 머리칼을 바라보다가, 문득 속으로 중얼거립니다.

"나는 언제쯤 내 삶을 살 수 있을까?"

퇴근길, 버스 창밖으로 스쳐가는 불빛을 보며 하루를 떠올려 봅니다.

웃었던 순간이 있었나. 스스로에게 묻지만, 쉽게 대답은 떠오르지 않습니다. 하루는 너무 길었지만, 정작 나 자신을 위한 시간은 거의 없었던 것입니다.

심리학이 전하는 이야기 : 50대의 과업

에릭슨(Erikson)의 발달이론에 따르면, 50대 역시 생산성 vs 침체성(Generativity vs Stagnation)의 과업 속에 놓여 있습니다.

아직도 사회적 기여와 다음 세대를 위한 생산성이 중요한 시기입니다. 직장에서, 가정에서, 공동체 속에서 자신을 드러내는 방식이 삶의 의미와 가치를 결정합니다.

그러나 이 과업을 충족하지 못하거나, 자신을 잊은 채 타인의 요구만 좇을 때 허무와 무가치감이 스며듭니다. 그러면 삶의 동력은 줄어들고, 내면에는 '침체성'이 자리를 차지합니다.

50대에게 건네는 용기와 쉼터

50대의 삶은 그동안 남을 위해 달려온 세월의 무게가 본격적으로 어깨에 내려앉는 시기입니다. 하지만 동시에, 이제는 조금씩 그 무게를 내려놓고 '나 자신을 위한 자리'를 마련해도 되는 시간이기도 합니다.

• 작은 기쁨 허락하기

오랫동안 가족과 조직을 위해 살아온 자신에게 이제는 작은 기쁨을 선물해 주세요. 퇴근길에 잠깐의 산책, 오래 듣지 못했던 좋아하는 음악 한 곡, 혹은 오랜만에 친구에게 건네는 안부 전화 한 통. 이런 사소한 순간들이 마음을 회복시키는 놀라운 힘이 됩니다.

• 나라는 이름으로 살아보기

언제나 '누군가의 부모, 자녀, 직원'으로만 살아온 당신. 이제는 '나'라는 이름으로도 살아길 자격이 있습니다. 작은 여행, 새로운 배움, 오랫동안 미뤄둔 취미, 그 무엇이든 자신만을 위한 선택이 삶에 새로운 숨결을 불어넣습니다.

• **새로운 시작의 용기**

50대는 끝이 아니라 또 다른 시작점입니다. 이제는 조금 더 자유롭게, 자신을 위한 투자를 시작할 때입니다. 지금까지 남을 위해 쌓아온 경험과 사랑은 헛되지 않았습니다. 그것들은 앞으로 당신 자신을 지탱하는 강력한 힘이 되어 줄 것입니다.

50대, 독자에게 전하는 치유메시지

50대의 삶은 무겁게 만 느껴질 수 있습니다. 하지만 그 무게는 단지 고단함이 아니라, 오랫동안 쌓아온 책임과 사랑의 증거입니다.

이제는 그 무게 중 일부를 내려놓아도 괜찮습니다. 작은 산책, 한 통의 안부 전화, 좋아하는 음악 한 곡이 당신 마음의 회복제가 됩니다.

그리고 언젠가, 일상을 잠시 떠나보는 과감한 도전도 필요합니다. 꼭 멀리 가지 않아도 좋습니다. 내가 나로서 존재할 수 있는 시간을 찾는 것, 그것이야말로 또 다른 '무진기행'의 서사일 것입니다.

그러니 오늘만큼은 스스로에게 이렇게 말해 주세요.

"나는 지금까지 충분히 잘 살아왔고, 앞으로는 나 자신을 더 사랑하며 살아갈 것이다."

50대는 끝이 아니라, 새로운 인생의 서막입니다. 당신의 다음 걸음은 더 자유롭고, 더 따뜻하며, 더 단단해질 것입니다.

◇ 60대 -익숙하지 않은 빈자리

00 씨는 예순 넷입니다.

은퇴 후의 하루는 낯설게 비어 있습니다.

오랫동안 앉아 있던 직장의 자리도, 한때 삶의 중심이었던 자녀 양육의 책임도 이제는 그의 손을 조금씩 떠나가고 있습니다.

그러나 텅 빈 하루 속에서 불현듯 찾아오는 질문이 있습니다.
"나는 여전히 필요한 존재일까?"
건강은 예전 같지 않고, 친구들도 하나둘 곁을 떠나갑니다. 관계의 지도가 서서히 단순해지고, 익숙한 자리는 낯설게 비어 있습니다.

하지만 그 속에서도 그는 서서히 새로운 길을 배우고 있습니다. 작은 모임에 나가 누군가와 차 한 잔을 나누고, 가벼운 산책을 하며 계절의 변화를 느끼는 것. 그것이 지금의 그에게는 소박하지만 깊은 의미가 됩니다.

심리학이 전하는 이야기 : 60대의 발달 과업

심리학자 에릭슨(Erikson)은 노년기를 통합 vs 절망(Integrity vs Despair)의 과업으로 설명했습니다. 이 시기는 지금까지 걸어온 삶을 어떻게 해석하고 받아들이느냐에 따라 크게 달라집니다.

만약 지나온 시간을 긍정적으로 수용하고 자신이 걸어온 길에 의미를 부여한다면, 평온함과 지혜를 얻습니다. 그러나 후회와 상실에만 머물게 된다면 절망감에 휩싸이기 쉽습니다.

60대는 바로 이 통합과 절망 사이의 갈림길 위에 서 있는 시기입니다.

어떤 시선으로 자신의 삶을 바라보느냐에 따라, 남은 생이 지혜와 평화로 채워질 수도, 허무와 후회로 흔들릴 수도 있습니다.

60대에게 건네는 용기와 쉼터

60대는 결코 인생의 끝이 아닙니다. 오히려 또 다른 시작의 문 앞에 서 있는 시기입니다.

이제는 '의무의 무게'보다 '자유의 가능성'을 바라볼 수 있습니다.

- **작은 시작을 허락하기**

새로운 취미를 배우고, 오랫동안 미뤄둔 여행을 떠나며, 동네 작은 모임에 나가 이웃과 인사를 나누는 것. 이런 소소한 시도가 인생 2막의 문을 활짝 열어 줍니다.

- **삶을 긍정하기**

지금까지 걸어온 길을 있는 그대로 받아들이세요. 후회보다 감사로, 아쉬움보다 통합의 마음으로. 그렇게 자신을 바라보는 순간, 마음에는 평온함이 찾아옵니다. 주름진 얼굴을 거울 앞에서 마주하며 이렇게 속삭여 보세요. "그동안 잘 견디며, 잘 살아왔다."

- **함께 나누는 기쁨**

이제는 홀로 버티는 시간이 아니라, 함께 나누는 시간이 필요합니다. 공동체와의 연결, 가족·친구·이웃과의 대화 속에서 마음을 주고받으세요. 타인과의 나눔은 내 삶을 더 따뜻하게 만들 뿐 아니라, 나라는 존재가 여전히 의미 있는 사람임을 깨닫게 합니다.

60대, 독자에게 전하는 치유메시지

60대의 삶은 끝이 아니라, '다시 쓰는 인생의 초안'입니다.

직함도, 역할도 아닌 오롯한 '나 자신'의 이름으로 살아가는 새로운 시간을 시작할 수 있습니다. 에릭슨이 말한 것처럼, 인생의 마지막 과업은 바로 자아통합입니다.

지금까지의 여정을 어떻게 마무리하느냐가 내 삶을 어떤 색으로 물들이는지를 결정합니다.

그러니 지금, 자신에게 이렇게 말해 주세요.

"나는 내 인생을 받아들이고, 그 안에서 충분한 의미를 찾을 수 있다. 나는 여전히 필요한 존재다."

60대는 비어 있는 시간이 아니라, 오히려 나를 위한 공간이 새롭게 열리는 시간입니다.

그 공간 속에서 다시 배우고, 다시 나누며, 다시 시작하는 삶은 더 깊고 단단하며, 무엇보다도 더 따뜻할 수 있습니다.

◇ 70대 - 지혜와 고독 사이에서, 삶을 다시 바라보다

"길게 걸어온 인생이 이제는 저물어 가는 것 같아.

하루하루가 선물처럼 느껴지지만, 때로는 이유 없는 공허가 마음을 흔들지."

70대는 인생의 길 위에서 수많은 경험을 쌓아온 세대입니다.

자녀들은 이미 제 삶을 살아가고, 직장의 이름표도 내려놓았습니다. 몸과 마음에는 세월의 흔적이 깊게 새겨져 있습니다. 어느 날은 여전히 삶의 지혜와 평온을 느끼기도 하지만, 또 어느 날은 외로움과 고독이 불쑥 찾아와 마음을 흔들어 댑니다.

심리학이 전하는 이야기 : 70대의 발달 과업

발달심리학자 에릭슨(Erikson)은 노년기의 핵심 과업을 통합 vs 절망(Integrity vs Despair)이라고 설명했습니다. 통합은 지나온 삶을 수용하고 긍정하며, 그 안에서 지혜와 평온을 찾는 태도입니다. 한편, 절망은 잃어버린 것과 후회에만 머물며, 삶을 부정적으로 바라보는 태도입니다.

70대는 배우자와 친구를 잃을 수 있고, 건강이 약해지는 상실의 경험을 겪습니다. 그러나 동시에 자신의 삶 전체를 돌아보고 의미를 재발견할 수 있는 중요한 시기입니다. 상담심리학은 이 세대에게 삶의 의미 찾기(Logotherapy), 회고적 상담(Life Review Therapy), 자기 수용(Self-Acceptance)을 강조합니다.

실제 상담사례

사례 1

남편을 먼저 떠나보낸 70대 여성은 깊은 우울감에 빠져 있었습니다. 그러나 상담을 통해 손주들과 함께한 일상을 글로 기록하면서, "나는 여전히 사랑을 줄 수 있는 사람"임을 깨닫게 되었고, 점차 회복의 길을 걸었습니다.

사례 2

은퇴 후 공허함에 시달리던 70대 남성은 지역 도서관에서 아이들에게 책을 읽어주는 봉사를 시작했습니다. 그는 "내가 아직 사회와 연결되어 있다는 것만으로도 다시 살아나는 기분"이라며 웃음을 되찾았습니다.

70대에게 건네는 용기와 쉼터

70대의 삶은 내려놓음 속에서 오히려 충만함을 발견하는 시간입니다.

- 비워내기

집착을 놓는 순간 마음이 가벼워지고 새로운 평온이 찾아옵니다.

- 지혜 나누기

오랜 세월의 경험은 다른 세대를 위한 귀한 선물이 됩니다. 손주와의 대화, 이웃과의 나눔이 삶을 다시 환하게 비춥니다.

- **소박한 기쁨**

햇살 좋은 날의 산책, 정원의 꽃 한 송이, 따뜻한 차 한 잔이 깊은 위로가 됩니다.

- **내적 자유**

더 이상 사회적 성취나 경쟁이 아니라, 마음이 원하는 자유를 추구하세요. 가끔은 사회를 향해 호기 있게 목소리를 내는 도전도 주변 사람들에게 훈훈한 울림을 줍니다.

70대, 독자에게 전하는 치유메시지

"나는 이제 과거에 머무는 존재가 아니라, 여전히 오늘을 살아가는 존재다."

70대의 흔들림은 삶의 끝이 아닙니다. 오히려 새로운 삶의 방식과 의미를 찾아가는 전환점입니다. 작은 봉사, 새로운 취미, 손주와의 웃음, 오래된 친구와의 대화 속에서 70대의 마음은 여전히 따뜻하게 살아 있습니다.

흔들림은 나이에 상관없이 찾아오지만, 70대의 흔들림은 삶의 깊이를 더해주는 흔들림일지도 모릅니다. 그 흔들림 속에서 다시 일어설 때, 우리는 비로소 "삶을 온전히 수용하는 지혜"를 만나게 됩니다.

◇ 80대 이후 –마무리와 지혜 사이에서, 여전히 살아가는 이유

"여든 해를 넘게 살아오니, 매일이 덤처럼 느껴지기도 한다.
그러나 때로는 이제 남은 시간이 얼마나 될까 하는 두려움이 가슴을 적신다.

떠나간 이들이 그리워지고, 나 자신도 언젠가는 그 길을 가야 한다는 사실이 무겁게 다가온다. 그럼에도 나는 오늘도 해가 뜨면 눈을 뜨고, 작은 기쁨에 미소 짓는다.

여전히 누군가의 안부를 궁금해 하고, 여전히 따뜻한 차 한 잔에 위로를 받는다.
80대의 삶은 끝을 향하는 시간이 아니라, 여전히 살아 있는 오늘을 다시 배우는 시간이다."

심리학이 전하는 이야기 : 80대 이후의 발달 과업

에릭슨(Erikson)의 발달이론에서 노년기의 최종 과업은 통합 vs 절망(Integrity vs Despair)입니다. 특히 80대 이후는 삶을 수용하며 죽음을 준비하는 과업이 중요한 시기로 부각됩니다.

80이후, 통합은 내 삶 전체를 하나의 이야기로 긍정하며, 지혜와 평온에 이르는 상태입니다.

한편, 절망은 지나간 세월을 후회하거나 상실에만 머무르며, 고립과 허무감에 잠식되는 상태를 말합니다. 특히, 후기 성인기(Late Adulthood)는 사회적 활동은 줄어들지만, 내적 성찰과 영적 의미 탐색이 강화되는 시기입니다.

죽음을 받아들이는 태도, 영성의 성숙, 세대 간 관계가 삶의 중심 주제가 됩니다.

상담 장면 (예시)

사례 1

배우자의 사별 후, "나도 이제 곧 그 길을 가겠지"라며 깊은 고독과 절망을 호소한 내담자. 상담을 통해 지난 세월의 추억을 글로 정리하며, 그 안에 여전히 사랑과 의미가 남아 있음을 깨닫게 되었습니다.

사례 2

신체적 쇠약으로 의존도가 높아지며, "나는 짐만 된다."는 자기비하를 반복하던 80대 남성. 그러나 가족과의 대화를 통해 여전히 그의 존재가 가정에 큰 울림을 준다는 사실을 확인하면서 자존감을 회복했습니다.

사례 3

반대로, 자식과의 대화, 손주와의 교류, 신앙 공동체 활동, 새로운 배움에 도전하거나 작은 경제활동을 이어가는 분들도 있습니다. 이들은 "여전히 사회와 연결되어 있다"는 감각 속에서 자기통합을 이루며, 노년을 아름다움으로 가득 채워 나갑니다.

80대 이후에게 건네는 용기와 쉼터

80대의 삶은 마치 깊고 넓은 강을 건너는 과정과 같습니다.

강물의 흐름을 억지로 거스를 필요도, 서두를 필요도 없습니다. 있는 그대로의 흐름을 받아들이며, 강 건너 펼쳐질 또 다른 풍경을 차분히 맞이하는 시간입니다.

• 감사로 채우기

지나온 세월을 후회 대신 감사로 바라보는 태도가 삶의 마지막을 따뜻하게 비춥니다.

• 함께하는 평온

손주와의 웃음, 가족과의 대화, 이웃과의 인사 한마디가 남은 날들을 풍요롭게 만듭니다.

• 영적 성찰

지금까지의 인생이 하나의 온전한 이야기였음을 받아들이는 순간, 삶은 고요한 평안으로 마무리됩니다.

80대 이후, 존재 자체로 충분함

더 이상 무엇을 성취해야 한다는 압박이 아니라, "나는 존재하는 것만으로도 의미 있다"는 확신이 가장 큰 용기입니다.

가끔 우리는 80세 이후에도 새로운 배움과 도전을 즐기는 분들을 만납니다. 그들의 삶은 후대에게 깊은 울림이 됩니다. 자연과 조화롭게 노년을 살아내는 그 태도는 무엇보다도 아름다운 교훈이 됩니다.

80대 이후, 독자에게 전하는 치유메시지

"80대의 흔들림은 끝을 향한 두려움이 아니라, 삶 전체를 하나로 꿰어내는 과정입니다.

내가 살아온 모든 날들은 이미 충분히 가치 있었고, 오늘의 나는 여전히 누군가에게 필요한 존재입니다.

끝을 두려워하기보다, 남은 날들을 새롭게 살아낼 지혜가 내 안에 있습니다."

삶의 마지막 강을 건너는 길 위에도, 여전히 빛과 평온은 함께합니다. 그리고 그 빛은, 오늘을 살아가는 당신의 눈빛 속에서 여전히 반짝이고 있습니다.

세대별 마음 에세이 요약표
— 발달과업 · 흔들림 · 상담 개입 포인트

세대	발달이론적 과업 (Erikson / Levinson)	흔들림의 주제
40대	Erikson: 생산성 vs 침체성 Levinson: 중년 전환기 (꿈과 현실 간극)	책임의 무게, 정체성 혼란, 자기 돌봄 부재
50대	Erikson: 생산성 vs 침체성 (지속) Levinson: 중년 안정기 (성취·한계 수용)	성취와 공허의 교차, 삶의 의미 재정립
60대	Erikson: 통합 vs 절망 (과도기) Levinson: 노년 전환기 (은퇴·정체성 변화)	상실과 자유의 교차, 자아정체성 흔들림
70대	Erikson: 통합 vs 절망 Levinson: 후기 성인기, 삶의 회고와 수용	지혜와 고독의 교차, 죽음 수용의 과제
80대	Erikson: 통합 vs 절망 (완성 단계) Levinson: 후기 성인기, 초월·영적 의미	삶의 마무리, 죽음 수용, 영적 탐색

상담 장면 특징	상담 개입 포인트	회복 메시지
번아웃, 부부·부모-자녀 갈등, 자기 상실감	자기 돌봄(Self-Care), 내러티브 상담, CBT	"책임 속에서도 나는 여전히 성장하는 존재다."
빈 둥지 증후군, 은퇴 불안, 허무감, 죽음의식	로고테라피, ACT, 의미 중심 상담	"성취는 헛되지 않았다. 이제는 나눔과 배움의 시간이 온다."
은퇴 후 무력감, 사회적 고립, 건강 불안	라이프 리뷰, 회상치료, 관계 재구축	"삶의 모든 순간이 지금의 나를 만들었다. 새로운 시작은 언제든 가능하다."
배우자 사별, 의존·무력감, 영성 탐색	라이프 리뷰, 존재론적 상담, 세대 간 연결	"나는 여전히 오늘을 살아가는 존재다."
상실과 고독, 의존감, 그러나 소소한 기쁨 발견	라이프 리뷰, 영성·죽음 상담, 관계 유지	"내 삶은 이미 충분히 가치 있었다. 오늘도 나는 여전히 필요한 존재다."

☐ 세대별 마음 에세이 — 워크북

◇ 40대 –끝없는 달리기 속에서

핵심 메시지: 성취와 책임의 균형 속에서도, 작은 멈춤이 삶의 안전지대가 된다.

• 성찰 질문
나는 지금 무엇을 위해 가장 많이 달리고 있는가?
내 삶에서 '잠시 멈춤'이 필요한 순간은 언제인가?
내가 잊고 있던 나만의 작은 기쁨은 무엇인가?

• 기록 공간
오늘 내가 허락할 작은 멈춤: _____
내가 스스로에게 해줄 수 있는 격려 한마디: _____

◇ 50대 –무거운 어깨 위의 세월

핵심 메시지: 남을 위해 살아온 세월 위에, 이제는 나 자신을 위한 기쁨과 도전을 내놓아야 한다.

• 성찰 질문

지금 내 어깨에 가장 무겁게 내려앉아 있는 책임은 무엇인가?
내가 진정으로 하고 싶은 일, 미루어둔 작은 꿈은 무엇인가?
나라는 이름으로 즐기고 싶은 자유는 무엇인가?

• 기록 공간

오늘 내가 선택할 작은 기쁨: _____
앞으로 나 자신을 위한 도전: _____

◇ 60대 – 익숙하지 않은 빈자리

핵심 메시지: 빈자리는 상실이 아니라, 다시 쓰는 인생의 초안이다.

• 성찰 질문

은퇴 후 내가 잃었다고 느끼는 것들은 무엇인가?
여전히 내 곁에 남아 있는 소중한 것들은 무엇인가?
지금 당장 내가 시작할 수 있는 새로운 시도는 무엇인가?

• 기록 공간

오늘 내가 시도할 작은 시작: _____
나 자신에게 보내는 칭찬 한마디: _____

◇ 70대 –삶의 깊은 울림

핵심 메시지: 인생의 경험은 지혜로, 지혜는 다시 나눔으로 이어진다.

• 성찰 질문
지금까지의 내 삶에서 가장 자랑스러운 순간은 언제인가?
후대와 나누고 싶은 나의 지혜는 무엇인가?
지금 나를 기쁘게 하는 일상 속 순간은 무엇인가?

• 기록 공간
내가 전하고 싶은 지혜 한 줄: _____
오늘 느낀 감사의 순간: _____

◇ 80대 –새로운 자유의 길

핵심 메시지: 80대는 마무리의 길이 아니라, 더 가볍고 자유롭게 살아갈 수 있는 시간이다.

• 성찰 질문
지금 내게 가장 소중한 관계는 누구와의 관계인가?
나를 여전히 설레게 하는 작은 기쁨은 무엇인가?
내가 세상에 남기고 싶은 말 한마디는 무엇인가?

• **기록 공간**
오늘 내가 누린 작은 자유: _____
내 인생을 대표하는 한 문장: _____

◇ **세대별 회복 에세이 -마음의 쉼터**

당신은 이미 충분히 잘 살아내고 있습니다. 그리고 앞으로 더 단단해지고, 더 나은 삶의 주인공이 되어 있을 것입니다. 그 사실을 잊지 않는 것, 그것이 치유의 첫걸음입니다.

세대마다 짊어지는 무게는 다르지만, 40대의 달리기, 50대의 무거움, 60대의 공허함, 70대의 무력감, 80대 이후의 허전함은 모두가 삶을 살아낸 흔적입니다.

그리고 그 흔적 속에서 우리는 또 다른 나를 발견하는 힘을 길러야 합니다. 우리는 그 힘을 생활 회복력이라고 합니다. **"내가 이렇게 지쳐 있다는 건, 여전히 살아가고 있다는 증거다."** 라는 긍정적 자아발견이 '생활 회복탄력도'를 결정하는 중요한 요소입니다. 한편, 당신의 흔들림은 실패가 아니라, 당신이 여전히 삶의 길 위에 서 있다는 증거입니다.

외로움과 사회적 고립

하버드대의 '성인 발달 연구 Harvard Study of Adult Development'는 80년 넘게 추적 조사하며 행복과 건강을 결정하는 가장 중요한 요인이 '사람과의 좋은 관계'임을 밝혀냈습니다. 그러나 현대 사회에서 사람관계는 점점 단절되고 있습니다.

AI 등 인공지능이 우리들의 생활을 거의 통제하면서 인간의 소외는 더 깊어지고 있는 것입니다. 또한, SNS를 통한 피상적 연결은 많아졌지만, 사람 간 발생하는 진정한 정서적 지지는 점점 더 줄어들고 있습니다.

심리학자 존 카치오포(John Cacioppo)는 이를 '**고독의 역설**(paradox of loneliness)'이라 명명했습니다. 사회적 네트워크가 확장될수록 오히려 개인은 더 깊은 고립감을 느낀다는 것입니다. 연구에 따르면, 만성적 외로움은 흡연보다도 더 큰 건강 위험 요인이며, 심혈관 질환·우울증 발병률을 높이는 원인이 되고 있습니다.

• 불확실성과 불안의 뇌 과학

오늘날 불안의 핵심은 불확실성입니다. 경제 위기, 기후 변화, 사회 갈등 등 통제 불가능한 요소가 늘어날수록 인간의 뇌는 위협을 과장해서 인식합니다. 실험 심리학에서 자주 언급되는 연구(Grillon, 2008)는 '예측 가능한 위협'보다 '언제 닥칠지 모르는 위협'이 더 강한 불안을 유발한다는 것을 보여주었습니다.

이는 뇌 속 편도체가 모호한 위험 신호에 대해 과잉 반응하기 때문입니다. 즉 현대인의 불안은 단순히 외부 환경이 힘들어서가 아니라, 사람으로부터 단절과 불신의 영향이 크고, 사회에 대한 불확실성을 해석하는 뇌의 메커니즘과도 밀접히 연관되어 있습니다.

• 현대인의 지쳐 가는, 세 가지 심리학적 요인

정리하자면, 우리가 지쳐가는 이유는 크게 세 가지 심리적 기제로 설명할 수 있습니다. 첫 번째, 과도한 스트레스와 코르티솔의 악순환으로 뇌 구조의 불균형 초래, 두 번째, 사회적 고립과 관계 단절이 주는 외로움이 신체적·정신적 건강에 직접적인 타격입니다.

세 번째, 불확실성에 대한 과잉 반응입니다. 이는 편도체의 과도한 활성화로 불안이 증폭되면서, 이 세 가지 요인이 서로 맞물려 악순환을 형성합니다. 즉 불안은 외로움을 심화시키고, 다시 외로움이 스트레스에 대한 저항력을 약화시켜, 스트레스가 다시 불안을 증폭시키는 구조입니다.

• 독자에게 보내는 희망의 단서: 회복 가능성

다행히 심리학은 우리에게 분명한 희망의 메시지를 줍니다. 회복탄력성Resilience 연구[1]는 인간이 스트레스 상황에서도 회복할 수 있는 내적 자원이 있음을 보여줍니다. 또한, 인지행동치료(CBT)는 불안을 조절하고 사고의 왜곡을 교정하는 효과적 방법으로 자리 잡았습니다.

이에 마음 챙김 명상Mindfulness Meditation도 편도체의 반응성을 낮추고 전전두엽의 조절 기능을 강화시키는 신경영상 연구 결과[2]가 반

---

1) 이 부분을 현용수 교수는 '생활 회복 탄력도'라고 명명했습니다. 『생활회복탄력도』는 기존의 결과적인 회복탄력도와 다르게 일상생활 속에서 비롯되는 원인적인 삶, 즉 일상 속에서 나타나는 스트레스, 질병 등을 극복하는 에너지이며, 양자심리학적 언어입니다.
2) 참조《양자의학, 명상을 만나다》현용수 교수 지음.

복적으로 보고되고 있습니다. 즉 불안은 피할 수 없는 운명이 아니라, 과학적으로 관리하고 극복할 수 있는 대상입니다.

• **독자에게 전하는 작은 실천 –불안을 다루는 첫걸음**
오늘 하루 5분 동안 다음을 실천해보세요.
호흡 관찰하기→숨이 들어오고 나가는 과정을 10회 세어보세요. 그 다음, 생각을 멈추어 보세요. "지금 이 순간, 나는 안전하다"라는 문장을 마음속으로 되뇌어 보고,

나·너·우리 관계를 점검한 후, 하루에 한 번, 가까운 사람에게 "오늘 어땠어?" "너 하루 괜찮았니."라는 짧은 안부 건네기를 해 보세요. 이 단순한 행동이 쌓여, 뇌는 점차 불안의 회로를 벗어나 안정의 회로를 강화시켜 줍니다.

02
경쟁 사회와 고독
−관계 속에서 오는 마음의 상처

관계 속에서 오는 마음의 상처

지금 우리는 끊임없는 경쟁 속에 살아갑니다. 회사에서, 학교에서, 심지어 SNS 속에서도 우리는 누구와 비교당하고, 스스로를 평가하며 하루를 보냅니다. '나는 충분한가?'라는 질문은 마음 깊숙한 곳에서 늘 울리고, 그 답을 찾지 못한 채 불안은 점점 더 자라납니다.

김씨(32세, 직장인) 역시 그런 사람이었습니다. 그는 누구보다 열심히 일했지만, 성과 평가가 끝날 때마다 '나는 늘 부족하다'는 생각에 사로잡혔습니다. 주변 동료들은 다들 잘나가는 것 같았고, 직장 내 경쟁적인 분위기 속에서 그는 마음을 털어놓을 수 있는 친구조차 잃어버렸습니다. 점점 혼자 점심을 먹고, 주말에는 사람들을 피했습니다. 고요한 집 안에서 그는 속으로 중얼거렸습니다.
"나는 혼자다. 아무도 나를 이해하지 않는다."
밤이 되면 불면이 찾아왔고, 머리는 무겁게 짓눌렸습니다. 김씨에게 세상은 점점 더 버겁고 차갑게 느껴졌습니다.

상담의 자리에서 일어난 변화

상담실에 처음 들어온 김씨의 표정은 긴장감으로 가득했습니다. 하지만 상담자 A씨가 조용히, 진심을 담아 말했습니다. "당신이 느끼는 외로움과 불안은 충분히 이해할 수 있습니다. 여기서는 안전합니다."

그는 처음으로 A씨 말에 공감을 느끼고, 그의 말을 수용하기 시작했습니다. 그 말에 그는 처음으로 울음을 터뜨렸습니다. 그 후, 상담은 그 눈물에서 시작되었습니다.

마음을 받아주는 공간

그가 가장 먼저 필요했던 것은 조언이 아니라 '공감'이었습니다. 마음의 상처는 고독 속에서 더 깊어지지만, 누군가 진심으로 들어주는 순간 치유의 문이 열립니다.

왜곡된 생각 다루기

상담자 A씨는 김씨가 "나는 늘 부족하다"라는 자동적 사고 (대부분은 부정적 사고)에 사로잡혀 있다는 것을 알았습니다. 그래서 A씨는 김씨에게 작은 과제를 제안했습니다. 매일 자기 안의 '작은 성취'를 기록하는 것이었습니다.

회사 일 중 "오늘 보고서를 마쳤다." 그리고 직장 내에서 "동료에게 웃으며 인사했다."사소해 보이지만, 그 기록은 김씨에게 "나는 해내고 있다"는 객관적인 증거가 되어주었습니다.

호흡과 마음 챙김

김씨에게 불안이 몰려올 때, 상담자 A씨는 그에게 짧은 호흡 명상을 가르쳤습니다. "숨을 깊이 들이마시고, 천천히 내쉬면서 '지금 여기'[3]

---

[3] 게슈탈트 상담기법을 활용한 현용수교수의 BMI(Brain Meditation Integrated 명상지도 수련 방법

를 느껴보세요." 단 몇 분의 훈련이었지만, 그는 불면 속에서도 호흡에 집중하면서 점점 안정을 되찾아갔습니다.

관계 회복 훈련

또한 김씨는 작은 사회적 목표를 세웠습니다. 동료 한 명에게 먼저 말을 걸기, 오랜 친구와 차 한 잔 나누기 등, 작은 실천을 하면서 김씨는 점점 고립에서 벗어나 다시 사람들과 연결하기기 시작하였습니다.

자기연민 Self-Compassion

상담의 후반부에서 김씨는 중요한 깨달음을 얻었습니다. "나는 부족한 게 아니라, 지금 힘들었던 거야. 나 자신을 탓하기보다, 내 맘을 안아주고, 품어줄 여유가 있었어야 했구나." 그는 이제 더 이상 자기 자신(내면아이[4])을 '가혹한 심판자'로 대하지 않았습니다. 대신 '따뜻한 친구'처럼 대하기 시작했습니다.

회복의 길, 그리고 메시지

상담 시작, 6회기(3개월 후)에 김씨는 이렇게 말했습니다.

"예전처럼 혼자가 아니라, 조금씩 사람과 연결되고 있다는 감각이 들어요. 그리고 그게 저를 강박으로부터 벗어나게 합니다."

한편, 불면은 줄었고, 마음속 깊은 불안은 옅어졌습니다. 무엇보다 "나는 잘하고 있다는 신뢰와 이 정도면 충분하다"는 믿음이 그의 내면

---

[4] 내면아이는 어린 시절의 감정, 경험, 기억이 성인이 된 후에도 무의식속에서 작용하는 자아의 한 부분으로, 순수함과 창의성, 상처와 두려움을 동시에 담고 있다.

에 다시 자리 잡기 시작했습니다.

독자에게 전하는 작은 위로

혹시 지금 이 글을 읽는 당신도 김 씨처럼 느끼고 있나요?

"나는 부족하다.", "아무도 내 마음을 알지 못한다." 그렇다면 기억해 주세요. 불안은 당신의 잘못이 아니라, 이 시대가 우리 모두에게 맡겨놓은 무거운 짐입니다. 하지만 그 짐은 나눌 수 있습니다. 누군가에게 마음을 털어놓고, 작은 관계를 회복하고, 무엇보다 자신을 따뜻하게 안아줄 때 당신의 마음은 다시 숨을 쉽니다.

당신은 이미 충분히 잘 살아내고 있습니다. 그리고 당신의 미래, 지금 보다 더 나은 삶의 주인공이 되어 있을 것임을 확신하면 됩니다. 그리고 그 사실을 잊지 않는 것이 치유의 첫 걸음입니다.

☆ 상담사례 : 마음의 치유 여정-인지왜곡 바로세우기

불안을 다루는 법 마음이 흔들릴 때

불안은 우리 모두의 삶 속에 있습니다. 시험을 앞두거나 중요한 발표를 앞두었을 때, 혹은 특별한 이유 없이도 마음이 두근거리고 불안이 몰려올 때가 있지요. 문제는 이불안이 지나치게 커져, 삶 전체를 마비시키는 순간입니다.

사례: 대학원생 OO(28세)

OO은 논문 마감을 앞두고 밤마다 불안 발작을 겪었습니다. 손이 떨리고 잠을 이루지 못했으며, '내가 무너질까 봐 두렵다'는 생각이 머릿속을 강하게 지배했습니다.

◇ 상담의 치유 과정

- **불안을 신호로 받아들이기**

불안을 없애려 하기보다 그것을 '내 몸과 마음의 알람'으로 받아들이도록 노력합니다.

- **호흡 안정화 훈련**

4-7-8 호흡법(4초 들이마시고, 7초

멈추고, 8초 내쉬기)으로 자율신경계를 조절합니다.

- **생각 재구성**

"논문을 망치면 인생 끝"이라는 극단적 사고를 "논문은 인생의 한 과정일 뿐"이라는 관점으로 바꾸었습니다. 불안은 적이 아니라, 누구나 다스릴 수 있는 파도입니다. 또한, 내가 삶을 살아가고 있다는 증거이고, 생명이 숨 쉬는 마음의 느낌입니다. 단 불안이 엄습해 올 때. 조절할 수 있는 마음의 근육을 키워 놓으면 일상처럼 받아들이는 루틴이 형성됩니다.

☆ 자기 연민 Self-Compassion — 나를 안아주는 법

우리는 힘든 순간일수록 자신에게 가장 가혹합니다. 작은 실수 하나에도 마음속 재판정에서 스스로를 심판하고, 패배자로 낙인찍습니다. "나는 왜 이렇게 못났을까.", "다른 사람들은 잘하는데, 왜 나만 이럴까." 이런 자기비난의 목소리는 상처를 위로하기는커녕, 오히려 더 깊게 파고 듭니다.

사례: 직장인 OO씨의 이야기

35세 직장인 OO씨는 중요한 프로젝트를 맡았다가 기대만큼 성과를 내지 못했습니다. 팀 전체가 흔들린 것도 아닌데, 그녀는 마치 모든 실패가 자기 탓인 것처럼 스스로를 몰아세웠습니다.

"나는 팀을 망쳤어."

"나는 구제 불능이야."

그녀의 내면은 끝없는 자기 질책으로 가득했습니다. 시간이 흐를수록 자신감은 사라지고, 동료들과 눈을 마주하는 일조차 두려워졌습니다.

세상으로부터 스스로를 고립시키는, 일명 '외로운 늑대의 길'을 걷게 될까 두려워진 그녀는 결국 상담실을 찾았습니다.

◇ 상담의 치유 과정

• **자기-타인 전환 연습**

상담사는 그녀에게 이렇게 물었습니다.

"만약 가장 친한 친구가 똑같은 상황에 놓였다면, 당신은 뭐라고 말해 주시겠어요?"

잠시 생각에 잠긴 그녀는 조심스럽게 답했습니다.

"괜찮아, 넌 최선을 다했어. 노력한 것만으로도 충분해."

그 순간, 그녀는 깨달았습니다. 같은 상황에서 친구에게는 따뜻한 말을 건네면서, 정작 자신에게는 가혹한 채찍질만 하고 있었음을. 이후 그녀는 그 말을 자신에게도 들려주기 시작했습니다.

• **자기 연민 문구 활용**

상담 과정에서 00씨는 자기 연민의 짧은 문구들을 반복하며 내면의 상처를 어루만졌습니다.

"나는 완벽할 수 없는 인간이다."

"지금 힘들지만, 잘 버티고 있다."
"실패는 나를 무너뜨리는 낙인이 아니라 성장의 과정이다."
이 문구들은 단순한 주문이 아니라, 스스로를 지켜내는 내면의 속삭임이자 정서적 힘이 되었습니다.

- **자기 연민의 의미**

많은 사람들이 '자기 연민'을 나약함으로 오해합니다. 그러나 자기 연민은 자기 연민(Self-Compassion) 연구의 대표 학자 크리스틴 네프 (Kristin Neff)가 강조했듯이, 결코 무기력이나 자기 합리화가 아닙니다. 오히려 쓰러지지 않기 위해 자기 자신을 일으켜 세우는 힘, 그리고 다시 세상과 연결되도록 하는 따뜻한 용기입니다.

스스로를 안아줄 때, 우리는 고립이 아닌 관계로 나아갈 수 있습니다. 상처를 지닌 나를 있는 그대로 받아들일 때, 타인의 상처에도 공감할 수 있는 힘이 자라납니다. 결국 자기 연민이란 **"나는 부족하지만, 그래도 소중한 존재다"**라는 사실을 잊지 않는 연습입니다. 그리고 그 연습이 우리를 다시 살아가게 하는 가장 확실한 치유의 기술입니다.

☆ 회복탄력성(Resilience) -다시 일어서는 힘

삶은 누구에게나 실패와 상실을 안겨줍니다. 우리가 존경하는 많은 성공한 사람들 역시 수많은 좌절을 경험했습니다. 겉으로만 보면 늘 승승장구한 것처럼 보이지만, 그 이면에는 깊게 패인 상처와 쓰라린 경험이 있습니다.

그럼에도 그들이 다시 일어설 수 있었던 이유는 단순히 **'운이 좋아서'가 아니었습니다.** 바로 **회복탄력성**(Resilience), 즉 무너져도 다시 일어서는 힘 덕분이었습니다.

어떤 사람은 작은 실패에도 쉽게 무너져 내리지만, 또 다른 사람은 큰 역경 속에서도 다시 일어섭니다. 이 차이를 만들어내는 것은 단순한 능력이 아니라 마음을 회복하는 힘, 바로 회복탄력성입니다.

사례: 창업 실패 후 다시 선 OO씨
40세 남성 OO씨는 첫 창업에서 쓴맛을 봤습니다. 사업은 기대만큼 풀리지 않았고, 빚만 남았습니다. 그는 스스로를 탓하며 절망했지만, 상담과 지지 속에서 조금씩 시선을 바꾸기 시작했습니다.

상담 과정에서 그는 중요한 깨달음을 얻었습니다. "실패는 능력 부족의 증거가 아니라, 배움의 과정이다." 이 새로운 해석은 그의 마음을 붙잡아 주었습니다. 상담 6개월 후, 그는 작은 아이디어들을 모아 새로운 사업 포트폴리오를 구성했고, 다시 도전했습니다.

두 번째 도전은 아직 완전한 성공은 아니었지만, 이미 순항 중이었고 무엇보다도 그는 다시 살아갈 힘을 되찾고 있었습니다.

◇ 상담의 치유 과정

• **실패 재해석하기**

OO씨도 처음엔 '나는 실패자다'라는 생각이 지배적이었지만, 상담 속에서 그는 실패를 '능력이 없는 증거'가 아닌 '성장 과정의 일부'로 재해석할 수 있었습니다. 실패를 보는 관점이 바뀌자, 무너졌던 자존감이 서서히 복원되었습니다.

• **작은 목표 세우기**

그는 매일 아주 작은 목표를 세우고 기록했습니다. "오늘은 거래처에 한 통의 전화를 하자.", "오늘은 아이디어를 한 줄이라도 메모하자." 이렇게 작은 성취들을 쌓아 가면서, 그는 거울 속 자신에게 말을 걸었습니다.

"그래, 아직 괜찮아. 나는 다시 시작할 수 있어." 작은 성취의 반복은 자신감을 회복하는 연습이 되었습니다.

• **하루를 실천하며 일어서기**

무엇보다도 그는 중요한 사실을 깨달았습니다. 중요한 것은 결코 넘어지지 않는 것이 아니라, 넘어져도 다시 일어서는 것이라는 진리였습니다. 이후 그는 매일 자신에게 주어진 하루를 성실히 실천하며, 한 걸음씩 건긴히는 삶을 실기 시작했습니다.

◇ 독자에게 전하는 치유메시지 –당신은 이미 충분합니다.

우리가 걸어가는 길은 결국 비슷합니다. 불안을 다루고 → 자기 자신을 안아주며 → 다시 일어서는 힘을 찾는 여정. 이것은 각자 다른 듯 보이지만 결국 자기 자신을 회복시키는 길로 이어집니다.

오늘, 혹시 불안이 당신을 찾아와도 괜찮습니다. 중요한 것은 완벽한 회복이 아니라, **작은 걸음을 내딛는 용기**입니다. 스스로에게 따뜻한 위로를 건네고, 작은 성취 하나를 기록해 보세요. 그것만으로도 당신은 이미 충분히 잘해내고 있습니다.

우리 모두는 몸과 마음에 본래부터 주어진 **자연 치유력**(Innate healing power)을 가지고 있습니다. 회복탄력성이란 바로 그 힘을 믿고 다시 일어나는 과정입니다.

넘어져도 괜찮습니다. 다시 일어나면, 그것이 곧 당신의 회복탄력성입니다.

03
마음의 겨울
-끝없는 불안과 무기력

끝없는 불안과 무기력 앞에서

누구에게나 계절처럼 찾아오는 마음의 겨울이 있습니다. 이유 없이 무겁게 가라앉는 하루, 가슴을 조여 오는 알 수 없는 불안, 무엇을 해도 의욕이 나지 않는 무기력. 겉으로는 멀쩡해 보이지만 속으로는 차갑게 얼어붙어 가는 자신을 느낄 때, 우리는 종종 이렇게 속삭입니다.

"나만 이런 걸까? 나는 왜 이렇게 약할까?"

하지만 이것은 결코 당신만의 이야기가 아닙니다. 현대 사회를 살아가는 수많은 사람들이 눈에 보이지 않는 불안과 싸우며, 무력감 속에서 스스로를 탓하며 하루하루를 버티고 있습니다.

이 장은 그런 불안과 무기력의 심리학적 뿌리를 살펴보고, 실제 상담 사례와 함께 마음의 겨울을 지나 봄으로 나아가는 길을 함께 찾고자 합니다.

겨울은 끝나지 않을 것처럼 길지만, 결국 봄은 반드시 찾아옵니다. 이 글은 당신의 마음에도 따뜻한 햇살이 다시 스며들 수 있도록, 작은 이정표가 되기를 바랍니다.

☆ 실제 상담사례

사례: 직장인 OO씨(37세, 여)

OO씨는 몇 달째 출근길이 지옥 같았습니다. 이유 없는 두근거림, 설명할 수 없는 막연한 불안, 그리고 "아무것도 하고 싶지 않다"는 무기력이 그녀를 짓눌렀습니다. 공황장애(Panic disorder)는 예기치 않게 찾아오는 강렬한 공포발작이 특징인데, 그녀는 바로 그 벽 앞에 서 있었습니다.

일을 그만둘 수도, 그렇다고 계속 버티자니 숨이 막혔습니다. 그녀는 스스로를 책망했습니다.
"나는 왜 이렇게 약할까? 다들 잘 버티는데, 나만 나약한 것 같아."
주말이 와도 쉬는 느낌은 전혀 없었고, 오히려 "아무 성과도 없는 시간만 흘러갔다"는 죄책감이 덮쳐왔습니다.
그녀의 삶은 서서히 얼어붙어 갔습니다.

◇ 상담심리학이 전하는 이야기

• **정서적 수용과 안전한 공간 만들기**
상담의 첫 단계는 "당신의 감정은 비정상이 아니다."라는 메시지를 전하는 것이었습니다. 불안과 무기력은 나약함의 징표가 아니라, 지친 몸과 마음이

보내는 경고 신호입니다. 상담자는 그녀의 감정을 그대로 받아들이며, 안전하게 표현할 수 있는 공간을 마련했습니다.

- **우울·무기력의 구조 이해 (인지행동적 접근)**

무기력은 흔히 **부정적 자동사고 → 무력감 → 행동 위축 → 자기 비난의 순환 고리에 갇히며 악화**됩니다. 상담은 먼저 이 고리를 인식하게 했습니다. "나는 항상 실패한다."와 같은 자동사고를 찾아내고, "나는 힘들지만 작은 성취도 가능하다"라는 대안적 사고를 훈련하면서 왜곡된 인지를 재구성했습니다.

- **행동 활성화(Behavioral Activation)**

무기력할수록 행동은 줄어 듭니다. 그래서 작은 행동부터 다시 시작하는 것이 핵심입니다. 매일 10분 산책하기, 하루 한 가지 감사한 일 기록하기, 간단한 집안일 실천하기. 이러한 작은 성공 경험은 서서히 얼어붙은 마음의 겨울을 녹이는 불씨가 됩니다.

- **마음챙김Mindfulness과 호흡 훈련**

불안이 몰려올 때, **호흡 명상은 내담자가 '현재'**에 머물도록 도왔습니다.

들숨에: "나는 살아 있다."

날숨에: "나는 괜찮다."

짧은 자기 확언과 함께하는 호흡은 불안을 가라앉히고, 자기 자신과 다시 연결되도록 도와줍니다.

- **지지적 관계 회복**

  또한 상담자는 그녀가 신뢰할 수 있는 가족·친구·동료 등 지지망을 확인하도록 도왔습니다. 사회적 고립은 무기력을 심화시키지만, 작은 대화와 만남은 회복의 중요한 열쇠가 되기 때문입니다

◇ 심리학적 이론 배경

- **배클리(Bekker,Seligman)의 무기력 심리학**

  "무기력은 단순히 '게으름'이나 '의지 부족'이 아닙니다. 반복적으로 통제할 수 없는 경험에 노출될 때, 사람은 시도조차 무의미하다고 학습하게 됩니다. 이를 학습된 무기력(Learned Helplessness)이라 불리며, '아무리 해도 달라지지 않는다.'는 인식이 굳어질수록 자존감은 낮아지고, 도전 의지도 꺾이게 됩니다. 결국 이는 우울, 무기력, 무의욕으로 이어지는 악순환의 심리적 토대가 됩니다."

  Bekker (혹은 Seligman으로 더 정확히 알려진) 무기력 심리학은 "통제할 수 없음 → 학습된 무기력 → 무력감 강화 → 행동·정서적 위축"의 경로를 설명하는 이론입니다.

- **인지행동치료(CBT)**

  우리 마음과 행동은 "사고(생각) → 감정(느낌) → 행동(행위)"의 고리로 연결되어 있습니다.

  부정적인 생각이 들어오면, 부정적인 감정이 생기고, 결국 우리의

행동에도 영향을 줍니다.

 이 연결고리를 이해하고, 부정적 사고를 새로운 시각으로 바꾸는 것이 CBT의 핵심입니다.

 이는 사고-감정-행동의 상호작용을 이해하고, 부정적 사고를 수정해 증상을 완화시킵니다. 이는 불안·우울의 대표적 치료법으로, 무기력의 순환 고리를 끊어내는 효과적인 방법입니다.

• 긍정심리학적 관점

 긍정심리학은 "무엇이 사람을 행복하고 건강하게 만드는가?"에 초점을 둔 심리학입니다.

 불안을 줄이거나 상처를 치유하는 데만 집중하지 않고, 강점을 발견하고 긍정적 경험을 확장하는 방법에 주목합니다.

 그리고 회복은 큰 성공보다 작은 성취에서 시작됩니다. 하루의 미소, 감사 일기, 짧은 산책 같은 작은 경험들이 자존감과 회복탄력성을 키워 줍니다.

◇ 독자에게 전하는 심리 회복의 메시지

 00씨는 상담을 12회기 이어가며 매일 짧은 산책을 시작했고, 잠들기 전 하루 한 줄 감사 일기를 적었습니다. 두 달 뒤, 그녀는 말했습니다.

"아직 완전히 나아진 건 아니지만, 마음이 조금씩 풀리고 있어요. 예전처럼 꽁꽁 얼어붙은 겨울 같지는 않아요."

불안과 무기력은 누구에게나 찾아오는 마음의 겨울입니다. 그러나 겨울은 영원하지 않습니다. 다만 그 사이를 견디는 방법이 필요할 뿐입니다. 그 방법은 크고 거창한 것이 아닙니다.

작은 행동의 실천, 따뜻한 관계의 회복, 그리고 자신을 있는 그대로 받아들이는 태도. 이 세 가지가 얼어붙은 마음을 녹이고, 결국 봄을 불러옵니다. 겨울은 반드시 끝나고, 당신의 마음에도 봄은 옵니다.

2장
마음을 어루만지는 위로의 이야기

『어둠이 짙을수록 작은 불빛 하나가 더 크게 빛납니다.
 지친 마음은 흔들리지만, 한 그루 나무처럼 여전히 뿌리를 내리고 버팁니다.
 그리고 가끔은, 단순한 한마디 —
 "괜찮아."라는 말이 우리의 겨울을 녹이는 따뜻한 울림이 됩니다.
 이 이야기는 그 불빛과 나무, 그리고 따뜻한 말 한마디처럼
 당신의 마음을 어루만지는 작은 위로가 되고자 합니다.』
- 본문 요약

1. 작은 불빛 하나가 어둠을 이기는 순간
2. 한 그루 나무처럼 버티는 힘
3. "괜찮아"라는 말의 따뜻한 울림

어둠이 깊어질수록 작은 불빛 하나가 더 크게 빛나듯, 우리의 마음도 지쳐 흔들릴 때일수록 작은 위로에 더 깊이 반응합니다.

때로는 한 그루 나무처럼 버티는 힘이 우리를 다시 일으켜 세우고, 또 어떤 순간에는 단순한 한마디 — **"괜찮아."**라는 말이 마음의 **겨울**을 녹여 줍니다.

이 장은 바로 그 불빛과 나무, 그리고 따뜻한 말처럼 독자님의 마음에 스며드는 작은 위로가 되고자 합니다.

삶이 고단할지라도, 여전히 우리 안에는 회복할 힘이 있고, 서로를 지탱할 따뜻함이 있다는 것을 함께 기억하고 싶습니다.

01
작은 불빛 하나가 어둠을 이기는 순간

어둠 속에서 발견하는 작은 빛

우리는 누구나 인생의 어두운 순간을 마주합니다. 갑작스러운 실직, 소중한 관계에서의 상처, 설명할 수 없는 무기력과 같은 경험이 한꺼번에 몰려올 때, 세상은 끝없는 어둠으로 가득 차 있는 듯 느껴집니다. 그럴 때 마음은 쉽게 길을 잃고, 내일을 살아갈 힘마저 희미해집니다.

그러나 그 순간, 단 하나의 작은 불빛이 우리를 다시 일으켜 세웁니다. 어떤 이는 외로운 밤, 지인이 보낸 짧은 문자 — "잘 지내고 있지?"라는 말 한마디에 눈물을 멈출 수 있었다고 말합니다. 또 어떤 이는 출근길에 들린 새소리 하나에, 하루를 견딜힘을 얻었다고 고백합니다.

비록 삶 전체를 바꾸는 거대한 사건은 아니지만, 그 작은 경험은 마음을 덮고 있던 어둠을 걷어내기에 충분합니다. 작은 빛은 심리적 지주가 되어, 우리가 길을 잃지 않고 다시 걸어가도록 안내합니다.

심리학이 전하는 '작은 불빛 효과'

어두운 방 안에서 작은 촛불 하나가 전체 분위기를 바꾸듯, **작은 긍정적 경험** 하나가 우리의 **마음 풍경 전체를 밝히기** 시작합니다. 비록 순간은 짧아도 그 여운은 길게 남아 삶의 무게를 덜어주고 새로운 힘을 일으킵니다.

아침에 일어나 스스로에게 "오늘도 해낼 수 있어"라고 말하기, 퇴근길에 하늘을 올려다보고 구름의 색깔을 기록하기. 누군가에게 "고마워"라는 말 전하기, 이런 소소한 실천이 모여 작은 불빛이 큰 빛으로 확산되는 심리적 효과를 만듭니다. 또한, 이러한 경험들은 단순한 기분 전환에 머물지 않습니다. 심리학 연구에 따르면, 작은 긍정적 경험은 우리의 뇌와 마음에 실제 변화를 만들어냅니다.

긍정 정서의 누적 효과 Broaden-and-Build Theory

미국 심리학자 바버라 프레드릭슨(Barbara Fredrickson)은 브로든 앤 빌드 이론을 통해 긍정 정서가 지닌 힘을 밝혔습니다. 작은 기쁨과 따뜻한 경험은 뇌의 주변의 폭을 넓히고, 사고의 유연성을 확장시킵니다. 더 나아가 장기적으로 심리적 자원을 축적하게 만들어, 위기 상황에서도 회복력을 발휘할 수 있도록 도와줍니다.

즉, '오늘 누군가에게 미소를 받았다'는 소박한 경험 하나가 인생 전체를 바꾸지는 않더라도, 삶을 견디는 힘을 길러 주는 기반이 됩니다. 작은 기쁨의 축적이 결국 낙관적인 시각과 더 큰 회복탄력성을 형성하는 셈입니다.

인지적 재구성 Cognitive Reappraisal

어두운 상황 속에서도 단 하나의 긍정적 단서를 발견하는 행위는 강력한 심리적 조절 전략입니다. 뇌 과학 연구는 전전두엽prefrontal cortex이 편도체amygdala의 과도한 반응을 억제하며 불안을 완화한다는 사실을 보여줍니다.

즉, 절망 속에서도 '아직 완전히 어둡지 않다'는 신호를 찾아내는 순간, 우리는 뇌의 구조적 자원을 활용해 스스로를 지탱합니다. 작은 불빛을 의식적으로 바라보는 것만으로도 불안은 줄어들고, 마음은 다시 고요를 회복합니다.

사회적 지지 Social Support

또한 심리학은 일관되게 말합니다. 사회적 지지야말로 심리적 고통을 완충하는 가장 강력한 힘이라는 사실입니다. 짧은 문자, 따뜻한 위로, 단순한 안부 인사조차 뇌와 몸에 실질적 변화를 일으킵니다.

사회적 지지를 받을 때, 뇌의 보상 회로는 활성화되고 스트레스 호르몬은 줄어들며, 면역력까지 강화됩니다. 결국 작은 관심과 연결은 우울과 불안을 막아주는 심리적 백신이 됩니다.

작은 불빛은 결코 작은 것이 아닙니다. 그것은 뇌를 확장시키고, 불안을 다스리며, 관계 속에서 회복력을 키우는 심리학적 힘입니다. 그러므로 삶의 어떤 순간에도 소소한 미소, 작은 친절, 짧은 위로를 가볍게 여기지 마십시오. 그것은 어둠을 밝히는 불빛이며, 내일을 살아낼 힘입니다.

☆ 실제 상담사례

한낮의 상담실. 40대 직장인 박 모 씨는 만성적인 불안으로 잠을 이루지 못한다며 상담실을 찾아왔습니다. 늘 '내일을 버틸 수 있을까?'라는 두려움이 그림자처럼 따라다녔습니다.

심리상담사는 그에게 작은 과제를 제안했습니다.

"오늘 하루, 고마운 일을 하나만 적어보세요."

처음에는 억지로 쓴 문장뿐이었습니다. '따뜻한 커피 한 잔', '출근길 날씨가 맑았다.' 그러나 일주일 뒤, 그는 떨리는 목소리로 이렇게 말했습니다.

"오늘 아이가 웃으며 안아주었어요. 그 순간, 마음이 벅차올라 눈물이 났습니다."

또한, 그의 일기 속 작은 문장은 오랫동안 어둠에 가려 있던 마음속에서 반짝이는 불빛처럼 피어나기 시작했습니다. 이 작은 기록이 삶의 균형을 다시 잡는 순간이었습니다.

• **관계 속 불빛 포착하기**

누군가 건네는 짧은 말, 작은 미소, 따뜻한 눈빛을 의식적으로 기억하는 습관은 뇌에 긍정의 흔적을 남깁니다. 연구에 따르면 이런 경험을 기록하고 떠올리는 것만으로도 회복력이 높아지고 정서적 안정이 강화됩니다.

어둠이 완전히 사라지지 않더라도, 불빛 하나만으로도 길을 잃지 않고 걸어갈 수 있습니다.

- **내 삶 속 작은 불빛을 찾는 방법**

"한 줄기 빛은 천 개의 어둠을 몰아낸다." – 속담

"희망은 깜박이는 작은 불빛일지라도, 그 자체로 우리를 앞으로 나아가게 한다." – 빅터 프랭클

- **감사 일기**

매일 밤, "오늘 나를 지켜준 작은 불빛은 무엇이었는가?"를 기록해 보세요. 일기가 부담스럽다면 메모 한 줄이면 충분합니다. '친구의 안부 전화', '따뜻한 국밥 한 그릇', '창밖의 가을 햇살' 같은 순간들이 곧 내 마음의 안전지대가 됩니다.

- **호흡 명상**

힘들었던 순간을 떠올리며, 그 속에서 단 하나의 긍정적 단서를 찾아보세요. 호흡과 함께 그 경험을 되새기는 것만으로도 뇌와 마음은 안정됩니다. 양자의학과 명상 연구는 이러한 작은 인지적 재구성이 뇌의 불안을 가라앉히고 회복력을 높인다고 말합니다.

- **작은 친절 실천하기**

때로는 내가 누군가의 작은 불빛이 될 수도 있습니다. 안부를 묻는 짧은 메시지, 따뜻한 미소 하나가 누군가의 긴 어둠을 밝힐 수 있습니다.

• **독자에게 전하는 치유메시지**

작은 불빛은 어둠을 완전히 몰아내지는 못합니다. 그러나 그 불빛이 있기에 우리는 길을 잃지 않습니다. 삶의 힘은 화려한 성공에서 오는 것이 아니라, 소소한 순간 속에서 발견되는 작은 기쁨과 연결에서 비롯됩니다.

따라서 오늘, 당신의 곁에서 스쳐 지나간 사소한 친절과 미소를 놓치지 마십시오. 그것이 바로 내일을 견디게 하는 힘, 어둠을 뚫고 나아가게 하는 불빛입니다.

02
한 그루 나무처럼 버티는 힘

나는 흔들리지만, 쓰러지지 않는다

겨울 들판에 홀로 서 있는 나무를 떠올려 봅니다.

모든 잎은 이미 떨어져 앙상한 가지뿐이지만, 그 뿌리는 여전히 땅속 깊이 단단히 뻗어 있습니다.

눈보라가 몰아치고 매서운 바람이 불어도, 나무는 꺾이지 않고 묵묵히 자리를 지킵니다.

사람의 마음도 그렇습니다. 삶의 폭풍이 불어닥칠 때 겉으로는 흔들리지만, 내면의 뿌리가 깊은 사람은 쉽게 쓰러지지 않습니다. 나무의 뿌리처럼 우리의 내면에도 이미 버틸 힘이 존재합니다.

심리학이 전하는 회복탄력성

심리학에서는 이러한 힘을 회복탄력성resilience이라 부릅니다. 역경 속에서 다시 일어서는 힘, 고난을 견디는 능력이지요. 연구에 따르면 회복탄력성이 높은 사람들은 위기를 단순히 '고통'으로만 보지 않고, 그것을 '성장의 과정'으로 받아들입니다.

또한, 작은 루틴—예를 들어 호흡, 산책, 글쓰기 같은 단순한 행위-이 심리적 안정감을 제공하여 자기 조절력을 회복하도록 도와줍니다.

인간에게는 **무한한 자연치유력**이 존재합니다. 무의식 속에 잠재된 경험, 용기, 인내가 삶을 해석하는 힘이 되고, 고통을 이겨내는 자원이 됩니다. 그러나 이 치유력이 제대로 발휘되려면 '앎'이 필요합니다. **곧, 자연치유력 + 앎 = 회복탄력도**라는 삶의 공식이 성립합니다. 여기서 앎은 단순한 지식이 아니라, 깨달음·자각·현재를 있는 그대로 바라보는 힘입니다.

고통은 종종 우리의 눈을 가립니다. 사실은 그리 크지 않은 문제도 마음속에서는 꼬리에 꼬리를 물며 증폭되고, 결국 우리를 더 깊은 어둠 속으로 몰아넣습니다. 하지만 이 어둠을 지나 밝은 쪽으로 나아가는 길은 분명히 있습니다. 그것은 다음 세 가지를 기억하는 것입니다.

첫째, 인지적 재해석입니다.
우리는 흔히 어려움을 '끝'으로 여깁니다. "이제 모든 게 망했다"라는 생각이 머리를 지배하지요. 하지만 시선을 조금만 바꾸면, 그것은 끝이 아니라 '과정 중의 한 장면'일 뿐입니다. 폭풍이 지나가듯, 고통도 언젠가는 잦아듭니다. "이 경험이 나를 단단하게 만들고 있구나."라는 새로운 의미를 부여할 때, 마음은 점점 더 회복력을 갖게 됩니다.

둘째, 정서적 조절입니다.
마음의 불길이 치솟을 때는 머리로만 다스리기 어렵습니다. 그때 필요한 것은 몸과 호흡을 통해 마음을 진정시키는 연습입니다. 천천히 숨을 들이쉬고 내쉬며 현재에 머무르는 것, 짧은 명상을 통해 마음의 파도를 가라앉히는 것. 이런 작은 습관들이 쌓일수록 감정은 제 자리를 찾아갑니다. 불안은 줄어들고, 우리는 다시금 스스로를 다스릴 수 있다는 자신감을 회복합니다.

셋째, 사회적 지지입니다.
혼자 견뎌내려 하면 고통은 더 무겁게 느껴집니다. 그러나 신뢰할 수 있는 사람과 대화를 나누고, 서로의 칭찬과 격려를 주고받을 때 마음의 짐은 훨씬 가벼워집니다. **친구의 한 마디, 가족의 따뜻한 손길, 동료의 격려**가 때로는 어떤 심리학적 이론보다 강력한 치유제가 됩니다.

관계 속에서 나눠 가진 위로는 마음의 은행에 차곡차곡 저축되어, 다시 흔들릴 때 꺼내 쓸 수 있는 힘이 됩니다.

이 세 가지, 즉 **생각을 새롭게 해석하는 힘, 감정을 다스리는 기술, 그리고 함께 나누는 관계**는 뿌리를 단단하게 해줍니다. 그래서 폭풍이 몰아쳐도 우리는 쓰러지지 않고, 잠시 흔들릴 뿐 다시 일어설 수 있습니다.

☆ 실제 상담사례

　50대 여성 OO씨는 남편의 사업 실패와 건강 악화로 한순간에 가정의 짐을 홀로 떠안게 되었습니다. 그녀는 매일 새벽 공원에 나가 긴 숨을 들이마시고 내쉬는 시간을 가졌습니다. 처음에는 그저 '살아야 하니까'라는 생각뿐이었지만, 정제되고 반복된 호흡은 차츰 그녀의 버팀목이 되었습니다.

　호흡 속에서 마음은 가라앉고, 작은 희망의 싹이 움트기 시작했습니다. 하늘을 올려다보며 자연이 주는 위로를 체험했고, 삶의 용기는 외부에서 주어지는 것이 아니라 자신 안에서 길러내는 것임을 깨달았습니다.

　그리고 문득, 자신이 지켜야 할 가족이 있음을 떠올렸습니다. 그녀는 나무처럼 서 있는 자기 모습을 떠올리며 말했습니다.
　"나는 쓰러지지 않았다. 뿌리를 더 깊게 내렸을 뿐이다."

• **독자에게 전하는 치유메시지**
　삶이 때로는 우리를 크게 흔들어 댑니다. 하지만 그 흔들림 속에서 우리는 더 깊은 뿌리를 찾아갑니다. 지금 힘겹게 버티고 있다면, 그것은 당신이 약해서가 아니라 오히려 강하기 때문입니다. 나무처럼 쓰러지지 않고 계절을 견디는 힘이 당신 안에 있습니다.

　나무는 사계절을 거듭하며 살아갑니다. 비바람을 견디고, 햇살을 품고, 다시 새싹을 틔웁니다. 우리 또한 삶의 계절을 지나며 뿌리를 내리고, 다시 피어나야 할 때 잎을 틔웁니다. 지금 힘들더라도 그 과정 속에서 내면의 뿌리는 자라고 있다는 것을 믿어 보십시오.

당신은 이미 충분히 강한 존재입니다. 인간이 걸어온 삶의 길은 결코 가벼운 것이 아니며, 그 무게 속에 아름다움이 있습니다. 당신의 삶이 소중한 이유는 완벽해서가 아니라, 나무처럼 흔들리면서도 끝내 버텨냈기 때문입니다.

오늘 하루, 마음속으로 이렇게 되뇌어 보십시오.
"나는 지금 흔들리지만, 쓰러지지 않는다."
그 한 문장이 곧 내면의 뿌리를 키우는 힘이 되고, 치유의 시작이 될 것입니다.

03
"괜찮아"라는 말의 따뜻한 울림

언어를 넘어선 치유의 힘

"괜찮아"라는 한마디는 단순한 말이 아닙니다. 그것은 상대를 안아주는 치유의 언어이며, 있는 그대로의 존재를 수용한다는 따뜻한 신호입니다.

이 한마디는 실수와 아픔, 불안 속에 있는 상대에게 "너는 여전히 소중하다"는 메시지를 건넵니다.

인간은 본래 사회적 존재로서, 타인의 긍정적 언어에서 심리적 안정감을 얻습니다. 그렇기에 "괜찮아"는 서로에게 건네는 심리적 안전망이자 관계적 위로라 할 수 있습니다.

동시에 이 말은 자기 위로의 언어이기도 합니다.

우리는 때때로 자신에게 가장 큰 비난자가 됩니다.

그러나 스스로에게 "괜찮아"라고 말하는 순간, 자기 비난을 멈추고 자기연민(self-compassion)을 회복하게 됩니다. 이 작은 자기대화는 내면의 긴장

을 풀어주고, 다시 일어설 힘을 줍니다.

실제 상담사례

부모와 자녀의 관계에서 교감은 무엇보다 중요합니다. 아이가 시험에서 기대만큼 성적을 얻지 못했을 때, 부모가 "괜찮아, 너는 노력했잖아"라고 말해 준다면, 아이는 실패보다 도전의 의미를 먼저 기억하게 됩니다. 실패는 좌절로 각인되지 않고, 성장의 발판이 됩니다.

직장에서도 마찬가지입니다. 작은 실수를 한 직원에게 상사가 "괜찮아, 누구나 그럴 수 있어"라고 말해 준다면, 그 순간 직원은 자신이 용납되었다는 안도감을 느끼고 자기 효능감을 회복합니다. 이 경험은 다시 성실하게 업무에 몰입할 수 있는 심리적 동력이 됩니다.

또한, 한 청년의 사례가 있습니다. 그는 반복된 취업 실패로 자책에 빠져 있었지만, 매일 거울 앞에서 스스로에게 "괜찮아, 다시 시작하면 돼"라고 말하며 조금씩 자기 신뢰를 회복했습니다. 결국 그는 취업에 성공했을 뿐 아니라, 그 과정에서 자기와의 대화가 얼마나 강력한 치유의 힘을 지니는지를 직접 체험했습니다.

심리학적 접근

- **자기 연민(Self-Compassion)**

크리스틴 네프(Neff)의 연구는 자기 자신에게 따뜻한 언어를 건네는 행위가 스트레스와 우울을 낮추고, 회복탄력성을 강화한다는 점을 보여줍니다. "괜찮아"라는 자기 대화는 자기 연민을 키우는 출발점입니다.

- **안정 애착(Attachment Security)**

  따뜻한 위로의 언어는 애착 안정감을 강화합니다. 부모의 위로가 아이를 진정시키듯, 성인 역시 타인의 공감 어린 말 속에서 불안을 가라앉히고 정서적 안전을 회복할 수 있습니다.

- **정서적 조절(Emotional Regulation)**

  "괜찮아"라는 말은 부정적인 감정의 폭발을 누그러뜨리고, 긍정적인 감정을 받아들일 수 있도록 돕습니다. 이는 단순한 기분 전환이 아니라, 자기 조절의 중요한 도구가 됩니다.

- **독자에게 전하는 치유메시지**

  "지금 힘들어도 괜찮아. 그 자체로 충분히 잘하고 있어."
  "넘어졌다고 실패가 아니야. 다시 일어설 힘이 너에게 있어."
  이 문장들은 단순한 위로가 아니라, 고통을 함께 견뎌주겠다는 약속입니다.

자기 위로: 아침 거울을 보며 스스로에게 "괜찮아, 오늘도 해낼 수 있어"라고 말해 보십시오. 반복되는 자기 대화 속에서 정말로 마음이 가벼워지고, 자신을 신뢰하는 힘이 커십니다.

타인 위로: 힘들어하는 지인에게 조언이나 해법 대신 "괜찮아, 네 마음 이

해해"라고 말해 보십시오. 이 한마디가 제3자에게는 다시 일어설 수 있는 심리적 지렛대가 됩니다.

더 나아가, 하루에 한 번씩 기록해 보세요. 오늘 내가 나에게 해주고 싶은 "괜찮아"는 무엇일까? 오늘 내가 너에게 해주고 싶은 "괜찮아"는 무엇일까? 이 짧은 기록만으로도 마음속 긴장이 풀리고, 불편한 감정이 조금씩 치유됩니다.

"괜찮아"라는 말은 세상을 바꾸는 거대한 언어가 아닙니다. 그러나 그것은 상처받은 마음을 붙잡아 주는 작은 손길이자, 다시 걸어갈 용기를 북돋아주는 따뜻한 울림입니다.

삶은 언제나 완벽하지 않습니다. 하지만 그 불완전한 순간마다 우리가 서로에게, 그리고 자신에게 건네는 "괜찮아"라는 말 속에서, 인간은 다시 일어나고, 다시 희망을 품습니다.
결국, 괜찮다는 말 속에는 당신은 이미 충분히 괜찮은 존재라는 깊은 진실이 담겨 있습니다.

☐ 작은 심리학 이론1 : 마음을 단단히 하는 이야기

☆ 한 그루 나무처럼 버티는 힘

"나는 흔들리지만 쓰러지지 않는다."라는 회복탄력성resilience은 개인이 역경·스트레스·트라우마와 같은 부정적 사건에 직면했을 때, 그것을 이겨내고 원래 상태로 회복하거나 더 나아가 성장하는 능력입니다.

회복탄력성Resilience의 주요 개념으로는 첫 번째, 적응Adaptation 즉, 내담자가 상황에 맞춰 유연하게 변화할 수 있는 힘을 말합니다. 두 번째, 회복Recovery은 내담자가 충격 후 다시 정상 기능으로 돌아가는 과정을 말합니다. 세 번째, 성장Growth, 내담자가 어려움을 통해 새로운 의미와 능력을 얻게 되는 과정입니다.

주요 심리학자와 이론

에미 워너(Emmy Werner), 1955년 하와이 카우아이 섬 아동들을 40년간 추적 연구한 결과, 가난, 가정불화, 학대 등 역경에도 불구하고 상당수의 아이들이 건강한 성인으로 성장하는 모습, 이를 통해 **회복탄력성이 선천적 요인 + 환경적 요인(지지 관계, 지원)**에 의해 길러진다는 것을 증명한 심리학자입니다.

앤 마스텐(Ann Masten), 회복탄력성을 "보통의 마법(ordinary magic)"

이라 정의, 회복탄력성은 특별한 능력이 아니라, 일상적인 보호요인(가족, 사회적 지지, 자기 통제력 등)을 통해 누구나 가질 수 있는 능력이라고 강조하였습니다.

마틴 셀리그만(Martin Seligman), 무기력감(learned helplessness)은 본인 연구를 바탕으로, 낙관성과 희망이 회복탄력성의 핵심임을 강조한 긍정심리학의 대표학자입니다. 특히, ABC 모델(사건-신념-결과)을 통해 역경을 재해석하는 사고 훈련을 제안하여 실제 상담현장에서 많이 사용하는 이론입니다.

조지 보나노(George Bonanno), 트라우마 이후의 다양한 적응 과정을 연구하여, 많은 사람들이 충격적인 사건 뒤에도 심리적 안정과 유연성을 유지하며, 이는 회복탄력성의 보편성을 보여준 사례라고 주장한 학자입니다.

버팀의 심리학(심리적 기제)은 첫 번째, 정서 조절(emotion regulation), 즉 불안·분노 같은 부정적 감정을 다루는 능력→심호흡, 명상, 인지적 거리두기를 통해 가능하다는 심리학적 이론입니다. 두 번째, 인지적 재해석(cognitive reappraisal), 즉 사건을 다른 관점에서 바라보고 의미를 새롭게 부여하는 부정적 인식을 새로운 각도에서 새롭게 해석하는 이론입니다(예: "실패" → "성장 기회"). 세 번째, 사회적 지지(social support), 즉 가족, 친구, 공동체로부터 받는 따뜻한 인정이 회복탄력성을 강화시켜준다는 이론입니다.

◇ 실제 상담사례 연구

9·11 테러 생존자 연구(Bonanno, 2004)는 극심한 충격을 겪은 사람들 중 많은 이들이 심각한 외상 후 스트레스 장애(PTSD) 대신, 비교적 빠르게 정상적인 삶으로 복귀→이는 인간이 본능적으로 갖는 회복탄력성을 보여주는 대표적 사례입니다.

우리 주변에 암 진단을 받은 환자 중 일부는 극심한 불안을 경험하지만, 꾸준한 지지와 자기 성찰을 통해 오히려 삶의 의미를 더 깊게 발견해가는 모범적 사례가 많이 있습니다. 이는 외상 후 성장(Post-Traumatic Growth)으로 설명할 수 있으며, 또한 청소년의 역경 극복→빈곤과 가정불화 속에서도 교사·멘토와의 관계를 통해 자아존중감과 자기 조절력을 키운 청소년들이 건강하게 성장하는 긍정적인 상담사례들→이는 환경적 지지가 회복탄력성을 강화한다는 것을 보여줍니다.

☆ 강물처럼 흘려보내는 지혜: 집착을 내려놓고 흘려보내는 마음

수용전념치료(Acceptance and Commitment Therapy, ACT)는 1980년대 말 Stoven C. Hayes에 의해 제안된 제3세대 인지행동치료입니다. 주요 특징은 다음과 같습니다.

수용(Acceptance)은 불편한 감정이나 생각을 억누르거나 제거하

려 하지 않고, 있는 그대로 받아들이는 태도입니다. 인지적 탈융합(Cognitive Defusion)은 부정적 사고와 자신을 분리하여 바라보는 능력입니다(예: "나는 실패자다" → "나는 지금 '실패자'라는 생각을 하고 있구나."). 현재에 머무름(Mindfulness, Present Moment Awareness)은 지금 이 순간에 주의를 기울이는 연습을 통해 자기 자신을 돌아보는 과정입니다.

자기 맥락(Self-as-Context)은 자신을 생각/감정의 내용과 동일시하지 않고 더 넓은 '관찰자'로서 경험해보는 과정을 말합니다. 가치(Values)라는 것은 내가 진정으로 중요하게 여기는 삶의 방향을 정도로 살아가는 것이며, 전념된 행동(Committed Action)은 그 가치를 향해 작은 행동을 실천하는 과정을 말합니다.

수용전념치료(ACT)의 목표는 고통을 없애는 것이 아니라, 고통을 껴안고도 내가 원하는 삶을 살아가는 것입니다.

• **집착과 흘려보냄의 심리학**

인간은 본능적으로 불안, 두려움, 상처를 통제하려 하지만, 오히려 그것이 집착이 되어 고통을 강화시킵니다. ACT에서는 통제하려는 마음을 내려놓고, 생각과 감정을 강물처럼 흘려보내도록 도와줍니다. 집착을 내려놓음은 '포기'가 아니라, 더 중요한 가치와 삶의 방향을 선택하기 위한 심리적 유연성(psychological flexibility)의 발현입니다.

◇ 실제 상담사례

사례 1. 불안장애 대학생

한 대학생은 발표를 앞두고 늘 "실패할 거야"라는 불안에 사로잡혀 발표를 회피했습니다.

수용전념치료(ACT) 치료자는 그에게 생각을 억누르려 하지 말고, '잎 위에 생각 흘려보내기(Leaves on a Stream)' 명상을 안내했습니다.

강물 위에 잎을 띄워 보내듯, "실패할 거야"라는 생각도 떠오르면, 잎 위에 실패를 실어 강물에 흘려보내는 훈련을 반복했습니다. 그 결과 그는 불안을 완전히 없애지 않고도 발표를 할 수 있게 되었습니다.

사례 2. 암 환자의 수용과 전념

한 암 환자는 병에 대한 두려움과 분노에 집착하여 삶의 의미를 잃어가고 있었습니다.

수용전념치료(ACT) 프로그램을 통해 그는 감정을 억누르지 않고 받아들이는 연습을 했고, "나는 아플 수 있지만, 사랑하는 가족과 시간을 보내는 것이 나의 가치"라는 삶의 방향을 재발견했습니다.

결국 그는 고통 속에서도 가족과 함께하는 시간을 더 소중히 여기는 삶을 살게 되었습니다.

사례 3. 완벽주의 직장인

직장에서 작은 실수에도 자신을 강하게 비난하던 한 직장인은 수용전념치료(ACT) 훈련을 통해 '실수 없는 완벽'에 집착하지 않고, '성실하게 배움을 이어가는 것'이라는 가치에 전념하기 시작했습니다. 그 결과 불필요한 자기 비난은 줄고, 그가 맡은 직무 만족도는 높아졌습니다.

독자에게 전하는 치유메시지

집착을 내려놓는 것은 약함이 아니라, 심리적 유연성을 회복하는 과정입니다. 고통을 억누르려 하지 말고, 흘려보내는 연습 속에서 우리는 삶의 본질에 더 가까워집니다. "나는 불안을 없앨 수 없지만, 그럼에도 내가 소중히 여기는 삶을 살아갈 수 있다."라는 반복 수용훈련을 통해 삶의 열쇠가 자신에게 있다는 사실을 인지한 후, 인생의 항로를 멋지게 행해하는 능력을 키워야합니다.

• 수용전념치료 이론(ACT 기반) 적용 실습

먼저, 생각 관찰하기: "나는 지금 '~라는 생각'을 하고 있구나."

두 번째, 잎 위에 생각 흘려보내기: 강물 위에 떠가는 잎사귀에 내 불안, 분노, 집착을 날려 보내는 심상 훈련.

세 번째, 가치 확인하기: "내가 진정으로 소중히 여기는 것은 무엇인가?"

네 번째, 작은 전념 행동: 오늘 내가 그 가치를 향해 할 수 있는 작은 행동 한 가지를 실천하기입니다.

☆ 밤하늘의 별이 되는 순간: 어둠 속 별빛 같은 희망 발견

외상 후 성장(PTG)의 심리학, 즉 외상 후 성장(PTG: Post-Traumatic Growth)은 극심한 고통, 트라우마, 상실과 같은 사건을 경험한 뒤 단순히 '회복'하는 것을 넘어, 삶의 새로운 의미와 성장을 발견하는 현상을 말합니다. 1990년대 심리학자 Richard Tedeschi와 Lawrence Calhoun이 처음 제시한 개념으로, PTSD(외상 후 스트레스 장애)와 대비되는 긍정적 적응 과정입니다.

• 외상 후 성장,PTG의 다섯 가지 영역(Tedeschi & Calhoun, 1996)

PTG의 개념 중 먼저, 자아의 강인함→이전보다 자신이 더 강하다고 느끼게 되어 자기에 대한 효능감이 매우 높아지고,

두 번째, 인간관계의 심화→주변 사람들과의 관계가 더 소중해지며,

세 번째, 삶의 새로운 가능성→위기를 계기로 새로운 길과 선택지를 발견하여,

네 번째, 삶의 의미와 철학의 변화→존재의 의미, 영성, 가치관에 대한 깊은 성찰로,

다섯 번째, 삶에 대한 감사→일상의 작은 순간에도 감사와 행복을 느끼게 되어 집니다.

• 심리학적 기제

먼저, 인지적 재구성(cognitive restructuring)→고통스러운 사건을 새로운 시각으로 재해석하여,

두 번째, 의미 만들기(meaning making)→상실이나 위기에서 새로운

의미를 찾는 과정이,

　세 번째, 자기 성찰(self-reflection)→자신과 삶을 다시 바라보며 내적 성장으로 이어지게 하여,

　네 번째, 심리적 유연성(psychological flexibility)→역경을 통제하기보다는 수용하면서 삶을 이어가는 태도가 발현됩니다.

◇ 실제 상담사례

사례 1. 재난 생존자
　특히, 외국에서 지진이나 테러와 같은 재난을 겪은 사람들 중 일부는 극심한 자아상실에도 불구하고, 오히려 공동체와의 유대감을 더 깊게 느끼며 봉사와 나눔의 삶으로 전환하는 경우가 연구·보고되고 있습니다.

사례 2. 암 환자의 성장
　암 진단을 받은 환자들은 초기에는 불안과 분노를 경험하지만, 시간이 지나며 가족과의 관계, 매일의 소소한 일상에 대한 감사, 그리고 새로운 삶의 목표를 발견하는 경우가 많이 있습니다.

사례 3. 개인적 상실 후 변화
　사별이나 큰 실패를 겪은 사람들이

이후 더 큰 공감 능력과 타인의 고통을 이해하는 마음을 가지게 되고, 상담사·멘토 같은 역할로 사회적 기여를 하게 되는 사례도 흔히 나타나고 있습니다.

독자에게 전하는 치유 메시지

어둠은 고통스럽지 만, 그 속에서만 볼 수 있는 별빛 같은 희망이 있습니다.

외상 후 성장(PTG)은 아픔을 없애주는 마법이 아니라, 아픔을 통해 새로운 의미와 가능성을 발견하는 과정입니다.

"나는 상처 입었지만, 그 상처 속에서 더 깊이 살아가는 길을 찾았다."

▢ 작은 심리학 이론2 : 상처를 어루만지는 이야기

☆ 거울 속의 나를 안아주다

"괜찮아"라는 말과 함께하는 자기 연민의 심리학은 첫 번째, 자기 수용Self-acceptance입니다. 자기 수용은 자신의 장점과 단점, 성공과 실패, 기쁨과 상처를 있는 그대로 받아들이는 태도입니다. 칼 로저스(Carl Rogers)의 인본주의 심리학에서 강조된 무조건적 긍정적 존중 unconditional positive regard이 핵심입니다.

"괜찮아"라는 말은 자기 수용을 촉진하는 언어적 신호로, 실패·실수·부정적 감정을 부정하지 않고 인정하는 과정과 연결됩니다.

두 번째, 자기 연민Self-compassion입니다. 자기 연민은 자기 자신을 비난하기보다 어려움 속의 자신에게 따뜻함·이해·친절을 보내는 태도입니다. 크리스틴 네프(Kristin Neff)는 자기 연민을 세 가지 요소로 설명합니다.

먼저, 자기 친절(Self-kindness): 자기 비난 대신 따뜻한 태도로 자신을 대하기,

두 번째, 공통된 인간성(Common humanity): 고통은 누구나 겪는 보편적 경험임을 이해하고,

세 번째, 마음챙김(Mindfulness): 고통스러운 경험을 있는 그대로 인식하고 지나치게 동일시하지 않기입니다.

"괜찮아"라는 말은 이 세 가지 요소와 직결됩니다. 즉 자기 자신에게 따뜻함을 주고, 고통을 보편적 경험으로 바라보게 하며, 현재의 감정을 있는 그대로 수용하는 역할을 합니다.

• **심리적 효과**

"괜찮아"라는 말의 심리적 효과는 첫 번째, 불안과 우울 감소: 자기 연민을 가진 사람들은 자기 비난이 줄어들고,

두 번째, 스트레스 반응이 완화되며, 회복탄력성 강화되어 실패를 성장의 기회로 재해석할 수 있으며,

세 번째, 정서 조절 능력 향상: 부정적 감정을 억압하지 않고 건강하게 다루는 능력이 커집니다.

즉, "괜찮아"라는 말은 단순한 위로 이상의 심리적 기능을 합니다. 그것은 자기 수용의 문을 열고, 자기 연민을 회복시키며, 회복탄력성을 키워주는 치유의 언어입니다.

◇ **실제 상담사례**

사례 1 학생의 실패 경험

시험에서 실패한 학생에게 교사가 "괜찮아, 누구나 실수하는 거야. 이런 경험이 네 성장을 돕는 거야."라고 말했을 때, 학생은 자기비난 대신 배움의

태도로 전환하는 용기를 가질 수 있습니다.

그리고 위로 후, 칭찬은 고래도 춤출 수 있게 만드는 법입니다.

사례 2 직장인의 자기 위로

직장에서 실수한 후 거울 속 자신에게 "괜찮아, 실수도 배움의 일부야"라고 말한 직장인은 자기 연민을 회복하며 불필요한 불안을 줄일 수 있습니다. 실제적 상담 치료 현장에서도 내담자가 "괜찮아"라는 자기 위로를 습관화할 때, 자기 비난과 완벽주의적 사고가 감소하고 정서 안정이 크게 향상되는 상담사례가 늘고 있습니다.

- **독자에게 전하는 치유메시지**

"괜찮아"라는 말은 문제를 해결해 주지는 않습니다. 하지만 그 말은 나 자신을 벌주는 대신 안아줄 수 있게 하고, 고통을 '버텨야 할 것'이 아니라 '함께할 수 있는 것'으로 바꿔줍니다. 결국 "괜찮아"라는 말의 심리학적 배경은, 자기 수용과 자기 연민을 촉진하여 우리가 흔들려도 무너지지 않게 하는 내면의 치유 언어라고 할 수 있습니다.

☆ 상처 난 마음에도 꽃은 핀다

트라우마 회복 후 성장의 심리학, PTSD(외상 후 스트레스 장애)[5]란 외상적 사건(전쟁, 재난, 폭력, 사고 등)이 개인의 신체적·정서적 안정성을 위협할 때 발생하는 깊은 심리적 상처를 말합니다. 주요 증상으로는 불안, 과각성, 회피, 플래시백, 무기력, 우울 등이 있습니다.

회복과 성장 이론(성장의 심리학)에서 쿠블러-로스(Kübler-Ross)의 애도 단계를 다음과 같이 구분합니다. 충격 → 부정 → 분노 → 타협 → 우울 → 수용 순서로 외상을 겪은 후 사람들은 비슷한 심리적 곡선을 경험합니다.

인지처리 이론(Ehlers & Clark)에서도 트라우마는 왜곡된 의미 부여로 고통을 심화시킨다고 합니다. 인지처리상담의 핵심은 '안전하다', '나는 회복할 수 있다'는 새로운 인지적 틀을 제공합니다. 특히, 외상 후 성장(Post-Traumatic Growth, Tedeschi & Calhoun)은 트라우마를 단순히 극복하는 것을 넘어, 삶의 가치, 인간관계, 자아 이해에서 성장을 이룰 수 있다고 설명하고 있습니다.

• 외상 후 성장의 상담적 접근 방법
외상직 사건 후, 첫 번째, 안전 확보 단계: 현재 위협이 제거되었음을 확인하고→안정적 환경 조성→호흡·명상, 신체 감각을 통한 안정화

---

[5] DSM-5 기준에 따르면, 외상 경험 후 반복적인 재 경험, 회피, 인지와 감정의 부정적 변화, 과도한 각성 반응이 지속되는 상태.

기법(grounding)을 사용합니다.

두 번째, 트라우마 기억 다루기 : EMDR(안구운동 둔감화 재처리법)은 좌우 안구운동으로 기억의 강도를 낮춥니다.

세 번째, 노출치료: 안전한 환경에서 트라우마 상황을 점진적으로 재 경험한 후 새로운 의미 만들어 상담자는 내담자가 겪은 사건을 삶의 서사로 재구성하도록 돕습니다. 그 후, 내담자에게 "그때의 나"와 "지금의 나"를 연결해 성장된 자아를 인식하도록 도와줍니다.

◇ 실제 상담사례

- 사례 A: 교통사고 후 불안

배경: 30대 여성, 교통사고 후 운전을 회피. 악몽과 불안 호소하여, 상담실을 방문한 후, 상담자는 상담 과정을 통해 호흡·명상 훈련으로 불안 조절→사고 장면을 그림으로 표현 → 상담자와 재해석 "사고는 나를 약하게 만든 것이 아니라, 안전에 대한 감각을 키운 계기"라는 의미 발견하도록 유도→그 결과 다시 운전을 시작, 자기 신뢰를 회복한 사례입니다.

- 사례 B: 청소년 시절의 학대 경험

배경: 40대 남성, 어린 시절 학대 경험으로 대인관계를 회피하여, 상담실을 방문한 후, 상담자는 상담 과정을 통해 EMDR 기법으로 기억의 고통 완화시키고→'내 잘못이 아니다'라는 인지를 재구성하여 트라우마를 극복한 사례입니다.

•사례 C: 재난 경험 후의 공동체 성장

공동체의 배경: 지진 생존자 모임. 상실감, 무력감, 불면증 등으로 상담실을 방문한 후, 집단 상담을 통해 상호 공감과 이야기 나누고, '생존자에서 희망 전달자'로 역할 재정립하여→지역 재난 예방 캠페인 참여토록 유도한 사례입니다. 그 후 결과는 공동체적 외상 후 성장, "우리는 함께 살아남았다"는 새로운 정체성을 형성하는 계기가 되었습니다.

• 상처를 지나 삶을 다시 바라보다: 씨앗처럼 다시 시작하는 용기

누구에게나 예기치 못한 사건은 찾아옵니다. 사고, 상실, 배신, 재난… 그 순간 삶은 부서지고, 마음은 멈춘 듯 아픕니다. 하지만 시간이 흐른 뒤 돌아보면, 그 상처가 삶을 새롭게 바라보게 만든 계기가 되기도 합니다. 심리학에서는 이를 외상 후 성장(Post-Traumatic Growth, PTG)이라고 부릅니다.

• 트라우마가 남기는 흔적

트라우마는 단순한 기억이 아니라, 몸과 마음에 각인된 충격입니다. 트라우마가 남긴 마음의 흔적으로는 첫 번째, 플래시백→마치 사건이 지금 다시 일어나는 듯한 생생한 재경험, 두 번째, 회피→상처와 관련된 장소, 사람, 대화를 피하려는 경향이 있습니다

세 번째, 과각성→작은 소리에도 깜짝 놀라거나 늘 긴장하는 상태가 계속되고, 네 번째, 무기력과 우울→삶의 의미와 희망을 잃은 듯한 감정이 잔존합니다.

이 과정은 누구에게나 자연스러운 반응으로 나타납니다. 그러나 이 상처가 언제나 파괴로 끝나는 것은 아닙니다. 내담자가 그것을 어떻게 받아들이느냐에 따라 때로는 긍정적 전환점이 되어 나타나기도 합니다.

☆ 성장으로 이어지는 다섯 가지 길

테데스키와 칼훈(Tedeschi & Calhoun)의 연구에 따르면, 트라우마를 경험한 후 사람들은 다섯 가지 영역에서 성장을 경험할 수 있습니다. 스스로 자신의 강인함 발견하여 "나는 생각보다 강하다."라는 모습으로 노력하고, 인간관계의 깊이도 타인과 고통을 나누며 관계가 진실해집니다. 어떤 내담자는 삶의 우선순위를 재정립하여 사소한 것에 얽매이지 않게 되는 대범함으로 탈바꿈하기도 합니다.

또한, 자신에게서 새로운 가능성 발견하여 이전에 시도하지 않던 도전을 하게 되는 경우도 있습니다. 아주 흔한 케이스는 아니지만, 영적·철학적 성찰을 통한 존재와 삶의 의미를 다시 묻는 영성형 인간으로 삶을 살아가는 경우도 있습니다.

• 외상 후 성장(Post-Traumatic Growth, PTG)의 핵심 메시지

상처는 때때로 우리를 무너뜨립니다. 모든 것이 끝난 것처럼 보이고, 다시는 일어설 수 없을 것만 같습니다. 하지만 기억해야 할 것이 있습니다. 상처는 단지 고통의 흔적만 남기는 것이 아니라, 때로는 새로운 삶의 문을 열어주는 열쇠가 되기도 합니다.

쓰라린 경험 속에서도 우리는 조금씩 다른 눈으로 세상을 바라봅니다.

예전엔 당연하게 여겼던 하루가 얼마나 소중한지, 곁에 있는 사람들의 미소가 얼마나 따뜻한지, 그리고 나 자신이 생각보다 얼마나 강인한지를 깨닫게 됩니다.

외상 후 성장(Post-Traumatic Growth)은 "상처가 사라진다."는 뜻이 아닙니다. 상처를 안고서도 더 깊이 사랑하고, 더 단단히 살아내는 길을 뜻합니다. 그래서 우리는 아픔을 두려워하기보다 그 속에서 피어날 작은 희망의 씨앗을 바라볼 수 있습니다.

당신의 아픔은 헛되지 않습니다. 언젠가 이 고통이 당신만의 지혜와 강인함으로 바뀌어, 누군가를 비추는 따뜻한 빛이 될 것입니다.

◇ **당신은 이미 충분히 괜찮은 존재입니다.**

• **마음의 겨울**

삶이 무게가 너무 크게 느껴질 때, 마음은 겨울처럼 얼어붙습니다.

스스로를 다그치고 "나는 충분하지 않다"는 생각이 반복될 때 우리는 한없

이 작아집니다.

그러나 심리학은 말합니다. 겨울은 계절일 뿐, 영원히 머물지 않는다고.

- **봄의 기운**

작은 햇살, 작은 씨앗 하나가 얼음을 녹이듯, 치유는 거창한 사건이 아니라 작은 실천에서 시작됩니다.

한 번의 깊은 호흡/누군가에게 털어놓는 용기/감사 일기 속 한 줄의 문장 이런 작은 행동들이 쌓이며, 마음은 봄의 기운을 머금게 합니다.

- **사례로 전하는 따뜻한 회복**

사례 A: 남편을 잃은 여성은 큰 상실로 인해 삶의 의미마저 흔들렸습니다. 매일 쏟아지는 눈물은 처음엔 끝없는 절망처럼 느껴졌습니다. 그러나 시간이 지나면서 그녀는 눈물이 단순한 슬픔이 아니라, 사랑의 또 다른 표현임을 깨닫게 되었습니다.

이 깨달음은 중요한 전환점이 됩니다. 그녀는 슬픔을 지우려 애쓰는 대신, 사랑했던 기억과 함께 눈물을 받아들였고, 그 과정에서 상처는 점차 따뜻한 추억으로 변해 갔습니다. 더불어 손주의 웃음소리는 닫혀 있던 마음에 다시 햇살을 비추듯, 새로운 생명력과 희망을 불어넣었습니다.

이 사례는 애도 과정의 치유적 힘을 보여줍니다. 슬픔을 회피하지 않고, 그것을 사랑과 연결 지을 때, 우리는 상실의 겨울을 지나 다시 봄을 맞을 수 있습니다.

사례 B: 한 청년은 잇따른 실패로 인해 자기 존재 자체를 부정하게 되었습니다. "나는 가치 없는 사람"이라는 생각은 그를 짓누르고, 무기력의 늪으로 빠뜨렸습니다. 그러나 상담 과정을 통해 그는 중요한 인식을 얻게 됩니다.
실패는 곧 나의 무가치함을 증명하는 것이 아니라, 배움과 성장을 위한 과정이라는 사실입니다. 이 깨달음은 그에게 다시 시도할 용기를 주었고, 결국 그는 자기 길을 새롭게 열어나갔습니다.

이 사례는 인지전환Cognitive reappraisal의 힘을 잘 보여줍니다. 동일한 사건이라도 어떤 의미를 부여하느냐에 따라 삶의 방향이 완전히 달라질 수 있습니다. 청년이 실패를 자기 존재의 부정으로 보지 않고, 성장의 디딤돌로 재해석했을 때, 마음속에서 새로운 봄이 움트기 시작한 것입니다.

"당신은 이미 충분히 괜찮은 존재입니다." 완벽하기 때문에 괜찮은 것이 아니라, 불완전한 채로도 살아내고 있기 때문입니다. 겨울이 아무리 길어도, 봄은 반드시 찾아옵니다.
그리고 그 봄은 당신 마음속에서도 이미 자라고 있습니다.

3장
심리학이 알려주는 회복의 기술

『상처받은 마음은 때로 깊은 어둠 속에 갇혀 있지만,
호흡 하나, 명상 한순간이 뇌와 마음을 치유하는 작은 빛이 됩니다.
생각을 바꾸면 마음의 길도 바뀌고,
무겁게 짓누르던 불안과 분노, 그리고 슬픔조차
조금씩 길들여져 우리 곁에서 조용히 머물 수 있습니다.
심리학이 전해주는 회복의 기술은
거창한 변화가 아니라,
숨을 고르고, 생각을 새롭게 바라보고,
감정을 단정히 다루는 그 작은 순간들 속에 있습니다.
그 순간들이 쌓여, 우리는 다시 회복의 길 위에 서게 됩니다.』
- 본문 요약

1. 호흡과 명상이 뇌를 치유하는 원리

2. 인지전환

-생각을 바꾸면 마음이 달라진다

3. 감정 다루기

-불안, 분노, 슬픔을 길들이는 방법

상처받은 마음은 때로 깊은 어둠 속에 갇혀 있지만, 심리학은 우리에게 작은 빛을 건네줍니다.

호흡 하나,

명상 한순간이 뇌의 긴장을 풀어내고,

무겁게 짓누르던 불안과 분노, 슬픔을 길들이는 힘이 됩니다.

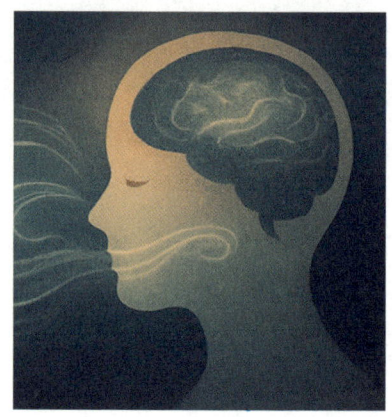

회복은 거창한 변화가 아니라,

생각을 새롭게 바라보는 전환과 감정을 단정히 다루는 작은 습관 속에서 시작됩니다.

불안을 억누르지 않고 조율하는 법, 분노를 이해로 바꾸는 법, 슬픔을 받아들이며 살아가는 법 — 이런 심리학적 기술들은 삶의 균형을 되찾는 소박하지만 확실한 도구가 됩니다.

결국, 그 작은 순간들이 쌓여 우리는 다시 회복의 길 위에 서는 자신을 발견하게 될 것입니다.

01
호흡과 명상이 뇌를 치유하는 원리

"숨이 가빠온다는 건 마음이 불안하고 지친다는 신호이지요. 긴장이 쌓이면 뇌는 위기 상황이라 착각하고, 심장은 서두르듯 빨라지고, 호흡은 자꾸만 얕아집니다. 그 순간 우리는 몸과 마음이 동시에 흔들린다는 것을 알게 됩니다.

그러나 호흡을 고요히 고르고, 눈을 감고 잠시 명상에 들어서면 달라집니다.
짧던 호흡은 깊어지고, 빠르던 심장은 잔잔해지며, 뒤엉킨 마음은 천천히 풀립니다. 뇌는 차분함을 되찾고, 나를 괴롭히던 불안은 한 걸음 뒤로 물러납니다.

호흡과 명상은 눈에 보이지 않는 치유의 길입니다.
작은 숨결 하나가 뇌를 위로하고, 마음을 회복으로 이끄는 따스한 손길이 됩니다."

마음과 뇌, 그 깊은 연결

우리가 "숨이 가쁘다"라고 말할 때, 단순히 산소 부족만을 의미하지 않습니다. 마음이 불안하고 긴장될 때, 뇌는 교감신경계를 활성화시켜 심장이 빨리 뛰고 호흡은 얕아집니다. 이는 일종의 생존 반응입니다. 그러나 이런 상태가 오래 지속되면 뇌는 과도한 스트레스 호르몬에 노출되고, 불안과 우울 같은 정서적 어려움이 깊어지게 됩니다. 바로 이 지점에서 호흡과 명상이 뇌의 회복력을 길러주는 열쇠가 되는 시작점입니다.

◇ 호흡이 뇌를 바꾸는 심리학적 근거

- **자율신경계와 균형 회복**

호흡은 자율신경계와 직접 연결되어 있습니다. 깊고 느린 복식호흡은 부교감신경계를 활성화하여 몸과 마음을 안정시킵니다. 이는 단순한 이완 효과를 넘어, 신체적 긴장을 낮추고 뇌의 감정 회로에도 영향을 미칩니다. 실제로 심리학 연구에서는 규칙적인 호흡 훈련이 불안장애 환자의 공황 증상을 완화시키는 효과를 있음을 보여주는 연구결과가 있습니다.

- **호흡과 감정 조절**

불안을 담당하는 뇌 부위인 편도체는 호흡에 민감합니다. 얕고 불규칙한 호흡은 편도체의 과잉 반응을 촉발하지만, 일정한 호흡 리듬은 그 반응을 억제합니다. 따라서 호흡 훈련은 단순히 몸을 진정시키는 것을 넘어, 감정 조절 능력을 강화하는 심리적 기술이 될 수 있습니다.

◇ 명상이 뇌를 치유하는 심리학적 기제

• 전전두엽의 강화

명상은 전전두엽의 활동을 높여주고, 시냅스의 연결을 새롭게 해줍니다. 전전두엽은 자기조절과 주의 집중을 담당하는 뇌 부위로, 명상을 꾸준히 실천하면 충동적 반응이 줄고 더 차분한 의사결정을 내릴 수 있게 됩니다. 심리학 연구에 따르면, 8주간의 마음챙김 명상 훈련은 참가자의 주의력과 자기 통제력을 유의미하게 높였습니다.

• 해마와 기억 회복

또한 명상은 기억과 학습을 담당하는 해마의 기능을 강화시켜 줍니다. 해마는 스트레스 호르몬인 코르티솔에 취약하지만, 명상을 통해 회복력이 증진됩니다. 외상 후 증후군(PTSD) 환자들을 대상으로 한 연구에서는 명상이 트라우마 기억을 완화하고 긍정적 경험의 회상[6]을 돕는 것으로 나타났습니다.

• 뇌의 가소성과 회복

명상은 뇌의 가소성Neuroplasticity을 촉진합니다. 뇌는 경험에 따라 끊임없이 변하는데, 명상은 새로운 신경 연결을 형성하게 하고 우울·불안 환자에게서 위축된 뇌 영역을 회복시키는 데 도움을 줍니다. 실제 뇌 영상 연구에서도 명상 수행자들의 뇌 구조가 긍정적으로 변화된 사례가 확인되었습니다.

---

6) 앞장 외상 후 성장(Post-Traumatic Growth, PTG) 참조

• 호흡과 명상의 통합적 효과[7]

호흡과 명상은 따로 떨어져 있지 않습니다.

호흡이 명상의 시작이고, 명상이 호흡을 더욱 깊게 만듭니다. 이 통합적 실천은 스트레스 호르몬을 줄이고, 멜라토닌 분비를 촉진[8]하며, 면역 체계를 강화하는 등 전인적인 치유효과를 가져옵니다.

오늘날 임상심리학에서는 '마음챙김 기반 스트레스 감소 프로그램(MBSR)'이나 '마음챙김 인지치료(MBCT)'를 통해 불안, 우울, 만성 통증 환자들에게 이러한 효과를 실질적으로 적용하고 있습니다.

• 일상에서의 심리학적 실천 가이드

먼저, 호흡 루틴→하루 세 번, 4초 들이마시고 6초 내쉬는 호흡을 2~3분간 실천해 보세요. 이는 심박변이도(HRV)를 안정시켜 불안감을 완화시켜 줍니다.

두 번째, STOP 기법→불안이 올라올 때, Stop(멈추기)/Take a breath(호흡하기)/Observe(내·외적 상태 관찰)/Proceed(차분히 행동하기) 순서로 따라 해보세요.

세 번째, 자기 연민 명상 문구→조용히 눈을 감고 "나는 지금 최

---

7) 《양자의학, 명상과 만나다》 현용수, 행복한마음. 2025. 참조
8) 두정엽 중앙에 위치한 '송과선Pineal gland' 기능 강화

선을 다하고 있다. 괜찮아."라고 속삭여 보세요. 심리학 연구에 따르면 자기 연민은 스트레스 완화와 정서 안정에 큰 영향을 줍니다.

• 마음의 회복제, 호흡과 명상

호흡과 명상은 단순한 몸 이완법이 아닙니다. 이는 뇌의 신경회로를 회복시키고, 감정을 다스리며, 삶에 다시 힘을 불어넣는 심리학적 치유 도구입니다. 오늘 당신이 들이마신 한 번의 숨, 그리고 잠시 눈을 감고 한 번의 명상은 뇌와 마음을 새롭게 치유하는 출발점이 될 수 있습니다.

02
인지전환
-생각을 바꾸면 마음이 달라진다

"삶에서 일어나는 사건은 같아도 그것을 해석하는 마음의 시선에 따라 전혀 다른 이야기가 됩니다. 누군가는 한 번의 실패에 무너지고, 또 다른 누군가는 그 안에서 다시 일어설 힘을 발견합니다.

세상은 언제나 같은 모습으로 존재하지만, 우리가 어떤 '마음의 안경'을 쓰느냐에 따라 그 빛깔은 달라집니다.

인지전환은 이 안경을 바꿔 쓰는 기술입니다. 부정적인 생각에 매몰되어 무거운 마음을, 다른 의미와 시선으로 다시 바라봄으로써 가볍게 풀어내는 힘이지요. 사건이 아니라 그것을 해석하는 '나의 생각'이 감정을 만들고, 그 감정이 다시 삶의 무게를 결정합니다.

생각을 바꾸는 작은 시도가 곧 마음을 바꾸고, 마음의 변화는 다시 삶의 길을 바꾸어 놓습니다. 그것이 바로 인지전환이 지닌 치유와 회복의 시작입니다."

☆ 인지전환, 마음의 시선을 바꾸는 기술

• **마음의 안경, 사고의 틀**
우리가 세상을 바라보는 방식은 마치 안경을 낀 것과 같습니다. 같은 상황이라도 어떤 안경을 쓰느냐에 따라 전혀 다르게 보이지요.

예를 들어 시험에 떨어진 학생이 있다고 합시다. 한 학생은 "나는 실패자야"라고 낙심하지만, 또 다른 학생은 "이번 경험으로 내가 부족한 점을 알게 되었어."라며 다시 도전합니다.

똑같은 사건임에도 마음의 무게가 달라지는 이유는 바로 사고의 틀, 즉 인지의 차이 때문입니다.

그래서 "세상사 마음먹기에 달렸다"는 속담이 생겨난 것이지요.

불교에서도 "일체유심조(一切唯心造) — 모든 것은 마음이 지어낸다."는 가르침을 전합니다.

신라의 원효대사가 깨달았던 화엄경의 사상 역시 이 맥락과 이어집니다.

• 인지전환, 마음의 시선을 바꾸는 기술

인지전환(Cognitive Reappraisal)은 사건이나 상황을 바라보는 방식을 바꾸어 정서를 새롭게 해석하는 심리학적 기법입니다. 인지행동치료(CBT)의 핵심 전략으로, 아론 벡(Aaron T. Beck)의 인지치료와 앨버트 엘리스(Albert Ellis)의 합리·정서행동치료(REBT)에서 체계적으로 발전되었습니다.

핵심은 단순합니다. "생각을 절대적인 진실로 믿지 말고, 그 의미를 다르

게 해석하라."

부정적 사고에 매몰되면 감정은 절망으로 흐르지만, 다른 틀로 바라보면 같은 사건도 전혀 다른 의미를 띱니다.

예를 들어, "나는 늘 실패한다." → "이번에는 잘 안 됐지만, 다음엔 더 나아질 수 있다."

"사람들이 날 싫어할 거야." → "나는 단지 긴장했을 뿐이고, 상대방은 크게 신경 쓰지 않았을 수도 있다." 이처럼 사고의 틀이 바뀌는 순간, 불안과 절망은 줄어들고, 대신 희망과 평정심이 자리를 찾습니다.

• **심리학적 연구 근거**

많은 연구는 인지전환이 감정 조절에 가장 효과적인 전략 중 하나임을 보여줍니다. 그로스(James Gross)의 감정조절 이론에서는, 인지적 재평가가 부정적 정서를 줄이고 긍정적 정서를 증진시키는 핵심 전략이라고 강조합니다.

뇌 영상 연구 또한 이를 뒷받침합니다. 인지전환을 사용할 때 전전두엽(prefrontal cortex)은 활성화되고, 불안과 공포를 담당하는 편도체(amygdala)의 과잉 반응은 줄어듭니다. 임상 현장에서도 우울증·불안장애 환자들이 인지전환 훈련을 통해 증상을 완화하고 삶의 기능을 회복한 사례들이 다수 보고되었습니다.

즉, "사고를 다르게 해석하는 작은 변화가 곧 뇌의 활동을 바꾸고, 결국 마음을 바꾼다."는 사실이 과학적으로 입증된 것입니다.

• 일상 속 인지전환

인지전환은 특별한 훈련만을 의미하지 않습니다. 우리는 일상에서 자주 그 기회를 만납니다.

직장에서 실패했을 때: "나는 무능력하다." → "이번 실패는 더 나은 방법을 찾으라는 신호일 수 있다."

인간관계에서 오해가 생겼을 때: "그는 날 무시했어." → "그도 힘든 하루를 보냈을지 모른다."

삶의 방향이 불확실할 때: "어떻게 살아야 하지?" → "아직 답은 모르지만, 나는 천천히 찾아가는 중이다."

이러한 전환은 단순한 자기 위안이 아니라, 실제로 정서적 안정과 문제 해결 능력을 높여주는 심리학적 전략입니다.

• 실제 상담사례

30대 직장인 A씨는 상담실에 들어오자마자 깊은 한숨을 내쉬었습니다.

"저는 늘 실패만 해요. 무엇을 해도 잘 되지 않고, 결국 사람들에게 인정받지도 못하는 것 같아요."

그의 목소리에는 절망과 무기력이 묻어 있었습니다. 잦은 실수와 부정적 평가로 인해, 그는 스스로를 "무능력한 사람"으로 단정 짓고, 결국 불안장애 진단까지 받게 되었습니다.

그러나 상담 과정에서 그는 사건 자체보다 그 사건을 해석하는 방식이 문제임을 깨닫기 시작했습니다.

"정말로 늘 실패했나요? 성공했던 경험은 없었나요?"라는 상담자의 질문에 잠시 침묵하던 그는 조심스럽게 대답했습니다.

"… 생각해 보니 예전에 맡은 업무를 잘 마무리한 적도 있었네요."

상담자는 그의 자동적 사고인 "나는 무능력하다"를, "나는 완벽하지는 않지만, 잘 해낸 경험도 있다"로 바꾸도록 도왔습니다. 12회의 상담을 거치며 A씨는 작은 실수에도 크게 흔들리던 태도에서 벗어나 "이번엔 잘 안 됐지만 배울 점이 있다"라고 말할 수 있게 되었습니다. 불안 증상은 완화되었고, 자기 신뢰감도 회복되었습니다.

인지전환은 단순한 긍정적 사고 훈련이 아닙니다.

그것은 사고의 틀을 유연하게 열어 주는 심리학적 기술이며, 뇌의 작용과 정서를 실제로 바꾸는 강력한 도구입니다.

삶에서 크고 작은 실패와 오해, 불확실성을 만날 때, 인지전환은 이렇게 속삭입니다.

"사건은 같아도 해석은 달라질 수 있다. 그리고 그 해석의 변화가 곧 삶의 변화를 만든다."

☆ 또 다른 상담사례: 관계 속의 오해

• 불안의 시작, 작은 말실수

이번에는 40대 여성 내담자의 이야기입니다.

B씨는 상담실에 들어와 깊은 한숨을 내쉬며 이렇게 말했습니다.

"저는 친구에게 실수로 말을 좀 세게 했어요. 그날 이후로 계속 불안해요. 아마 그 친구는 절 싫어할 거예요."

사소한 말 한마디가 그녀의 마음을 며칠 동안 붙잡고 놓아주지 않았습니다.

친구와의 관계가 틀어졌을까 걱정하며, 자신이 상대를 실망시켰을 것이라는 생각이 꼬리에 꼬리를 물었습니다.

• **마음의 틀 바꾸기**

상담자는 그녀와 함께 그날의 장면을 차근차근 다시 떠올려 보았습니다.

"그날 그 친구가 어떤 표정을 지었나요?"

"혹시 그 친구가 피곤했거나, 다른 이유가 있었을 수도 있지 않을까요?"

대화를 나누던 중, B씨는 문득 떠올렸습니다.

"맞아요. 그 친구가 요즘 직장에서 힘들다고 했던 게 기억나요."

그제야 그녀는 친구의 반응을 자신에 대한 거부가 아니라, 친구의 컨디션 문제일 수 있음을 받아들였습니다. 사건은 같지만, 해석의 틀을 바꾸는 순간 감정이 달라진 것입니다.

이후 B씨는 "내가 잘못해서 관계가 무너질 거야"라는 자동적 사고 대신, "때로는 상대방도 힘들 수 있다"는 새로운 관점을 갖게 되었습니다.

상담 5회기를 거치며 불필요한 불안이 줄어들었고, 그녀는 관계를 훨씬 더 유연하게 바라볼 수 있게 되었습니다.

- **독자와 함께하는 실천 가이드 –생각 바꾸기 훈련**

우리는 힘든 순간, 자동적으로 떠오르는 부정적 생각에 자주 사로잡힙니다. 하지만 아론 벡(Aaron T. Beck)의 인지치료 이론에 따르면, 생각은 곧바로 '사실'이 아니며, 해석의 여지를 남겨 두는 것이 중요합니다. 다음 네 단계를 연습하면서, 스스로의 생각을 더 건강하게 다스려 보세요.

자동적 사고 포착하기- 어떤 상황에서 '나는 실패할 거야', '사람들이 나를 싫어할 거야'와 같은 생각이 떠오른다면, 그 순간 잠시 멈추어 보세요.
그리고 이렇게 구분해 보세요. "이건 지금 떠오른 '생각'일 뿐, 반드시 사실은 아니야."
생각과 사실을 분리하는 것만으로도 마음의 무게가 가벼워집니다.

대안적 해석 찾기- "혹시 다른 이유도 있을까?" 하고 자신에게 물어보세요. 상대방이 무심하게 대답한 것이 사실은 피곤해서일 수도 있고, 나를 무시해서가 아닐 수도 있습니다.
다양한 가능성을 떠올리는 습관은 불필요한 오해와 불안을 줄여 줍니다.

긍정적 재구성하기- 같은 사건도 바라보는 관점에 따라 전혀 다른 의미를 가질 수 있습니다.

예를 들어, "실수했어, 나는 부족해." 대신 "이 경험을 통해 더 신중해질 수 있겠구나."라고 말해 보세요. 사건 속에서 배우고 성장할 점을 찾는 순간, 실패는 더 이상 상처가 아니라 자원이 됩니다.

짧은 문장으로 정리하기- 마지막으로, 자신에게 힘이 되는 짧은 문장을 만들어 반복하세요.

"괜찮아, 다시 시도할 수 있어." "나는 흔들려도 무너지지 않아." 이런 자기 위로의 말은 마음을 차분하게 하고, 회복의 힘을 키워 줍니다.

작은 연습, 큰 변화- 처음엔 어색할 수 있지만, 하루에 한 번만이라도 이 네 단계를 실천해 보세요. 생각의 무게가 줄어들고, 마음은 조금 더 유연하고 단단해질 것입니다.

- **생각을 바꾸면, 마음도 달라진다.**

우리가 겪는 고통의 상당 부분은 사건 자체보다 그 사건을 바라보는 '생각'에서 비롯됩니다. 인지전환은 마치 마음의 창을 새로 여는 것과 같습니다.

같은 풍경도 창문을 어디로 여느냐에 따라 전혀 다른 색깔로 보이듯, 생각의 프레임을 바꾸면 세상도 더 밝고 따뜻하게 다가옵니다.

답답한 문제 앞에서 막막할 때, 여행을 떠나 새로운 풍경을 보는 것처럼 마음의 창을 바꾸어 보세요. 그러면 문제의 무게가 가벼워지고, 마음이 숨통을 틔우게 됩니다.

생각을 바꾸는 순간, 마음도 달라집니다. 그리고 그 작은 변화는 삶 전체를 바꾸는 힘으로 이어집니다.

◇ 인지전환 실천 가이드 : 다함께 따라 해보세요

인지전환은 단순한 이론이 아니라, 일상에서 직접 실천할 수 있는 훈련입니다. 작은 연습이 쌓일수록 마음은 점차 가벼워지고, 새로운 시각이 삶을 바꾸는 힘이 됩니다.

아래 단계를 하나씩 따라 해 보세요.

STEP 1. 자동적 사고 포착하기

부정적인 생각이 떠올랐을 때 그대로 믿지 말고, 잠시 멈추어 보세요.

"이건 사실이 아니라, 단순히 내 머릿속에 스쳐 지나가는 생각일 뿐이다."라고 인식해 보세요.

이 짧은 인식만으로도 마음과 생각 사이에 거리를 둘 수 있습니다.

STEP 2. 대안적 해석 찾기

같은 사건을 다른 시각에서 해석할 수 있는 방법을 적어봅니다.

최소한 두 가지 이상의 가능성을 떠올려 보는 것이 중요합니다.

"혹시 상대방이 피곤했을 수도 있지 않을까?"
"내가 생각하는 것처럼 심각한 일이 아닐 수도 있어."
이처럼 시야를 넓히면 불안과 오해가 조금씩 풀립니다.

STEP 3. 긍정적 문장으로 정리하기

부정적 생각을 새로운 관점으로 바꾼 뒤에는, 그것을 짧고 힘 있는 문장으로 정리해 보세요.
"나는 완벽하지 않아도 괜찮다."
"이번 일로 내 인생 전체를 결정하지 않는다."
"다시 시도할 수 있는 힘이 내 안에 있다."
이런 문장을 반복하면 마음의 기초 체력이 단단해집니다.

◇ **함께 해보세요: 참여 연습 문제**

연습 1. 자동적 사고 기록하기

최근에 불안·화·슬픔을 느꼈던 사건을 떠올려 보세요.

사건: _____

그때 떠오른 생각: _____

연습 2. 대안적 사고 전환

위 생각을 다른 각도에서 해석해 보세요.

새로운 해석 1: _____
새로운 해석 2: _____

연습 3. 나만의 긍정 문장 만들기

상황을 정리하는 짧은 위로 문장을 직접 적어 보세요.

"_____"

연습 4. 자기 기록란

오늘 내가 깨달은 점: _____

앞으로 적용해 보고 싶은 장면: _____

실천 후 느낀 변화: _____

• **독자와 함께 하는 치유메시지**

생각을 바꾸는 순간, 마음의 무게가 달라집니다.

인지전환은 '고통을 사라지게 하는 마술'이 아닙니다. 대신, 고통을 새로운 시선으로 바라볼 수 있게 해 주는 마음의 도구입니다.

오늘 적어본 기록은 단순한 글이 아니라, 당신의 마음을 치유하는 첫 걸음이 될 수 있습니다.

내일의 나를 조금 더 가볍게, 조금 더 자유롭게 만드는 씨앗이 될지도 모릅니다.

03
감정 다루기
-불안, 분노, 슬픔을 길들이는 방법

당신의 감정, 길들일 수 있습니다

우리는 매일 수많은 감정을 경험합니다. 때로는 불안이 가슴을 옥죄이고, 분노가 폭풍처럼 치밀어 오며, 때로는 슬픔이 모든 의욕을 삼켜버리기도 합니다. 하지만 감정은 결코 우리의 적이 아닙니다.

그것은 삶이 보내는 생존의 신호이자, 우리가 지금 어떤 상태에 있는지 알려주는 메시지입니다. 그래서 우리는 그 감정을 억누르거나 없애려는 것이 아니라, 조율하고 길들이는 방법을 알아야 합니다.

심리학 이론으로 본 감정 다루기

첫 번째, 인지행동이론(CBT)은 불안은 실제 위협보다는 "위협에 대한 해석"에서 비롯된다고 설명합니다. 이는 우리가 불안을 어떻게 해석하는가에 따라 대처 방법도 달라질 수 있다는 의미입니다.

두 번째, 신경과학적 관점은 불안은 편도체Amygdaloid의 과잉 활성과 관련, 전전두엽의 조절 능력이 떨어질 때 심해진다고 해석합니다. 이는 사람의 감정을 지배하는 감정회로 중 편도체[9]는 시상과 함께 자율신경(교감신경)을 관여하기 때문입니다.

---

9) 참조, 《양자의학, 명상과 만나다》 현용수, 행복한마음. 2025.

세 번째, 심리학적으로 불안은 미래에 대한 불확실성을 예민하게 감지하는 신호이며, 동시에 우리에게 다가올 위험을 대비하게 하는 적응적 경보 시스템입니다. 뇌의 편도체가 위험을 빠르게 포착해 긴장을 높이듯, 불안은 삶을 지키려는 본능적 반응입니다.

그러나 이 감지가 과도하게 작동하면 불필요한 걱정과 회피로 이어지기도 합니다. **따라서 불안은 단순히 '나쁜 감정'이 아니라, 삶의 방향을 점검하고 내적 균형을 되찾으라는 심리적 알림이라 할 수 있습니다.**

• 불안과 분노 Anger

정서조절이론에서 분노는 좌절, 억울함, 불공정성을 느낄 때 자연스러운 반응으로 보며, 특히, 심리학자 노박(Novaco)은 분노는 공격성이 아니라, 자신의 권리와 욕구가 침해되었다는 신호라고 의미를 부여합니다. 하지만, 조절되지 않은 분노는 관계 파괴와 자기 손상으로 이어질 수 있음을 경고합니다.

• 슬픔 Sadness

영국의 심리학자 John Bowlby의 애착이론[10]에서 인간관계의 상실과 단절 경험이 슬픔을 촉발하고, 수 엣킨슨 박사의 우울심리학에서는 적설한 슬픔은 애도의 과정이며, 의미를 재구성하는 힘이 된다고 말합니다. 하지만, 장기적이고 심한 슬픔은 무기력과 우울로 악화될

---

10) 애착이론(Attachment Theory)은 장기적 인간관계의 근본원인을 설명, 특히, 영아와 주 양육자 간의 초기 유대의 중요성을 맞춰 인간관계를 다룬다.

수 있으며, 이에 따른 '경계도 늦추어서는 안 된다.'는 견해입니다.

◇ 실제 상담사례

• 사례 A –불안 다루기

30대 대학원생 C씨는 발표만 다가오면 가슴이 쿵쾅거리고, 머릿속이 하얘지며 불안에 휩싸였습니다.

"나는 반드시 실수할 거야." 그는 이런 생각에 붙잡혀 있었고, 그 생각이 발표를 더 두렵게 만들었습니다.

상담자는 그의 사고를 차분히 탐색했습니다.

"그 생각이 반드시 사실일까요? 아니면 여러 가능성 중 하나일까요?"

대화를 이어가던 중, C씨는 예전에 작은 발표를 무사히 마쳤던 기억을 떠올렸습니다.

그는 점차 불안을 "실수할 수 있다 → 하지만 나는 이미 잘 해낸 경험도 있다"라는 대안적 사고로 전환하기 시작했습니다. 꾸준한 연습 끝에 그는 불안을 완전히 없앨 수는 없었지만, 발표가 곧 실패라는 믿음에서 벗어나 "실수는 할 수 있지만, 준비한 만큼 해낼 수 있다"라는 마음으로 강단에 설 수 있었습니다.

결국 그는 발표를 무사히 마쳤고, 이후 발표 불안은 조금씩 줄어들었습니다.

• 사례 B – 분노 다루기

40대 직장인 D씨는 회의에서 자신의 의견이 무시당하면 참지 못하고 격렬하게 화를 냈습니다. 그러나 문제는 그 후였습니다. 순간의 폭발 뒤에는 늘 후회와 자책이 뒤따랐고, 동료들과의 관계도 점점 불편해졌습니다.

상담자는 그에게 **'분노 다이어리'**를 제안했습니다.
"언제, 어떤 상황에서 화가 났는지, 그때 몸에서는 어떤 신호가 있었는지 적어보세요."

D씨는 기록을 통해, 분노가 폭발하기 전 이미 가슴 두근거림, 어깨 뻣뻣함, 얼굴의 열감 같은 신체 신호가 나타난다는 사실을 알게 되었습니다.

이를 자각하면서 그는 즉각적인 폭발 대신, "잠시 멈추고 호흡하며 10초세기" 전략을 활용할 수 있었습니다.

또한, 대화할 때 "너 때문에 화가 나"라는 공격적인 언어 대신, "나는 무시당했다고 느껴 속상하다"라는 I-메시지를 사용하기 시작했습니다.

그 결과 그는 분노를 억누르지 않고

도 건강하게 표현할 수 있게 되었고, 동료들과의 관계는 이전보다 훨씬 원만해졌습니다.

• 사례 C –슬픔 다루기

남편을 갑작스럽게 잃은 50대 여성 E씨는 깊은 상실의 충격 속에서 상담실을 찾았습니다.

"앞으로 살아갈 이유가 없어요." 그녀는 눈물 속에서 절망을 토해 냈습니다. 상담 과정에서 그녀는 남편과의 추억을 이야기하며 울음을 터뜨렸습니다.

그러면서도 "그와 함께한 시간이 내 삶에 큰 의미였구나."라고 말하며, 슬픔 속에서 감사와 사랑의 기억을 함께 떠올리기도 했습니다.

상담자는 그녀의 감정을 억누르지 않도록 충분히 흘려보내게 하면서도, 조심스레 질문을 던졌습니다.

"만약 남편이 지금 곁에 있다면, 당신에게 어떤 삶을 바라실까요?"

잠시 침묵하던 그녀는 떨리는 목소리로 대답했습니다.

"그 사람은… 아마 제가 행복하게 살아가기를 바랄 거예요." 그 순간 그녀의 시선은 바뀌었습니다.

상실의 고통은 여전히 있었지만, 그것이 단지 끝이 아니라는 것을 알게 되었습니다. 남편과의 삶에서 얻은 사랑과 의미를 간직하면서, 그 기억을 앞으로 살아갈 힘으로 전환할 수 있다는 사실을 받아들인 것입니다. 이후 그녀는 슬픔을 억누르기보다 새로운 의미로 재구성하며 일상을 조금씩 회복해 나갔습니다.

◇ 불안, 분노, 슬픔을 길들이는 실천법

• 불안 다루기

자동적 사고 적어보기- 불안을 불러오는 생각을 종이에 그대로 적어 보세요.

"이건 사실일까, 아니면 단순한 내 해석일까?"라고 스스로에게 물을 때, 이미 불안과 거리를 두기 시작하는 것입니다.

대안적 사고 찾기- 같은 사건이라도 다른 시각으로 해석하면 마음의 무게가 달라집니다.

예) "나는 반드시 실수할 거야." → "실수할 수도 있지만, 그동안 연습한 만큼 잘 해낼 가능성도 충분히 있다."

• 분노 다루기

신체 신호 인식하기- 분노는 갑자기 폭발하는 듯 보이지만, 사실 몸은 그 전에 미리 신호를 보냅니다. 심장이 빨라지거나, 얼굴이 화끈 달아오르거나, 어깨가 뻣뻣해진다면 그것은 '분노의 경고등'입니다.

10초 호흡법 실천하기- 분노가 치밀 때는 즉각 반응하기 전에 잠시 멈춰야 합니다. 코로 깊이 들이마시고, 천천히 내쉬며 10초를 세어보세요. 이 잠깐의 여유가 무의식적 폭발 대신 의식적인 선택을 가능하게 합니다.

I-메시지 사용하기- "너 때문에 화가 나"라는 말은 상대를 방어적으로 만듭니다.

대신 "나는 무시당했다고 느껴서 속상하다"라고 말해보세요. 비난이 아닌 자기표현은 대화를 닫지 않고, 오히려 소통을 엽니다.

• **슬픔 다루기**

의미 재구성하기- 상실과 아픔을 글로 적어보세요. 그 경험 속에서 배운 것, 그 순간이 내 삶에 남긴 의미를 정리하다 보면, 슬픔이 새로운 얼굴을 드러냅니다.

자문하기- "내가 사랑했던 사람, 그 시간이 내 삶을 어떻게 빛나게 했는가?" 이 질문은 잃어버린 것에만 머물던 시선을, 남아 있는 의미와 사랑으로 옮겨줍니다.

자기 돌봄 인식하기- 슬픔을 견디고 흘려보내는 것은 약함이 아니라, 자신을 지켜내는 용기입니다. 슬픔을 통과하는 과정 자체가 나를 사랑하는 길임을 기억하세요.

불안, 분노, 슬픔은 누구에게나

찾아오는 자연스러운 정서입니다. 중요한 것은 그것을 억누르거나 부정하는 것이 아니라, 어떻게 바라보고 다루느냐 입니다.

불안은 생각의 재구성을 통해 희망으로, 분노는 표현의 전환을 통해 관계 회복의 기회로, 슬픔은 의미의 재구성을 통해 새로운 삶의 힘으로 바뀔 수 있습니다.

정서는 길들일 수 있습니다.
생각을 바꾸면 마음이 달라지고, 마음이 달라지면 삶이 달라집니다.
작은 전환 하나가 무겁던 세상을 가볍게, 어둡던 길을 밝히는 불빛이 됩니다.

◇ 실천 가이드 + 자기 기록란

• 불안 다루기 – 인지적 재구성

(연습하기)
최근 불안했던 사건 적기: _____
그때 떠오른 자동적 생각: _____
그 생각이 사실인지, 단순한 해석인지 구분해 보기 □ 사실 □ 생각
대안적 해석 두 가지 작성
해석1: _____
해석2: _____

• **분노 다루기 – 분노 조절 기술**

(체크리스트)

분노가 치밀기 전 신체 신호를 알아차렸다 (심장 두근거림, 얼굴 열감 등).

화가 날 때 10초 동안 호흡을 했다.

감정을 "I 메시지"로 표현했다. ("나는 무시당했다고 느껴 속상하다.")

• **나의 기록**

최근 화가 났던 상황: _____

그때 느낀 신체 신호: _____

이번에 시도한 대처 방법: _____

효과가 있었는가? □ 예 □ 아니오

3-3. 슬픔 다루기 – 의미 재구성

• **연습하기**

내가 경험한 상실이나 슬픔 사건: _____

그 사건이 내 삶에 남긴 의미: _____

그 과정에서 배운 점이나 깨달음: _____

앞으로 나를 지탱해 줄 새로운 문장 만들기

" _____ "

• **오늘의 성찰**

오늘 배운 것 중 가장 마음에 남은 점: _____

앞으로 일상에 적용해 보고 싶은 실천: ＿＿＿＿＿＿＿＿＿

내 감정을 더 건강하게 다루기 위해 필요한 한 가지: ＿＿＿＿

• 독자에게 전하는 치유메시지

불안은 당신이 부족해서가 아니라, 다가올 미래를 준비하라는 신호입니다.

분노는 당신이 틀려서가 아니라, 당신의 권리를 지키라는 경고입니다.

그리고 슬픔은 당신이 약해서가 아니라, 당신이 얼마나 깊이 사랑하고 애착했는지 알려주는 가늠자입니다.

감정은 우리 삶 속에 자연스레 찾아오는 손님입니다. 그러나 그 손님이 너무 커져서 나를 휘두를 때, 우리는 두려워하거나 억누르기보다 길들이는 지혜를 배워야 합니다.

불안이 알려주는 신호를 읽을 수 있다면, 미래는 두려움이 아닌 준비의 기회가 되고,

분노가 던지는 경고를 건강하게 다룰 수 있다면, 관계는 단절이 아닌 이해의 다리가 되며,

슬픔이 품고 있는 의미를 새롭게 재구성할 수 있다면, 상실은 끝이 아니라 새로운 삶을 열어 주는 힘이 됩니다.

심리학은 바로 이 길을 안내해 줍니다.

생각을 재구성하는 연습, 호흡으로 마음을 가라앉히는 순간, 그리고 상실 속에서도 의미를 다시 찾아내는 과정. 이 작은 실천들이 모여

감정을 적이 아니라, 삶을 함께 걸어가는 길잡이로 바꾸어 줍니다.

독자님들의 마음에 말해주세요.
당신 안의 불안은 길을 밝히는 등불이 될 수 있고,
당신 안의 분노는 당신을 지켜주는 방패가 될 수 있으며,
당신 안의 슬픔은 사랑의 깊이를 기억하게 하는 거울이 될 수 있습니다.

그리고 결국, 감정은 우리를 무너뜨리기 위해서가 아니라, 더 깊은 나와 더 온전한 삶으로 이끌기 위해 찾아옵니다.
작은 호흡 하나, 작은 생각의 전환 하나가 바로 그 치유의 시작입니다.

4장
나를 안아주는 시간

『우리는 종종 세상을 안으려다 자신을 잊어버립니다.
회복의 힘은, 내가 나를 안아줄 때 시작됩니다.
흔들려도 괜찮습니다.
넘어져도 다시 일어서는 것이 회복탄력성입니다.
빠른 걸음을 멈추고, 잠시 숨을 고르면, 마음은 제자리를 찾습니다.
행복은 멀리 있지 않습니다.
작은 순간, 나를 안아주는 그 시간 속에 있습니다.
나를 안아주는 시간이 곧
행복으로 향하는 가장 깊고 확실한 길입니다.』
- 본문 요약

1. 자기 연민(Self-Compassion)의 심리학
2. 회복탄력성(Resilience)
-흔들려도 무너지지 않는 힘
3. 느리게 걷기, 고요히 호흡하기
-일상 속 실천
4. 긍정심리학이 말하는 행복의 조건

"행복은 멀리 있는 특별한 순간이 아니라, 우리가 매일 마주하는 삶의 결 속에 숨어 있습니다.

좋은 성과를 내야만 큰 성공을 거둬야만 얻을 수 있는 것이 아니라, 오히려 작은 기쁨과 소소한 감사 속에서 행복은 자라납니다.

긍정심리학은 행복을 '찾아야 하는 것'이 아니라 '길러낼 수 있는 힘'으로 봅니다.

마틴 셀리그먼(Martin Seligman)의 연구에 따르면, 행복은 단순한 즐거움 이상의 것입니다. 의미 있는 관계, 자신의 강점을 발휘하는 경험, 몰입의 순간, 감사와 성취감… 이 모든 요소가 모여 삶을 풍성하게 합니다.

우리는 때로 행복을 미래의 목표로만 여깁니다. 그러나 긍정심리학은 말합니다.
'행복은 결과가 아니라 과정이다. 지금 이 순간, 당신의 선택과 태도 속에서 자라는 것이다.'
이제 우리는 그 조건들을 하나씩 살펴보려 합니다. 그것은 막연한 희망이 아니라, 누구나 일상 속에서 실천할 수 있는 길이며, 삶을 더 따뜻하고 단단하게 만드는 내적 자산이 됩니다."

01
자기 연민(Self-Compassion)의 심리학

"당신은 지금 이 순간에도 충분히 괜찮은 사람입니다."

우리는 종종 자신에게 가장 가혹한 판사를 내립니다. 작은 실수에도 스스로를 몰아붙이고, 타인에게는 관대하면서도 정작 자신에게는 한없이 엄격합니다. 그러나 심리학은 말합니다. 자기 연민Self-Compassion은 단순한 자기 위로가 아니라, 회복과 성장을 위한 강력한 심리적 자원이라고 말할 수 있습니다.

미국의 심리학자 크리스틴 네프(Kristin Neff)는 자기 연민을 이렇게 설명했습니다. 자기 친절(Self-Kindness)이라는 것은 실패한 순간에도 나 자신에게 따뜻한 시선을 보내는 것이며,

공통된 인간성(Common Humanity, 사람들)은 고통을 대할 때 나만의 것이 아니라, 모두가 겪는 인간적 경험임을 기억하는 것임을 명심하는 것입니다.

또한, 마음챙김Mindfulness은 지금의 고통을 외면하지 않고, 있는 그대로 알아차리는 것이며, 자기 연민을 가진 사람은 불안을 덜 느끼고, 회복력이 더 크며, 삶의 만족도가 높다는 연구결과가 있습니다. 그래서 자기연민은 자신을 놓아버리는 태도가 아니라, 스스로를 안아주며 다시 일어서는 힘입니다.

이 장에서는 당신이 어떻게 자기 연민을 통해 스스로를 따뜻하게

감싸고, 다시 삶의 용기를 되찾을 수 있는지를 이야기합니다. 또한, 작은 숨결, 따뜻한 말 한마디가 당신 안의 심리적 면역체계를 강화할 수 있음을 보여줄 것입니다.

심리학적 이론

자기 연민(Self-Compassion)은 심리학자 크리스틴 네프(Kristin Neff)가 체계화한 개념으로, 자신에게 친절하게 대하고, 고통을 인간의 보편적 경험으로 받아들이며, 현재의 고통스러운 순간을 회피하지 않고 알아차리는 태도를 말합니다.

자기 연민(Self-Compassion)의 세 가지 핵심 요소는 다음과 같습니다. 첫 번째, **자기 친절(Self-Kindness)**입니다. 이는 실패나 고통의 순간에 자신을 비난하지 않고 따뜻하게 대하는 태도를 말합니다.

두 번째, **공통된 인간성(Common Humanity)**입니다. 이는 고통과 실패가 나만의 문제가 아니라 모두가 겪는 보편적 경험임을 이해하는 시선을 갖는 태도를 말합니다.

세 번째, **마음챙김(Mindfulness)**입니다. 현재 경험을 있는 그대로 알아차리고, 과도하게 억누르거나 집착하지 않는 균형 잡힌 인식을 갖는 자세를 말합니다.

연구에 따르면 자기 연민(Self-Compassion)은 우울과 불안을 낮추고, 회복탄력성을 높이며, 건강한 자기조절 능력을 강화하는 효과가 있습니다. 즉, 자기 연민은 단순한 위로나 자기 합리화가 아니라 내면의 심리적 면역체계와 같은 기능을 합니다.

스토리텔링 사례

한 상담 장면에서, 늘 자신을 "부족하다, 더 노력해야 한다."라고 몰아붙이던 한 직장인이 있었습니다. 그는 성과를 내지 못하면 자신을 쓸모없는 사람이라 여겼고, 실수할 때마다 마음속 비난의 목소리가 거세졌습니다.

하지만 상담을 통해 그는 자신에게 이렇게 말하기 시작했습니다.
"실수할 수도 있지. 이건 내 가치 전체를 부정하는 게 아니야." 그는 자기 연민 훈련을 통해 아침마다 거울을 보며 짧게 속삭였습니다.

"오늘도 괜찮아. 완벽하지 않아도 괜찮아."

몇 달이 지나자 그는 같은 문제 상황에서도 스스로를 덜 다그쳤고, 불안이 줄어들며 일과 관계에서 여유를 찾게 되었습니다.
그의 변화는 자기 연민이 주는 힘을 잘 보여준 사례입니다.

자기 연민이 전하는 감성에세이

우리는 종종 타인에게는 따뜻한 위로를 건네면서, 정작 자기 자신에게는 냉혹한 판사가 되곤 합니다.
"왜 또 실패했니?"
"넌 늘 부족해."

그러나 자기 연민은 우리에게 묻습니다.

"그렇게까지 자신을 몰아세울 필요가 있을까?"

당신이 친구에게 다정하게 건네는 말처럼, 나 자신에게도 그렇게 말해줄 수 있습니다.

"괜찮아, 네가 많이 힘 들었구나. 그래도 여기까지 온 너는 참 대단해."

자기 연민은 스스로를 포기하는 태도가 아니라, 스스로를 껴안아 다시 일어설 수 있는 힘을 길러줍니다. 때로는 가장 필요한 위로가, 세상 누구도 아닌 내가 나에게 건네는 다정한 말 한마디일지 모릅니다.

◇ 워크북: 나를 안아주는 시간 (따라 해보세요)

• 오늘의 질문

최근에 내가 스스로를 가장 심하게 비난했던 순간은 언제였나요?

그때 내 마음속에서 어떤 말이 떠올랐나요? ("나는 부족해", "왜 또 실패했어?" 등)

만약 같은 상황을 친구가 겪었다면, 나는 그에게 어떤 말을 건네주었을까요?

- **아래에 적어 보세요.**

내가 나를 비난했던 순간: _____

그때 내 마음속 말: _____

친구라면 해줬을 말: _____

- **자기 연민 연습: "따뜻한 말 한마디"**

지금 이 순간, 나에게 가장 필요한 위로의 말을 적어봅니다.
짧아도 괜찮습니다. (예: "괜찮아, 지금도 충분히 잘하고 있어.")

- **나에게 건네는 말:**

_____

- **내 감정 체크**

오늘 나에게 다정한 말을 해주었을 때, 내 마음은 어떻게 반응했나요?

☐ 조금 이상했지만 편안해졌다

☐ 눈물이 날 것 같았다

☐ 오히려 거부감이 들었다

☐ 아직 잘 모르겠다.

☐ 자유롭게 기록:

_____

- **한 걸음 더: 자기 연민 3요소 돌아보기**

자기 친절(Self-Kindness): 나는 오늘 내 실수를 어떻게 대했나요?

공통된 인간성(Common Humanity): 이 경험은 나만 겪는 게 아니라, 다른 사람들도 겪는 일임을 떠올렸나요?

- **마음챙김(Mindfulness): 지금의 감정을 있는 그대로 바라보고 있나요?**

체크 후 메모하기:

Self-Kindness: _____

Common Humanity: _____

Mindfulness: _____

- **오늘의 마무리 문장**

오늘 하루를 정리하며, 나 자신에게 보내는 짧은 위로의 문장을 써 보세요.

예: "오늘도 수고했어, 완벽하지 않아도 괜찮아."

나의 문장:

_____

02
회복탄력성(Resilience)
-흔들려도 무너지지 않는 힘

"바람에 흔들리는 나무가 더 깊은 뿌리를 내리듯, 사람도 고난 속에서 더 단단해질 수 있습니다. 흔들려도 무너지지 않는 힘, 그것은 우리의 내면에 이미 자리하고 있습니다."

"상처는 나를 약하게 만드는 것이 아니라, 다시 일어설 수 있는 근육을 길러줍니다. 넘어지더라도 다시 걸어 나갈 힘, 그것이 회복탄력성입니다."

"누구도 완벽하게 서 있을 수는 없습니다. 중요한 것은 무너지지 않는 것이 아니라, 무너져도 다시 일어나는 것입니다."

심리학적 이론

회복탄력성Resilience이란, 스트레스·위기·역경에 직면했을 때 다시 일어서고 적응하는 심리적 능력을 뜻합니다. 심리학에서는 이를 '**심리적 면역력**'이라고도 부릅니다. 미국 심리학자 안토니오 D. 로마노스키는 회복탄력성을 세 가지 요소로 구분하였습니다.

첫 번째, **정서적 안정**입니다. 어떤 위기 상황에서도 감정에 휘둘리지 않고 균형을 유지하는 힘과 에너지를 말합니다.

두 번째, **긍정적 인지상태**입니다. 고난의 상황을 비극이 아닌 배움의 기회로 보는 관점 전환을 시키는 탄력성입니다.

세 번째, **사회적 지지**입니다. 이는 인간관계와 공동체의 지지를 통해 다시 일어나는 힘의 뒤 받침입니다. 우리는 때로는 이를 '후광효과'라고 부르기도 합니다.

연구에 따르면 회복탄력성이 높은 사람은 스트레스를 경험하더라도 우울과 불안으로 빠지는 정도가 적고, 오히려 역경을 통해 더 크게 성장(외상 후 성장, PTG)하는 경향이 있습니다. 즉 **회복탄력성은 단순한 '견디는 힘'이 아니라 성장으로 나아가는 힘**입니다.

스토리텔링 사례

한 상담자는 어린 시절 부모의 이혼으로 큰 상처를 가진 청년을 만났습니다. 그는 오랫동안 자신이 버려졌다는 생각에 사로잡혀 있었고, 대인관계에서도 쉽게 무너졌습니다. 하지만 그는 점차 회복탄력성 훈련을 통해 자기감정을 객관적으로 바라보는 법을 배웠습니다.

힘든 순간마다 깊게 호흡하며 감정을 진정시키는 정서 조절 훈련과 함께, "나는 불행하다"는 자동적 사고를 "이 경험이 나를 단단하게 한다."라는 인지 전환 훈련과 친구들과 솔직하게 자신의 상처를 나누며 얻은 사회적 지지 경험, 즉 대인관계 후광효과를 활용하여 척박한 자신의 감정을 고양된 행복으로 바꾸어 가는 강한 내면의 에너지를 길러내고 있습니다.

몇 년 후 그는 과거의 상처를 '삶의 약점'이 아니라 '강인함을 길러 준 토대'로 바라보게 되었고, 비슷한 상처를 가진 후배들을 돕는 사람이 되었습니다.

회복탄력성이 전하는 감성 에세이

때로는 삶이 우리를 수없이 흔들어 놓습니다. 때로는 예상치 못한 실패, 관계의 이별, 병마의 그림자가 찾아오기도 합니다. 우리는 그때마다 "이제 끝이다"라고 느끼지만, 신기하게도 삶은 우리를 다시 일어서게 만듭니다.

회복탄력성은 거대한 용기가 아닙니다. 무너지고 주저앉은 자리에서 다시 한 번 숨을 고르는 기회를 만드는 것입니다.

즉, 눈물이 흐른 뒤에도 작은 한 걸음을 내딛는 것이며, "나는 아직 끝나지 않았다"라고 속삭이는 작은 믿음과 바람에 흔들리지만 꺾이지 않는 갈대처럼, 회복탄력성은 우리가 무너지는 순간에도 다시 피어나는 생명의 힘입니다.

◇ **워크북: 회복탄력성 Resilience**

• **오늘의 질문**
최근 내가 크게 흔들렸던 사건이나 상황은 무엇인가요?
그때 나는 어떤 감정을 가장 강하게 느꼈나요?

• **기록해 보세요.**
흔들렸던 사건: _____
느낀 감정: _____

• **나의 대처 방식 돌아보기**
그 상황에서 나는 어떻게 반응했나요?
☐ 스스로를 비난했다
☐ 감정을 억누르려고 했다
☐ 다른 사람에게 도움을 요청했다
☐ 마음을 가라앉히기 위해 호흡·산책 등을 했다
☐ 추가 기록:
내가 취한 대처 방식: _____
그 결과는 어땠는가?: _____

• **회복탄력성 3요소 점검하기**
정서적 안정: 감정을 균형 있게 다루었나요?
긍정적 인지: 실패나 어려움을 배움의 기회로 볼 수 있었나요?
사회적 지지: 주변 사람들의 도움이나 지지를 얻었나요?

• 체크 후 간단히 메모해 보세요.

□ 정서적 안정 → _____

□ 긍정적 인지 → _____

□ 사회적 지지 → _____

• 새로운 시선

같은 상황이 다시 온다면, 나는 어떻게 대처할 수 있을까요?

예: "깊게 호흡하고, 누군가에게 내 감정을 나눌 거야."

• 나의 계획:
_____

• 오늘의 다짐 문장

오늘 하루를 정리하며, 나에게 힘이 되는 짧은 문장을 적어보세요.

예: "나는 흔들려도 무너지지 않는다."

☐ 나의 문장:
_____

출처: 네이버 이미지

03
느리게 걷기, 고요히 호흡하기
-일상 속 실천

"빠르게 살아야만 한다는 세상의 속도에서 잠시 벗어나,
느리게 걷고 고요히 호흡하는 순간,
비로소 나 자신을 만납니다."

현대인의 삶은 늘 서두름으로 가득합니다. 지하철에서, 회의실에서, 심지어는 휴식의 순간조차 우리는 이미 어제와 다음 일을 생각하느라 현재를 놓치곤 합니다. 그러나 심리학은 말합니다. 속도를 늦추는 행위만으로도 우리의 뇌와 마음은 다시 균형을 찾을 수 있다는 작은 외침을 알려 줍니다.

먼저, **느리게 걷기(Walking Meditation)**는 발걸음 하나하나에 의식을 두면서 현재에 머무는 연습입니다. 땅을 딛는 발바닥의 감각, 바람의 결, 햇살의 따스함을 느끼며 걷는 것만으로 불안과 초조는 잦아듭니다.

두 번째, **고요한 호흡(Breathing Practice)**은 짧은 순간에도 마음을 맑게 정화해 줍니다. 깊은 숨을 들이마시고 부드럽게 내쉬는 단순한 행위 속에서, 우리는 더 이상 어제와 내일에 휘둘리지 않고 '지금, 여기'를 온전히 경험합니다.

심리학적 이론

현대 심리학과 신경과학은 **'속도를 늦추는 행위'**가 우리의 뇌와 정서에 긍정적인 영향을 준다고 설명합니다. 하버드 의대 연구에 따르면, 걷기 명상, 즉 느리게 걷기(Walking Meditation)는 뇌의 편도체(불안을 조절하는 영역)를 안정시키고, 전전두엽 기능(집중과 판단)을 강화해 스트레스 반응을 줄여줍니다. 특히 속도를 늦추고 발걸음에 주의를 기울일 때, 마음은 현재에 머물며 불안을 완화합니다.

그리고 호흡 조절, 즉 고요한 호흡(Breathing Practice)은 자율신경계의 균형을 회복시킵니다. 깊고 느린 호흡은 부교감신경을 자극해 심박수를 낮추고, 코르티솔(스트레스 호르몬) 수치를 감소시킵니다.

심리학에서는 이를 **'마음챙김적 호흡'**이라 부르며, 감정 조절과 자기 인식 능력을 높여주는 실천으로 제안합니다.[11] 즉, 느리게 걷기와 고요한 호흡은 단순한 습관이 아니라, 과학적으로 입증된 심리 회복의 도구입니다.

스토리텔링 사례

한 중년 여성은 늘 바쁜 일상 속에서 번 아웃을 호소했습니다. 그녀는 출근길에도 마음은 늘 앞서가 있었고, 퇴근 후에도 머릿속은 내일의 할 일로 가득했습니다. 어느 날 상담자의 권유로, 그녀는 매일 15분 동안 "느리게 걷기"를 시작했습니다.

처음에는 답답했습니다. 사람들은 바쁘게 걷는데 혼자만 느리게 걷

---

11) 참조:《양자의학, 명상을 만나다》현용수, 행복한 마음, 2025.

는 듯해 불편했습니다. 그러나 점차 그녀는 발바닥이 땅을 딛는 감각, 바람이 볼을 스치는 느낌, 들숨과 날숨의 흐름을 새롭게 알아차리기 시작했습니다.

몇 주가 지나자 그녀는 이렇게 말했습니다. "이전에는 하루가 나를 삼키는 것 같았는데, 이제는 내가 하루를 천천히 음미하는 기분이에요." 그녀의 삶은 여전히 바빴지만, 마음의 속도는 달라져 있었습니다.

느리게 걷기 감성 에세이

우리는 늘 서두릅니다. 빨리 일어나야 하고, 빨리 성과를 내야 하며, 빨리 무언가를 이뤄야 한다고 믿습니다.

그러나 삶은 '빨리 달려야만' 완성되는 것이 아닙니다. 때로는 느리게 걷는 순간에, 삶의 가장 깊은 울림이 숨어 있습니다.

발걸음을 늦출 때 보이지 않던 작은 꽃이 보이고, 호흡을 고요히 들을 때 비로소 내 마음의 소리를 알아차립니다.

"빨리 가는 것보다 중요한 것은, 내가 지금 이 순간을 살아내고 있는가."라는 질문입니다.

고요히 호흡하며 걷는 작은 실천이, 바쁘게 흔들리는 마음을 잠재우고 우리를 다시 '지금, 여기'에 머물게 합니다.

◇ 워크북: 느리게 걷기, 고요히 호흡하기

• 오늘의 질문

오늘 나는 얼마나 서두르며 하루를 살았나요?
가장 마음이 바빴던 순간은 언제였나요?

• 기록해 보세요.

오늘 내가 가장 서두른 순간: _____
그때 느낀 감정: _____

• 느리게 걷기 실습

(아래 순서대로 직접 실천해 보세요.)
속도를 늦춰 5분 동안 걷습니다.
발바닥이 땅에 닿는 감각에 집중합니다.
걸음을 옮길 때마다 "나는 지금, 여기에 있다"라고 마음속으로 읊조려봅니다.

실습 후 느낀 점을 기록하세요.
_____

• 고요한 호흡 실습

(다음 단계를 따라 해보세요.)
편안히 앉아 눈을 가볍게 감습니다.
코로 천천히 들이마시고(4초), 잠시 머물렀다가,

입으로 부드럽게 내쉽니다(6초).
이 호흡을 1~2분간 반복합니다.

호흡 후 내 마음의 변화를 적어보세요.
_____

• 오늘의 작은 발견

느리게 걷거나 호흡하면서, 평소 보지 못했던 것을 발견했나요?
예: "하늘이 이렇게 맑았구나.", "내 숨이 이렇게 따뜻했구나."

☐ 발견한 것 적기:
_____

• 오늘의 다짐 문장

오늘 하루를 마무리하며, 나에게 전하는 짧은 다짐 문장을 적어보세요.
예: "나는 천천히 살아도 괜찮다."

☐ 나의 문장: _____

**느리게 걷기,
고요히 호흡하기**

04
긍정심리학이 말하는 행복의 조건

"행복은 미래에 도착해야 얻는 목적지가 아니라, 지금 여기에서 발견할 수 있는 조건들의 합입니다."

우리는 흔히 행복을 멀리서 찾아야 한다고 생각합니다.
더 좋은 직장, 더 큰 집, 더 안정된 삶을 얻어야만 행복해질 것처럼 여깁니다. 그러나 긍정심리학은 다른 이야기를 들려줍니다.
행복은 특별한 순간에 갑자기 주어지는 선물이 아니라, 삶의 태도와 구조 속에서 자라나는 씨앗이라고 말합니다.

심리학적 이론

긍정심리학(Positive Psychology)은 1990년대 말 마틴 셀리그만(Martin Seligman)이 제창한 학문 분야로, 인간의 결함보다 강점과 가능성에 초점을 맞춥니다. 특히 행복의 조건을 설명하는 대표적 모델이 PERMA 모형입니다.

• P (Positive Emotion, 긍정적

정서) – 기쁨, 감사, 희망 같은 감정을 자주 경험하는 것.
- E (Engagement, 몰입) – '심리적 몰입(flow)' 상태로 활동에 깊이 빠져드는 경험.
- R (Relationships, 관계) – 지지적이고, 의미 있는 인간관계.
- M (Meaning, 의미) – 나의 삶이 더 큰 가치, 공동체, 혹은 목적과 연결되어 있다는 느낌.
- A (Achievement, 성취) – 도전과 노력 끝에 얻는 성취와 성장의 경험.

긍정심리학은 "행복은 단순한 기분의 문제가 아니라, 삶의 구조와 태도의 문제"라고 강조합니다.

스토리텔링 사례
한 직장인은 성과와 승진에만 몰두하며 늘 불행하다고 느꼈습니다. 그는 끊임없이 더 많은 성취를 좇았지만 만족은 늘 잠시뿐이었습니다.

상담 과정에서 그는 PERMA의 다른 요소들을 돌아보기 시작했습니다. 매일 감사 일기를 쓰며 긍정적 정서(P)를 키웠고, 취미인 그림 그리기에 몰입하며 몰입(E)을 경험했습니다. 그리고 가족과 시간을 더 보내며 관계(R)를 회복했고, 동네 복지관 자원봉사를 통해 삶의 의미(M)를 찾았습니다. 또한, 일에서의 작은 성취를 인식하며 성취(A)의 즐거움을 되살렸습니다.

몇 달이 지나 그는 이렇게 고백했습니다.

"행복은 내가 멀리 쫓아가야 할 목표가 아니라, 지금 내 삶의 여러 조각 속에 이미 있었던 것이더군요."

행복의 조건이 말하는 감성 에세이

행복은 언제나 '저 멀리 있는 것'처럼 느껴집니다.
더 나은 집, 더 높은 자리, 더 큰 성공이 있어야만 행복할 것 같지요. 하지만 긍정심리학은 우리에게 속삭입니다.
행복은 기다림이 아니라 발견이라고.

내가 사랑하는 사람과 나눈 웃음 속에, 시간 가는 줄 모르는 몰입의 순간 속에, 내가 누군가에게 의미 있는 존재임을 느끼는 그 순간 속에 행복은 이미 있습니다. 바람처럼 스쳐 가는 기쁨이 아니라, 삶의 깊은 결을 이루는 조건들, 그것이 바로 행복의 심리학적 비밀입니다.

◇ 워크북: 긍정심리학이 말하는 행복의 조건

• 오늘의 질문

행복을 위해 나는 지금까지 주로 어디에 집중해 왔나요?
☐ 성취(일, 목표, 결과)
☐ 관계(가족, 친구, 동료)
☐ 감정(기쁨, 즐거움)
☐ 의미(가치, 봉사, 소명)
☐ 몰입(시간을 잊을 만큼 빠져드는 경험)

• 체크 후 기록하기:

내가 가장 집중했던 행복의 조건: _____

그 이유는? _____

• PERMA 요소 돌아보기

오늘 하루를 떠올리며 각 요소에 대해 짧게 메모해 보세요.

P (Positive Emotion): 오늘 감사하거나 기뻤던 순간은?

E (Engagement): 내가 몰입했던 순간은?

R (Relationships): 의미 있는 대화를 나눈 사람은?

M (Meaning): 오늘 내 삶의 의미를 느낀 순간은?

A (Achievement): 오늘 내가 이뤄낸 작은 성취는?

• 기록란:

P: _____

E: _____

R: _____

M: _____

A: _____

• 나의 행복 스펙트럼

각 항목(PERMA)에 대해 0~5점 척도로 체크해 보세요.

Positive Emotion (감정): ☐0 ☐1 ☐2 ☐3 ☐4 ☐5

Engagement (몰입): ☐0 ☐1 ☐2 ☐3 ☐4 ☐5

Relationships (관계): ☐0 ☐1 ☐2 ☐3 ☐4 ☐5

Meaning (의미): ☐0 ☐1 ☐2 ☐3 ☐4 ☐5
Achievement (성취): ☐0 ☐1 ☐2 ☐3 ☐4 ☐5

• **점수를 매긴 뒤, 내가 보완하고 싶은 영역을 표시하세요.**
가장 부족한 영역: _____
내가 보완하고 싶은 방법: _____

• **오늘의 행복 발견**
☐ 오늘 내가 느낀 행복의 순간을 구체적으로 한 가지 적어보세요.
_____

5장
함께하는 치유와 희망

『우리는 종종 혼자라고 느낍니다.
아무도 내 마음을 알지 못할 것 같고,
세상 속에서 외따로 서 있는 듯한 고립감을 경험합니다.
하지만 누군가가 나의 이야기를 들어주고,
내 마음을 있는 그대로 공감해 줄 때,
상처는 조금씩 나아가고 마음은 다시 숨을 쉽니다.
관계 속에서 치유가 시작되는 순간입니다.
희망은 거창한 것이 아닙니다.
함께 웃고, 함께 울며, 서로에게 작은 불빛이 되어주는 것,
그 속에서 우리는 치유되고 다시 살아갈 힘을 얻습니다.』
- 본문 요약

1. 관계 속에서 치유되는 마음

-공감과 경청

2. 공동체가 주는 위로

-혼자가 아님을 깨우치다

3. 다시 살아갈 용기

-내일을 향해 나아가는 발걸음

"상처 입은 마음은 혼자만의 힘으로 다 치유되기 어렵습니다.

누군가의 따뜻한 눈빛, 한마디의 공감, 그리고 조용히 곁을 지켜주는 마음에서 우리는 다시 숨을 고르고 살아갈 힘을 얻습니다.

관계 속에서 공감과 경청은 마른 땅에 스며드는 빗물처럼 메마른 마음을 적셔줍니다.

'내 이야기를 들어주는 사람이 있다'는 사실만으로도 무너져가던 마음은 다시 일어서기 시작합니다.

또한 공동체는 커다란 위로의 품이 되어 줍니다.

혼자가 아님을 깨닫는 순간, 나의 아픔은 더 이상 고립된 무게가 아니라 함께 나누어도 되는 삶의 일부가 됩니다. 우리는 타인의 이야기에서 나를 보고, 나의 눈물 속에서 또 다른 이의 용기를 발견합니다.

그리고 마침내, 관계와 공동체가 전해주는 위로는 우리 안에 다시 살아갈 용기를 일으킵니다.

오늘을 견디고 내일을 향해 한 걸음 내딛는 힘, 그것이 바로 '함께 있음'에서 비롯되는 치유의 에너지입니다.

이제 우리는 치유가 나 혼자만의 일이 아니라, 함께 걸어가는 길임을 알게 됩니다. 그 길 위에서 우리는 희망을 다시 배우고, 내일을 향한 발걸음을 내딛습니다."

01
관계 속에서 치유되는 마음
―공감과 경청

우리는 누구나 누군가의 이야기를 들어주기를 바라면서도, 정작 상대의 말을 끝까지 듣지 못할 때가 많습니다. 하지만 인간의 마음은 관계 속에서 성장하고 회복되기에, 공감과 경청은 단순한 기술이 아니라 치유의 힘입니다.

공감은 타인의 눈으로 세상을 바라보는 마음이고, 경청은 그 마음을 받아들이는 행동입니다. 이 두 가지는 상처 입은 마음을 어루만지고, 고립된 영혼을 다시 연결하는 다리가 됩니다.

심리학 이론의 배경

심리학자 칼 로저스(Carl Rogers)는 진정한 상담의 핵심은 '무조건 긍정적 존중'과 **'공감적 이해'**라고 강조했습니다. 특히, 공감Empathy은 타인의 경험을 그 사람의 눈으로 바라보면서 마음을 함께 느끼는 태도이며, 단순한 기술이 아니라 치유관계 형성을 위한 과정이라고 설명했습니다.

두 번째, **경청(Active Listening)**은 단순히 말을 듣는 것이 아니라, 상대방의 언어·비언어적 표현에 주의를 기울이고, 다시 반영해 주는 과정입니다. 심리학에서는 경청이 정서적 안전감을 주고, 자기 노출을 촉진하며, 트라우마나 상처 회복에 기여한다고 보고 있습니다.

인간중심 상담이론의 치유 메커니즘은 "인간은 사회적 존재로서 인간관계 속에서 성장한다."를 기본으로 한 상담 방법입니다. 그 중 공감과 경청은 '내가 이해받고 있다'는 경험을 제공하며, 이는 내담자에게 자존감을 회복시키고 우울·불안을 완화시키는 심리적 자원으로 활용되어지고 있습니다.

스토리텔링 사례

00씨는 상담실을 찾아오기 전까지, 회사에서 반복되는 스트레스로 무기력감에 빠져 있었습니다. 주변에 하소연을 해도 "다 그래"라는 말만 돌아왔다는 푸념을 늘어놓았는데, 상담사와 상담을 진행하는 중, 어느 날 친구가 진심으로 눈을 맞추고, 서로 말 사이의 긴 침묵까지 함께 들어주면서 긴 공감을 느꼈다고 말했습니다.

그 후 그녀는 한 번도 느끼지 못했던 전율을 느끼면서, 그 순간 00씨는 "내가 혼자가 아니구나."라는 안도감을 체험했다고 합니다. 00씨에 대한 문제는 여전히 남아 있었지만, 마음은 훨씬 가벼워졌고, 이 작은 공감의 경험이 00씨에게는 큰 회복의 시작이었다는 내용입니다.

◇ 실제 상담 내용 (사례 재구성)

내담자: "사람들이 제 이야기를 제대로 들어주지 않는 것 같아요. 그냥 '괜찮다'고 말해 버려요."

상담자: "당신은 단순한 위로보다 누군가가 진심으로 당신의 이야기를 끝까지 들어주길 원하시는군요."

내담자: "…네, 맞아요. 그냥 들어주기만 해도 힘이 돼요."

상담자는 공감적 반영을 통해 내담자의 감정을 명확히 확인해 주었고, 이 경험은 내담자가 "나는 가치 있는 존재이며, 내 이야기가 존중받는다."는 감각을 회복하게 했습니다.

- **공감과 경청을 위한 자기 성찰을 위한 질문**

나는 누군가의 말을 듣는 자리에서, 얼마나 자주 상대의 말 중간에 내 의견을 끼워 넣는가?

최근 누군가에게 진심으로 경청 받았다고 느낀 경험은 언제였는가? 그때 어떤 감정이 들었는가?

오늘 내가 만나는 사람 중, 가장 경청이 필요한 사람은 누구일까?

- **공감과 경청이 주는 감성 에세이**

때때로 치유는 거창한 해결책에서 나오는 것이 아닙니다. 누군가의 눈빛, 조용히 건네는 고개 끄덕임, 끝까지 들어주는 침묵에서 시작됩니다. 마음의 상처는 관계 속에서 생기지만, 또한 관계 속에서 회복됩니다.

우리가 서로에게 귀 기울이는 순간, 그 자체가 약이 되고 치유가 됩니다.

공감은 말이 아니라 존재로 건네는 위로이고, 경청은 "당신이 중요하다"는 가장 깊은 메시지입니다.

◇ 공감과 경청을 위한 실습 활동

[실습 1: 3분 경청 연습]
짝을 지어, 한 사람은 3분 동안 자신의 이야기를 하고, 다른 사람은 단 한마디도 조언하지 않고 눈 맞춤 + 고개 끄덕임 + 짧은 공감 표현만 사용합니다.
역할을 바꿔 진행 후, 느낀 점을 기록합니다.

[실습 2: 감정 단어 붙여주기]
상대가 "오늘 너무 힘 들었어."라고 말했을 때 →"네가 지치고 답답했구나."라고 감정을 언어화해 줍니다.
집에 돌아가 오늘 만난 사람에게 감정을 붙여주는 대화를 실제로 시도해 보세요.

• **기록 공간**

오늘 실습 후 느낀 점: _____

내가 공감과 경청을 더 실천하고 싶은 대상은? _____

구체적으로 어떻게 해볼 수 있을까? _____

• **마음을 위한 짧은 문장**

"내가 누군가의 마음을 들어줄 때, 그 순간 나는 이미 그 사람을 치유하고 있다."

02
공동체가 주는 위로
-혼자가 아님을 깨우치다

세상은 점점 더 빠르게 변하고, 사람들의 마음은 점점 더 지쳐갑니다.

우리는 때때로 불안과 고독 속에서 "나는 혼자인가?"라는 질문 앞에 서게 됩니다.

그러나 어디선가 들려오는 목소리에 귀 기울여 보세요.

"아니에요, 당신은 혼자가 아닙니다."

공감과 경청, 관계와 공동체, 그리고 작은 위로의 이야기들은 지친 우리 마음에 다시 살아갈 힘을 불어넣습니다.

누군가의 말에 귀 기울이고, 누군가의 손을 잡아주는 순간, 우리의 상처는 조금씩 치유되고, 희망의 싹이 돋아납니다.

공동체가 주는 위로 함께하는 즐거움

사람은 누구나 홀로서는 견디기 힘든 순간을 맞게 됩니다. 하지만 그때 곁에 서 있는 공동체가 있다면, 마음의 무게는 절반으로 줄어듭니다. 상담심리학은 이를 '사회적 지지(social support)'라 부릅니다. 단순히 문제를 해결하는 조언이 아니라, 누군가 내 곁에서 "너 혼자가 아니다"라는 메시지를 전해주는 힘입니다.

사회적 지지(social support)가 개인의 심리적 안녕과 회복탄력성에 결정적인 역할을 한다고 설명합니다. 사회적 지지는 정서적 위로, 문제 해결을 돕는 정보, 그리고 실제적 도움을 제공하는 관계망에서 비롯됩니다. 미네소타 대학의 카슨(Carson) 연구에 따르면, "내가 혼자가 아니다"라는 인식 자체가 우울과 불안을 감소시키는 가장 강력한 심리적 보호 요인 중 하나라는 것이 증명되었습니다.

또한, 집단상담(Group Counseling) 이론에서는 구성원 간의 공유 경험이 개인의 고립감을 해소하고, 상호 공감과 피드백을 통해 자아성장을 촉진한다고 봅니다. 이는 "치유는 관계 속에서 일어난다."는 심리치료학+양자의학의 오래된 가르침과도 일맥상통합니다.

◇ 실제 상담사례

40대 직장인 A씨는 번아웃과 우울감으로 상담실을 찾았습니다. 그는 "내가 아무리 힘들어도 주변에 이야기할 사람이 없다"는 외로움을 호소했습니다. 상담자는 A씨를 개인 상담과 병행해 집단상담 프로그램에 참여시켰습니다. 몇 회기를 진행하던 중 자신과 비슷한 고민을 나누는 사람들을 만나면서 조금씩 변화하기 시작했습니다.

"나만 이렇게 힘든 게 아니구나.
다른 사람들도 나와 같은 무게를 짊어지고 살아가고 있었네."
그는 집단 속에서 자신의 이야기를 털어놓을 때마다 다른 참가자들의 고개 끄덕임과 따뜻한 눈빛을 받았습니다. 몇 주가 지나자 그는 "삶이 조금은 견딜 만하다"는 표현을 사용하기 시작했습니다.

그 후, A씨는 혼자가 아님을 깨닫는 순간, 그의 고통은 더 이상 외딴섬이 아니게 된 것입니다.

• 공동체가 주는 위로의 감성 에세이

우리는 가끔 혼자라는 외로움과 고독감에 빠져듭니다. 사람들 속에 둘러싸여 있어도 마음속은 텅 빈 방처럼 쓸쓸할 때가 있습니다. '군중 속 고독이라 할까요?' 하지만 문득 누군가의 손길이 닿을 때, 그 방 안에 작은 등불이 켜진 것처럼 느껴집니다.

나의 이야기에 귀 기울여 주는 사람, 내 고통을 이름 붙여 함께 불러 주는 사람이 곁에 있다는 사실만으로 마음은 따뜻해집니다. 공동체는 거창한 무리가 아닙니다. 때로는 카페에서 차를 나누는 친구 둘, 또는 상담실에서 눈빛을 교환하는 몇 사람일 수도 있습니다. 중요한 건 숫자가 아니라, 마음을 나눌 수 있는 진정성입니다.

반드시 사람이 아니어도 됩니다. 함께하는 반려 동물, 그리고 푸른 색을 가진 식물과 교감해 보세요. 금방 분위기가 달라집니다. 그 생명의 존귀를 깨닫고, 함께하는 공명이 생명에 대한 경외를 느낄 수 있습니다.

혼자가 아님을 깨우친 순간, 우리는 자신이 생각보다 훨씬 강하다는 사실을 발견합니다. 그리고 그 힘과 희망은 언제나 '함께'라는 이름 속에서 자라고 있습니다.

- **공동체가 드리는 치유 메시지**

"나의 이야기를 들어주는 사람이 있다는 것, 그것은 이미 치유의 시작입니다."

40대 직장인 A씨는 늘 외로운 싸움을 하고 있다고 믿고 있습니다. 그러나 집단 상담에서 다른 이들의 고백을 듣고, 자기 이야기를 나눌 때 그는 새로운 힘을 얻었습니다. "나만 이런 게 아니구나." 그는 관계 속에서 고통을 공유할 때, 오히려 고통은 덜 무겁다는 사실을 배울 수 있다는 걸 깨닫고 있습니다.

우리의 일상에서도 공동체는 멀리 있지 않습니다. 작은 독서 모임, 친구들과의 대화, 교회 등 동네 커뮤니티에서의 짧은 만남이 누군가에게는 삶을 붙잡아 주는 끈이 됩니다. 결국 치유는 혼자 하는 싸움이 아니라 함께 걸어가는 여정 속에서 이루어진다는 걸 잊어서는 안 됩니다.

◇ 독자를 위한 실습, 워크북
(참여형)

- **혼자가 아님을 깨닫게 하는 자기 성찰을 위한 질문**

최근 내가 외롭다고 느낀 순간은 언제였는가?

그때 나를 지탱해 준 공동체 혹은 사람이 있었는가?

내가 속한 공동체에 더 적극적으로 마음을 열어볼 수 있는 방법은 무엇인가?

• **실습 활동**

　공동체 기억하기: 내 삶을 지탱해 준 공동체(가족, 친구, 모임 등)를 떠올리고 그 경험을 글로 적어보기.

　함께의 힘 나누기: 오늘 하루, 주변 누군가에게 "너 혼자가 아니야"라는 메시지를 담은 말을 전해보기.

• **기록 공간**

　내가 떠올린 공동체 경험: _____

　오늘 전하고 싶은 위로의 말: _____

03
다시 살아갈 용기
-내일을 향해 나아가는 발걸음

요즘 우리는 모두 흔들리는 마음을 안고 살아갑니다.

끝나지 않는 불안, 반복되는 고독, 설명하기 어려운 무기력….

그러나 마음이 가장 힘들 때, 우리를 지켜주는 것은 누군가의 따뜻한 눈빛, 경청하는 귀, 그리고 "괜찮아"라는 짧은 한마디입니다.

이 책은 그 작은 위로의 순간들을 모아, 당신이 혼자가 아님을 느끼고, 다시 살아갈 용기를 얻게 하려 합니다.

심리학 이론의 관점

삶의 위기를 지나 다시 일어서는 힘을 심리학에서는 회복탄력성(Resilience)[12]이라 부릅니다. 회복탄력성은 단순히 고통을 견디는 능력이 아니라, 시련 이후 더 성숙하고 의미 있는 삶으로 나아가려는 성장 지향적 태도를 포함합니다.

회복탄력성에 관한 대표적 학자 노먼 가르메지Norman Garmezy는 회복탄력성 연구의 개척자입니다. 특히, 그는 위험 아동 연구를 통해 "환경적 역경 속에서도 잘 성장하는 아이들"을 주목하여 연구하였습

---
12) 개인이 역경·스트레스·위기 상황에 직면했을 때 무너지지 않고 회복하거나 오히려 성장하는 능력

니다.

마이클 러터Michael Rutter는 영국의 정신의학자로서 "위험 요인 vs 보호 요인" 개념을 통해 회복탄력성 이론을 정립하였고, 앤 매스턴Ann Masten는 회복탄력성을 "평범한 마법"ordinary magic이라고 부르며, 특별한 재능보다 일상적 자원(가족, 공동체, 학교)이 큰 역할을 한다고 강조하였습니다.

그리고 에미 베르너Emmy Werner는 하와이 카우아이 아동 종단연구(40년 추적 연구)를 통해, 역경 속에서도 성장하는 아동의 특성을 밝혀내 회복탄력성의 중요성을 밝혀냈습니다.

또한, 외상 후 성장(PTG, Post-Traumatic Growth)이론[13]은 상실, 실패, 위기를 경험한 개인이 새로운 가치관을 형성하고 더 깊은 인간관계를 맺으며, 삶의 의미를 재정립하는 과정을 설명합니다. 즉, 절망은 끝이 아니라 새로운 시작을 가능하게 하는 토대가 될 수 있습니다.

대표적인 학자로는 테데스치 & 칼훈 Richard G. Tedeschi & Lawrence G. Calhoun[14]은 PTG 개념을 본격적으로 제시한 심리학자들입니다. 빅터 프랭클Viktor E. Frankl은 나치 수용소 생존 경험을 토대로, 고통

---

13) 트라우마 이후 단순히 이전 수준으로 회복하는 것을 넘어, 삶에 대한 새로운 의미와 가치를 발견하고 성장하는 현상. 성장은 자아 인식, 대인관계, 영적/존재적 의미 영역에서 나타남.
14) "Posttraumatic Growth: Positive Changes in the Aftermath of Crisis" (1996)에서 체계적 이론화.

속에서도 의미를 발견하는 '로고테라피(의미치료)' 제시하여 PTG 이론의 사상적 뿌리로 자주 언급되고 있습니다.

그리고 조지 보나노George A. Bonanno는 "trauma and resilience"를 연구하여 트라우마 이후 사람들의 다양한 적응 궤적(탄력적 회복, 만성적 고통, 지연된 반응 등)을 제시하였습니다.

◇ 실제 상담사례

30대 여성 B씨는 갑작스러운 이별 후 극심한 무기력에 빠져 있었습니다. 처음 상담실을 찾았을 때 그는 "앞으로 살아갈 이유가 없다"고 절망적인 말을 했습니다. 상담자는 B씨의 고통을 성급히 해결하려 하지 않고, 그저 함께 머무르며 감정을 있는 그대로 표현할 수 있게 지지해 주었습니다.

몇 차례의 상담을 거치며 B씨는 자신의 슬픔을 안전하게 나눌 수 있다는 경험을 하게 되었습니다. 그 과정에서 그녀는 상실의 경험을 통해 "나는 누군가를 깊이 사랑할 수 있는 사람이다"라는 사실을 깨닫게 되었습니다. 그 후, 시간이 흐르자, 그녀는 새로운 인간관계를 맺을 용기를 내기 시작했으며, 상담자는 이를 "상실을 통한 새로운 의미의 발견"이라 정리했습니다.

• **외상 후 성장이 주는 감성 메시지**

어두운 밤을 지나면 반드시 새벽이 오게 되었습니다. 한 걸음을 떼기조차 버거운 날에도, 발끝은 여전히 내일을 향해 있습니다. 때로는 희망이 멀리 있는 게 아니라, 오늘 내가 내딛는 작은 발걸음 하나에 숨어 있다는 사실을 깨닫는 중입니다.

삶은 완벽하지 않지만, 다시 살아갈 용기는 우리 안에 언제나 잠들어 있습니다. 그것은 누군가의 미소, 따뜻한 손길, 혹은 내 안에서 일렁이는 작고 희미한 희망일 수도 있습니다. 중요한 건, 그 불씨를 놓지 않고 이어가는 것이며, 결국 우리가 삶을 어떻게 받아드리느냐에 따라 아름다운 삶이 될 수 있다는 메시지입니다.

"다시 걸어갈 용기란 거창한 힘이 아니라, 오늘 하루를 살아내는 작은 발걸음의 연속이다."

◇ **워크북 부록: 나의 회복경험 일기**

• **자기 성찰 질문**

나는 지금까지 어떤 어려움 속에서도 다시 일어선 경험이 있었는가?

그때 나를 지탱해 준 사람·환경·내적 힘은 무엇이었는가?

그 경험을 통해 배운 가장 큰 교훈은 무엇인가?

• **실습 활동**

회복경험 타임라인 그리기: 인생에서 힘들었던 순간을 적고, 그 시기를 어떻게 극복했는지 간단히 기록하세요.

회복자원 목록화: 나를 지탱해 준 사람(가족, 친구, 공동체), 나의 내적 자원(신념, 유머감각, 희망)을 적어보세요.

• **기록 공간**

내가 극복한 경험: _____

그때 내 곁에 있었던 사람/자원: _____

내가 얻은 교훈: _____

앞으로 나의 회복력을 키우기 위해 실천하고 싶은 것: _____

6장
일상에서 실천하기

『호흡과 명상은 뇌를 치유하고,
글쓰기는 말하지 못한 마음을 풀어냅니다.
예술은 설명할 수 없는 감정을 대신 전하고,
관계는 공감과 경청으로 위로가 됩니다.
몸을 움직이면 마음도 함께 가벼워지고,
작은 실천 — 하루 10분의 멈춤 속에서
회복의 힘은 다시 피어납니다.』
- 본문 요약

1. 호흡과 명상으로 뇌 치유하기

-마음챙김 명상의 심리학적 효과

2. 글쓰기와 표현으로 마음 돌보기

-말로 다 전하지 못한 마음을 문장에 맡기는 법

3. 예술치료(그림, 음악, 무용)의 효과

-설명하려고 하면 더 멀어지는 마음

4. 관계 속에서 얻는 위로

-공감과 경청이 주는 치유

5. 몸과 마음을 함께 돌보기

-운동과 뇌의 긍정적 변화

6. 작은 실천으로 시작하는 회복

-"하루 10분 느린 삶"의 치유력

"치유와 회복은 거창한 사건에서 찾아오지 않습니다.
오히려 우리의 하루, 아주 사소한 순간들 속에서 조금씩 싹틉니다.

호흡과 명상은 지친 뇌를 쉬게 하고, 마음챙김은 불안한 내면을 가만히 다독여 줍니다.

글쓰기는 말로 전하지 못한 마음을 조용히 내려놓을 자리를 마련해 주고, 예술은 설명하기 어려운 감정을 색과 선율과 몸짓으로 표현하게 합니다.

또한, 관계 속에서의 공감과 경청은 '나는 혼자가 아니다'라는 깊은 안도감을 안겨줍니다.

몸을 움직이고 땀을 흘리는 순간에는 뇌가 긍정적으로 변하고, 하루 단 10분, 느리게 숨 쉬고 천천히 걷는 실천 속에서도 삶은 새롭게 정돈됩니다.
일상 속 작은 선택과 실천이 모여, 마음의 균형을 되찾고 치유의 길을 넓혀 줍니다.

이 장에서는 누구나 지금 여기에서 당장 시작할 수 있는 회복의 생활 법을 함께 살펴보고자 합니다. 작은 한 걸음이 쌓여 결국 큰 변화를 만들어내듯, 일상의 치유는 그렇게 우리 곁에서 시작됩니다."

"삶은 치유의 연속이다. 심리학과 일상이 만나는 회복의 길"

01
호흡과 명상으로 뇌 치유하기
–마음챙김 명상의 심리학적 효과

하루를 시작하면서 잠시 눈을 감고 호흡에 집중해 본 적이 있나요?

숨이 고르게 흐르고, 마음이 고요해질 때, 뇌와 마음은 놀라운 회복의 문이 열립니다.

바쁜 일상 속에서 단 5분의 명상은, 지친 뇌에 작은 쉼표를 찍어주는 휴식입니다.

호흡은 우리가 태어나서 마지막 순간까지 이어지는 가장 근원적인 리듬이며, 명상은 그 리듬 속에서 나 자신을 다시 만나는 길입니다.

마음챙김 명상의 심리학적 효과

마음챙김Mindfulness 명상은 지금 이 순간에 주의를 기울이고, 떠오르는 생각이나 감정을 판단하지 않고 자연 그대로를 바라보는 연습입니다. 겉보기에는 단순히 '잠시 눈을 감고 숨에 집중하는 것'처럼 보이지만, 그 안에는 뇌와 마음을 변화시키는 놀라운 힘이 숨어 있습니다.

연구에 따르면, 꾸준한 명상은 뇌 속의 경보 장치인 편도체Amygdala

의 과도한 반응을 차분하게 가라앉히고, 전전두엽Prefrontal cortex의 조절 능력을 키워 줍니다. 그래서 불안과 스트레스가 잦아들고, 마음이 이전보다 더 안정감을 느낄 수 있게 만드는 조절 능력이 있습니다.

또한, 명상은 기억과 학습을 담당하는 해마Hippocampus의 활력을 되살려 줍니다. 그 결과 집중력이 좋아지고, 우울증 재발 위험이 낮아진다는 사실도 여러 연구로 밝혀졌습니다. 무엇보다 중요한 점은, 명상이 단순히 '마음을 편안하게 하는 기술'에 그치지 않는다는 것입니다.

명상을 통해 우리는 자신의 감정을 더 잘 알아차리고, 자기 자신을 좀 더 따뜻하게 바라볼 수 있게 됩니다. 때로는 엄격하게만 대했던 자신에게 "괜찮아, 지금 이대로도 충분해"라고 말할 수 있는 힘, 바로 자기 연민Self-compassion이 길러지는 동기가 형성됩니다.

즉, 마음챙김Mindfulness 명상은 뇌의 구조와 기능을 건강하게 변화시키면서, 동시에 우리 마음에 고요함과 따뜻함을 되찾아 주는 가장 간단하면서도 강력한 치유 도구라 할 수 있습니다.

◇ 실제 상담사례

사례: 불안과 수면 문제로 상담실을 찾은 E씨
40대 직장인 E씨는 몇 달째 이어진 만성 불안과 수면 장애로 상담실을 찾았습니다.

낮 동안 업무에 몰두할 때도 머릿속은 늘 분주했고, 밤이 되면 걱정이 꼬리를 물었습니다.

"내일은 또 무슨 일이 생기지 않을까? 혹시 실수라도 하면 어떡하지?"

이런 생각은 파도처럼 밀려와 그를 잠 못 이루게 했습니다.

• **상담의 시작**

상담자는 먼저 그의 불안과 수면 패턴을 차분히 들었습니다. 그리고는 당장 불면을 없애기보다, 몸과 마음이 안전하다고 느낄 수 있는 작은 연습부터 해 보자고 제안했습니다.

"하루에 단 10분이면 충분합니다. 특별한 방법이 필요한 게 아니에요. 그냥 편히 앉아 숨이 들어오고 나가는 길을 따라가 보세요. 파도가 밀려왔다가 물러가는 것을 바라보듯, 호흡을 지켜보는 겁니다."

• **변화의 순간**

처음 며칠은 쉽지 않았습니다. 숨을 따라가려 하지만 오히려 불안한 생각이 더 밀려왔습니다. "이게 과연 효과가 있을까?" 하는 의심도 들었습니다. 그러나 그는 상담자의 말대로 잘하려 애쓰지 않고, 그저 바라보기만 했습니다.

몇 주가 흐른 뒤, E씨는 달라진 자신을 발견했습니다.

"밤마다 불안이 몰려왔는데, 이제는 숨에 집중하다 보면 그 불안이 조금씩 힘을 잃어요. 몸이 풀리고, 예전보다 잠도 훨씬 깊이 들 수 있게 됐습니다."

짧은 호흡 명상이 그의 뇌와 마음속에 안전한 쉼터를 마련해 준 것입니다. 뇌 과학 연구에 따르면, 이런 마음챙김 호흡은 불안을 유발하는 편도체의 과잉 반응을 가라앉히고, 마음을 다스리는 전전두엽의 조절 기능을 강화해 줍니다.

- **독자에게 전하는 마음챙김 명상의 메시지**

우리는 종종 해답을 멀리서 찾으려 합니다. 새로운 약, 거창한 방법, 특별한 변화. 하지만 사실 치유의 열쇠는 가장 가까이에 있습니다. 바로 우리와 늘 함께하는 숨입니다.

호흡을 의식하는 순간, 복잡한 생각을 잠시 멈추고 마음은 고요해집니다. 명상은 화려한 기술이 아니라, 자기 자신에게 조용히 돌아가는 길 안내자일 뿐입니다.

- **독자에게 건네는 작은 제안**

오늘 밤, 잠들기 전 5분만 눈을 감고 숨을 바라보세요.

잘하려 애쓸 필요도, 특별한 성취를 기대할 필요도 없습니다. 단지 "나는 숨 쉬고 있다"는 사실만 지켜보면 됩니다. 숨은 언제나 당신 곁에 있습니다. 그리고 그 숨은, 당신을 지키고 살리는 작은 기적입니다.

◇ **부록: 워크북**

□ **자기 성찰 질문**

나는 언제 가장 불안하거나 마음이 복잡해지는가?

그때 내 호흡은 어떤 패턴을 보이는가? (빠름/얕음/멈춤 등)

내가 오늘 5분 동안 호흡에 집중한다면, 어떤 변화를 기대할 수 있을까?

□ **실습 활동**

실습 1: 3분 호흡 명상

조용한 자리에 앉아 눈을 감는다.

숨이 들어오고 나가는 흐름만 지켜본다. (생각이 떠올라도 흘려보낸다)

3분이 지나면, 호흡 후 몸과 마음이 어떻게 달라졌는지 기록한다.

실습 2: 감정과 호흡 연결하기

오늘 경험한 감정 하나를 떠올린다. (예: 불안, 분노, 기쁨)

그 감정이 떠오를 때 내 호흡은 어떻게 변했는지 적어본다.

감정과 호흡의 연결을 알아차리는 것이 첫 번째 치유이다.

□ **기록 공간**

오늘 명상 실습 시간: _____ 분

실습 후 내 몸의 느낌: _____

실습 후 내 마음의 변화: _____

내일 해보고 싶은 호흡 실습: _____

내 마음을 위한 문장

"숨은 나를 배신하지 않는다. 숨을 따라가면 언제나 내 안의 고요를 만날 수 있다."

☐ 호흡이 뇌 감정회로에 주는 치유력

우리가 하루에 수만 번 하는 '숨'은 너무도 당연해서 잊기 쉽습니다. 하지만 호흡은 단순한 생리 작용이 아니라, 마음과 뇌를 다스리는 가장 오래된 치유 도구입니다.

불안할 때 숨이 가빠지고, 긴장이 풀릴 때 한숨처럼 긴 호흡이 터져 나오는 건 숨이 우리 몸을 보살피고 있다는 증거입니다.

호흡은 언제나 감정의 리듬을 따라 흘러갑니다. 그렇기에 호흡을 다스리는 일은 곧 감정을 다스리는 일이며, 뇌의 회로를 치유하는 길이기도 합니다.

심리학적 효과

호흡과 뇌 감정회로와 관계, 호흡은 자율신경계와 깊이 연결되어 있습니다. 깊고 느린 복식호흡은 교감신경의 과도한 흥분을 가라앉히고, 부교감신경을 활성화하여 뇌에 안정 신호를 보냅니다.

감정 조절은 주로 변연계-전전두엽 네트워크에서 이루어집니다. 변연계의 편도체는 위협 탐지와 공포 반응의 허브이고, 해마는 기억과 맥락을 부여하여 감정의 의미를 결정하는 곳입니다.

특히, 공포·불안 반응의 중심인 편도체amygdala는 호흡 훈련을 통해 과도한 활성화가 완화됩니다. 이로 인해 불안과 스트레스 반응이 매우 줄어듭니다.

또한, 의사결정·자기조절을 담당하는 전전두엽(prefrontal cortex)은 규칙적인 호흡 명상을 통해 그 기능이 강화됩니다. 이는 감정의 균형을 잡아주고, 충동적 반응 대신 침착한 대응을 가능하게 해줍니다.

한편, 호흡 명상은 기억과 감정 통합을 담당하는 해마hippocampus 기능을 높여, 감정을 더 잘 이해하고 안정적으로 다룰 수 있도록 도와주는 역할을 합니다. 즉, 호흡은 뇌 감정회로 전체에 영향을 주어 '감정 폭풍을 잠재우는 내적 안정 장치'가 되어 줍니다.

◇ 실제 상담사례

30대 여성 F씨는 극심한 불안 발작으로 상담을 시작했습니다. 숨이 막히는 듯한 공포가 몰려오면 그는 도망치듯 방을 뛰쳐나오곤 했습니다. 그 후, 상담자는 '4-7-8 호흡법 (4초 들이마시고, 7초 머금고, 8초 내쉬기)'을 안내했습니다.

여성 F씨는 처음엔 호흡을 따라가는 것조차 힘들어 했지만, 꾸준히 연습한 끝에 그는 상담자를 따라 호흡연습을 따라 하면서, 위기 순간에도 "숨만 잡으면 공포도 잦아든다"는 경험을 하고 있습니다. 이제 그는 불안이 밀려올 때마다 호흡을 통해 뇌의 감정회로를 안정시키며, 스스로를 지탱할 수 있게 되었습니다.

• 뇌의 감정회로가 주는 치유 메시지

호흡은 늘 우리 곁에 있는 가장 친절한 치유자입니다.

그리고 비싸거나 특별한 도구가 필요하지 않습니다.

내 안에서 오가는 숨결에 귀 기울일 때, 마음의 소란은 잔잔한 호수처럼 고요해집니다.

숨은 나에게 말한다.

"괜찮아, 너는 이미 살아 있고, 다시 평온해질 수 있어."

◇ 부록, 워크북

• 호흡으로 뇌 감정회로 안정시키기

0. 목표 & 체크인 (1분)

오늘의 기분: □ 매우 불안 0 1 2 3 4 5 6 7 8 9 10 아주 편안

몸의 긴장 부위: □ 머리 □ 어깨 □ 가슴 □ 복부 □ 기타(_____)

호흡 패턴 자각: □ 빠름 □ 얕음 □ 거침 □ 멈칫거림 □ 보통

메모: 지금 내 마음이 가장 필요로 하는 것은? _____

1. 준비

자세: 의자에 앉아 발바닥을 바닥에, 척추는 곧게. 어깨·턱 이완.

손 위치: 한 손은 가슴, 한 손은 배(복식 호흡 감지).

호흡 규칙: 코로 들이마시고, 가능한 더 길게 내쉰다(들숨:날숨 ≈ 1:1.5~2).

환경: 타이머/알람, 조용한 공간, 무리하지 않기.

안전 가이드: 어지러움·저림·답답함이 느껴지면 즉시 중단하고 자연스럽게 호흡하세요.

호흡기/심혈관 질환, 임신 등 특이 사항이 있으면 의료전문가와 상의 후 시행.

2. 실습법 (필요한 것부터 고르기)

A. 기본 복식호흡 (1–3분)

코로 4 카운트 들이마시며 배가 부풀어 오르는 걸 느낀다.

입 또는 코로 6 카운트 길게 내쉰다(배가 서서히 납작해짐).

6~10회 반복.

▷ 포인트: 내쉬는 숨을 더 길게 → 미주신경 활성·편도체 경보 완화에 도움.

B. 박스 호흡(4-4-4-4) (1–3분)

들숨 4 → 멈춤 4 → 날숨 4 → 멈춤 4.

4~8사이클.

▷ 포인트: 균형·집중(ACC·PFC 주의조절에 도움).

C. 4-7-8 호흡 (1–2분)

들숨 4 → 멈춤 7 → 날숨 8(부드럽게 '후').

4~6사이클.

▷ 포인트: 과각성·불면 완화에 유용(긴 날숨으로 진정).

D. 느린 페이스드 브리딩[15](분당 6회) (3-5분)

들숨 4-5초 / 날숨 6-7초(총 10초 1호흡).

▷ 포인트: HRV↑(심박변이도), 감정 안정감 상승.

E. SOS 호흡 + 그라운딩[16](급성 불안 시, 1-2분)

긴 날숨 2회(8-10초씩)로 파고 낮추기.

5-4-3-2-1 그라운딩: 보이는 것 5/만지는 것 4/듣는 것 3/냄새 2/맛 1.

안정되면 A 또는 D로 전환.

F. 호흡 + 마음챙김 라벨링 (2-3분)

들숨: "들어옴, 배가 올라간다" / 날숨: "나감, 어깨가 내려간다."

떠오르는 생각엔 "생각", 감정엔 "감정" 라벨만 붙이고 흘려보내기.

3. 일상 루틴 제안 (작게·자주)

아침 2분: A 6사이클 → 오늘의 의도 한 줄.

점심 1분: D 6사이클(회의/업무 전).

저녁 5분: C 또는 D → 일지 기록.

---

15) Slow Paced Breathing- 호흡 속도를 의도적으로 늦추어 일정한 리듬으로 숨을 쉬는 방법을 말함. 보통 분당 6회(한 번 들이마시고 내쉬는 데 약 10초) 정도의 속도를 유지하는 것.
16) SOS는 "Save Our Self"의 의미로, 짧고 간단하게 즉시 사용할 수 있는 호흡 안정법. "지금-여기(ground, 땅)"에 자신을 단단히 붙잡아 두는 훈련

4. 자기 성찰 질문 (매일 3문장)

오늘 호흡 전/후 내 몸(심장박동, 어깨, 복부)은 어떻게 달랐는가?
→ _____

어떤 생각·감정이 가장 자주 떠올랐고, 호흡이 그것과 어떤 거리를 만들어주었는가?
→ _____

내게 가장 잘 맞는 들숨: 날숨 비율과 상황(아침/일/밤)은 무엇인가?
→ _____

추가) 방해 요소(장소, 시간, 사람)는 무엇이었고, 내일 어떻게 조정할 수 있을까?
→ _____

5. 나만의 호흡 스크립트(1문장 확언)

예: "나는 길게 내쉬며, 지금 이 순간으로 돌아온다."
나의 문장: _____

6. 마무리 스크립터

"내쉬는 숨이 길어질수록, 마음의 파도는 낮아집니다. 짧게 끊기던 호흡이 부드럽게 이어질 때, 불안의 파동도 점차 잔잔해집니다. 오늘의 한 호흡은 단순한 생리적 움직임이 아니라, 내일의 평온을 준비하는 씨앗이 됩니다.

　한 번의 숨이 쌓여 오늘을 버티게 하고, 여러 번의 호흡이 모여 삶을 지탱하는 힘이 됩니다.
　지금 이 순간, 당신이 내쉬는 그 한 호흡이 내일의 당신을 지키고 있다는 사실을 기억하고, 숨은 늘 곁에 있고, 숨은 곧 삶입니다."

☐ 뇌-감정회로와 호흡의 의학적 설명

감정 조절은 단순한 의지의 문제가 아니라, 뇌의 변연계와 전전두엽 네트워크가 협력하는 정교한 신경 메커니즘의 산물입니다. 우선 변연계의 편도체(amygdala)는 위협 탐지와 공포 반응의 핵심 허브 역할을 합니다.

낯선 자극이나 위험 신호가 감지되면 편도체는 즉각적인 정서 반응을 촉발합니다. 여기에 해마(hippocampus)가 더해져, 경험의 맥락과 기억을 부여함으로써 감정에 의미를 부여합니다. 이 하위 회로는 시상하부(hypothalamus)를 통해 HPA 축(시상하부-뇌하수체-부신)과 연결되고, 그 결과 스트레스 호르몬인 코르티솔의 분비를 조절합니다.

반대로 상위 조절 영역인 복내측 전전두엽(vmPFC), 배외측 전전두엽(dlPFC), 그리고 전측 대상피질(ACC)은 편도체의 과잉 활성화를 억제하는 상향·하향 조절(top-down control)을 수행합니다. 이 과정 덕분에 충동적이고 즉각적인 정서 반응이 인지적 조절을 거쳐 보다 균형 잡힌 반응으로 전환됩니다.

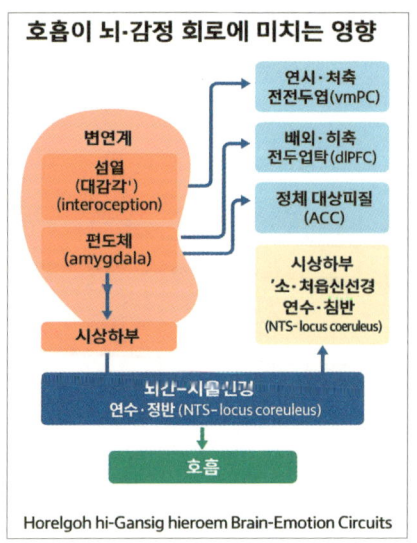

또한, 섬엽(insula)은 호흡, 심장 박동과 같은 내감각(interoception) 신호를 통합하여 감정이 '몸으로 느껴지는 경험'으로 뇌에 매핑시킵니다.

호흡이 개입하는 경로

호흡은 이 정서 회로에 자율신경계와 뇌간을 매개로 직접적인 입력을 보냅니다. 흉곽과 폐의 신장 수용기, 횡격막 움직임은 미주신경 구심섬유를 따라 연수의 고립로핵(NTS)에 도달합니다.

여기서 신호는 부교감신경계를 강화하며, 이어서 파라브라키알핵 → 시상하부 → 편도체 → 섬엽으로 전달됩니다. 동시에 호흡 리듬을 생성하는 프리보첸거preBötzinger복합체[17]는 청반(locus coeruleus)의 노르에피네프린 방출과 동조되어, 각성 수준(arousal level)을 정교하게 조정합니다.

이 덕분에 느리고 깊은 복식호흡은 교감신경계의 과도한 흥분을 가라앉히고, 심박변이도(HRV)와 호흡성 동성부정(RSA)을 증가시켜 미주신경 긴장도(vagal tone)를 높여줍니다. 그 결과, 편도체의 재활성화는 감소하고 전전두엽-편도체 간의 기능적 연결이 강화되어 불안과 스트레스 반응이 완화됩니다.

---

17) 뇌간 연수(medulla oblongata)에 위치한 신경세포 집합체로, 호흡 리듬을 발생시키는 중추(pacemaker neurons for breathing rhythm) 역할을 한다. 즉, 우리가 의식하지 않아도 자동으로 들이쉬고 내쉬게 만드는 '호흡 발생기(breathing generator)'의 핵심 구조이다.

호흡 리듬과 뇌파 동조

특히, 코로 하는 느린 호흡은 후각망울과 해마 리듬을 세타(θ) 주기로 동조시킵니다. 이는 정서적 기억의 재평가와 안정화를 용이하게 합니다. 또한 숨 고르기(천천히 들이마시고 더 길게 내쉬기)는 이산화탄소 분압을 조절하고 미주신경 반사를 촉진하여 ACC와 vmPFC의 오류·갈등 감시 기능을 지원합니다. 이와 동시에 청반의 발사 빈도가 낮아져 과각성 상태가 진정됩니다.

임상적 의의

이러한 생리적·신경학적 변화는 실제 임상에서도 확인됩니다. 공황발작 환자의 급격한 불안 파고를 낮추고, 불면이나 과각성 상태에서 입면 지연을 줄이는 효과가 보고되었습니다.

즉, 호흡은 단순히 폐의 기계적 환기를 넘어서, 뇌간-자율신경-변연계-전전두엽으로 이어지는 다중 경로를 통해 감정회로를 재조율합니다.

"느리게 들이마시고, 더 길게 내쉬며, 복부 깊숙이 숨을 채운다."는 단순한 호흡 규칙만으로도 우리는 편도체의 경보 시스템을 누그러뜨리고, 전전두엽의 조절 신호를 강화할 수 있습니다. 다시 말해, 호흡은 신체 → 자율신경 → 뇌 회로로 이어지는 생리적 루트를 통해 마음을 안정시키는, 과학적으로 타당한 의학적 개입 도구입니다.

02
글쓰기와 표현으로 마음 돌보기
-말로 다 전하지 못한 마음을 문장에 맡기는 법

"말로는 다 전할 수 없는 마음이 있습니다. 목 끝까지 차올랐다가 결국 삼켜버린 말, 누구에게도 내보이지 못한 채 흩어져 버린 감정들. 하지만 종이 위에 그것을 내려놓는 순간, 마음은 조금 달라집니다.

내 머리 속에서 혼란스러운 생각은 문장 속에서 질서를 찾고, 이름조차 붙이지 못한 고통은 글자가 되며 나와 마주합니다.

글쓰기는 특별한 재능이나 화려한 문장이 필요하지 않습니다. 그저 오늘의 마음을 한 줄로라도 적어 내려가는 일. 그것만으로도 내면의 무게는 가벼워지고, 내일의 나를 지탱할 작은 힘이 됩니다.

펜 끝에서 흘러나오는 단어들은 마치 나를 이해해 주는 또 다른 '나'의 목소리와 같습니다. 글을 쓰는 행위는 고통을 밀어내는 것이 아니라, 고통과 안전한 거리를 두며 바라보는 방법입니다.

6장_ 일상에서 실천하기

말로 다 하지 못한 마음을 문장에 맡기는 순간, 우리는 이미 자기 자신을 돌보는 길 위에 서게 됩니다."

감정일기와 자기 성찰 글쓰기

우리 가슴에는 항상 말로 다 전하지 못한 마음이 남아 있습니다. 목 끝까지 차올랐다가, 결국 아무 말도 못 하고 지나가는 마음. 그 마음을 종이 위에 내려놓는 순간, 머리속 혼란은 문장으로 정리되고 고통은 이름을 얻어 내 마음을 적어 내려갑니다. 글쓰기는 화려한 기술이 아니라, 나의 내면을 들여다보고 내 감정과 안전하게 만나는 약속입니다. 오늘의 마음을 한 줄로 적어두는 일, 그 작은 행동이 내일의 나를 살립니다.

심리학 이론

감정일기와 자기 성찰 글쓰기가 유익한 이유는 과학적으로 설명할 수 있습니다. 첫째, **감정 라벨링**(affect labeling)입니다. 지금 느끼는 감정을 단어로 붙이는 행위는 편도체의 과잉 반응을 낮추고 전전두엽의 조절을 돕는 것으로 알려져, 정서적 과부하를 완화시켜줍니다.

둘째, **표현적 글쓰기**(expressive writing)는 고통스러운 경험을 언어로 구조화하며, 사건–생각–감정의 인과를 재정렬해 줍니다. 이는 신체적 스트레스 지표와 우울·불안 증상 감소에 기여한다는 연구가 다수입니다.

셋째, **인지 재평가**(cognitive reappraisal)는 같은 사건을 다른 시

각에서 다시 서술하게 함으로써 자동적 부정 사고를 약화시키고, 현실적이고 균형 잡힌 해석을 강화해 줍니다.

넷째, **자기 연민(self-compassion)** 글쓰기는 실패·상실을 겪는 자신에게 따뜻한 언어를 건네도록 훈련해, 자기 비난을 줄이고 회복탄력성을 높이는 효과가 있습니다.

마지막으로, 반복적 기록은 내러티브 정체성(narrative identity)을 단단하게 하여 "무슨 일이 나에게 일어났는가?"를 넘어 "그 일 이후 나는 누구로 성장하고 있는가?"를 만나게 해줍니다. 글쓰기는 이렇게 감정조절-의미화-성장의 경로를 동시에 작동시키는 역할을 합니다.

◇ 실제 상담사례

50대 직장인 H씨는 반복되는 불면과 분노로 상담실을 찾았습니다. 그는 "화를 내고 후회하는" 악순환에서 벗어나지 못한다고 했습니다.

그 후, 상담자는 매일 밤 10분, 감정일기를 제안했고, 형식은 단순했습니다.

오늘의 사건 한 줄

그때 떠오른 자동 생각-

느낀 감정과 강도(0-10)- 몸의 감각(가슴 답답, 어깨 긴장 등) 지금의 나에게 필요한 한마디

첫 주에는 "짜증났음 9/10" 같은 단어뿐이었지만, 2주차부터는 문장이 달라졌습니다. "회의에서 무시당했다고 느꼈다(생각). 속이 뜨거웠다, 어깨가 움츠려 들었다(몸), 사실 나는 인정받고 싶었다(욕구). 지금 필요한 말은 '그 상황이 아팠구나, 나라도 내 편이 되어주자.'라고 마음을 다졌습니다.

H씨는 감정을 억누르거나 폭발시키는 대신, 감정에 이름을 붙이고, 이해하고, 자신을 돌보는 과정을 배웠습니다. 한 달 후 그는 "화가 사라진 건 아니지만, 화에 끌려가지 않는다고 되새기면서 그리고 글을 쓰면 마음이 정돈된다."고 말했습니다. 일기는 그의 밤을 잠들게 했고, 다음 날의 대화를 덜 상처 나게 만드는 효과가 있었습니다.

감정일기와 자기 성찰 글쓰기는 시간을 느리게 만드는 효과가 있습니다. 느려진 시간 속에서 마음은 숨을 고르고, 우리는 비로소 자신에게 친절해질 수 있는 시간을 갖게 됩니다. 오늘, 이렇게 한 줄을 써봅니다. "나는 지금 이런 마음이나." 그 고백이 지유의 시작이 될 수 있다는 확신을 가져 봅니다.

- **왜 지금, 글쓰기인가 (심리학 포인트 한눈에)**

먼저 감정 라벨링을 해보세요. 감정에 이름을 붙이면 편도체 반응이

가라앉고 전전두엽의 조절이 쉬워집니다.

두 번째, 표현적 글쓰기는 사건-생각-감정을 문장으로 구조화하면 스트레스가 낮아지고 의미가 회복됩니다. 글을 쓰면서 자동적으로 몰입에 빠져 들어갑니다.

세 번째, 자기연민 강화는 기록 속에서 나에게 따뜻한 언어를 건네며 회복탄력성이 마음속에서 성장합니다.

• 글씨기의 구성 및 내용 안내

· 감정일기와 자기 성찰 글쓰기: 오늘의 사건·생각·감정·몸의 느낌을 한 페이지에 정리해 봅니다.

· 표현적 글쓰기 15분 루틴: 고통을 안전하게 다루는 단계별 안내합니다.

· 이야기 재구성(인지 재평가): 같은 사건을 다른 시선으로 다시 써 내려 갑니다.

· 자기연민 편지: 실패와 상실을 지나온 나에게 보내는 짧은 편지를 써봅니다.

· 작은 기록이 만드는 변화: 일상의 지속을 돕는 체크리스트와 팁을 꾸며 봅니다.

어떻게 사용할까요? (Quick Start)

· 시간: 하루 5-10분, 같은 시간·같은 자리 권장
· 형식: 완성도보다 진실성. 맞춤법·문장력은 잠시 내려놓기
· 안전규칙: 쓰다 감정이 거세지면 호흡 3회 → 오늘은 한 줄만 원칙
· 도구: 종이 노트 1권 + 펜 1개(디지털도 가능하나 알림 최소화)

오늘의 한 줄 실습

지금 내 마음은 _____이고, 내 몸은 _____이다. 나는 _____이 필요하다.

(예: "지금 내 마음은 서운함이고, 내 몸은 어깨가 굳어 있다. 나는 다정한 말 한마디가 필요하다.")

기록 프롬프트(택1)

오늘 가장 오래 머문 생각은 무엇이었나? 그 생각이 지키려는 나의 욕구는 무엇인가?

오늘의 감정에 점수(0-10)를 매기고, 그 감정이 내게 건네는 메시지를 적어보라. 같은 일을 친한 친구의 시선으로 다시 써보라. 무엇이 달라지나?

• 이 책을 읽는 독자에게

글씨기 표현은 완벽한 글을 요구하지 않습니다.

단지 오늘의 마음을 진심으로 적는 용기를 요청합니다.

기록은 느린 호흡처럼 마음을 안정시키고, 당신의 이야기를 상처에서 의미로 데려옵니다.

• 한 문장으로 끝맺기(예)

"한 줄의 기록은 마음을 구할 만큼 충분히 크다."

03
예술치료(그림, 음악, 무용)의 효과
-설명하려고 하면 더 멀어지는 마음

말로 전달되지 못하는 마음이 있습니다.

설명하려고 하면 할수록 더 멀어지는 마음.

그럴 때 선과 색, 리듬과 멜로디, 한 번의 몸짓이 대신 말해줍니다.

그림은 내면의 풍경을 바깥으로 옮기고, 음악은 호흡과 심장을 같은 박자에 실어 보냅니다. 몸이 먼저 이해하고 움직이면, 마음은 곧 뒤따라 길을 찾아갑니다. 예술치료는 특별한 기술이 아니라, 내 안의 감각과 생동을 다시 연결하는 가장 인간적인 치유의 문입니다. 흔히 자기 방어기제 중 가장 아름답게 자신을 표현하는 '승화'[18] 과정입니다.

심리학 이론

예술치료는 공통적으로 하향(top-down) 조절과 상향(bottom-up) 조

---

18) 정신분석에서 사회적으로 인정되지 않는 충동/욕구를 예술활동, 종교활동 등으로 표현하는 행위

절을 동시에 작동시킵니다. 상징·언어·의미화는 전전두엽의 조절을 돕고, 감각·리듬·동작은 변연계와 자율신경계를 안정시킵니다. 이때 섬엽insula은 내감각(심장박동, 호흡, 근긴장)을 통합해 정서의 '몸감'을 자각하게 하고, 전측 대상피질(ACC)과 전전두엽(PFC)은 편도체의 과잉 반응을 가라앉히는 데 기여합니다. 미러Mirroring 뉴런 시스템은 타인의 표정·동작·리듬에 공명하도록 하여 집단 예술 활동에서의 공감과 소속감을 높여줍니다.

특히, 리드미컬한 자극은 자율신경계와 호흡·심박의 동조(entrainment)를 촉진하고, 안정적 리듬은 미주신경 긴장도와 심박변이도(HRV)를 개선해 불안 각성을 낮추는 효과가 있습니다. 또한, 몰입(flow) 상태는 과도한 자기비판을 줄이고, 내러티브 정체성을 재구성하여 "상처의 이야기"를 "성장의 이야기"로 바꿀 여백을 만들어 줍니다.

그림치료(미술치료)

그림은 사람의 감정을 투사–상징화–거리두기의 순서로 안전하게 다루게 해줍니다. 색과 선, 질감의 선택은 말로하기 어려운 감정을 외부 대상에 담아내고, 내담자는 작품을 '바라보며 말할' 수 있어 정서적 과부하가 줄어듭니다. 이런 반복적 이미지 작업은 불안을 조절하고, 완성 경험은 자기효능감을 높이는 효과가 있습니다.

음악치료

음악의 템포·박·조성의 변화는 정서와 각성도를 직접 조율해줍니다. 한편, 느린 템포와 낮은 음역, 일정한 박은 호흡을 길게 만들고 심박을 안정시키며, 허밍과 가벼운 진동은 미주신경을 자극해 진정감을 주는 효과가 있습니다. 또한, 작사·작곡·플레이리스트 설계는 감정 라벨링과 의미화를 돕고, 합창·합주 등 집단 음악활동은 소속감과 연대감을 강화시켜줍니다.

무용/동작치료

트라우마PTSD는 종종 신체 감각의 단절로 남아 있는 경우가 있습니다. 그에 따른 동작치료는 '말보다 몸이 먼저' 안전을 배우도록 도와주는 역할을 합니다. 예를 들면, 바닥을 느끼는 그라운딩, 양측성 리듬, 진동/흔들기, 유연한 가동범위 회복은 몸-정서 회로의 재 연결을 촉진시켜줍니다.

또한, 자세와 호흡이 바뀌면 정서표현이 달라지고, 행동 활성화와 자기주도성이 서서히 회복되는 효과가 있습니다.

◇ 실제 상담사례

사례 A: 그림으로 상실을 건너다

A양은 그림으로 상실을 이겨낸 경우입니다. 고3인 A양은 어머니의 갑작스러운 별세 이후 말수가 지나치게 줄었습니다. 그 후, 상담실에서는 말 대신 '기억의 상자'를 그리게 했습니다. 어느 날, A양은 상자 안에 색과 사물, 향기를 상징하는 패턴을 채우면서 A양은 울지 않고도 그리움을 표현할 수 있었습니다.

몇 주 뒤 그는 상자 바깥에 '지금의 나'를 그려 넣으며 "그리움과 함께 사는 말로 나를 설명하기 시작했습니다. 그 후, A양에게 그림은 슬픔을 밀어내지 않고 안전하게 담아두는 그릇이 되어 주었습니다.

사례 B: 음악으로 불안을 조율하다

직장인 B씨는 발표 전마다 손이 떨리고 심장이 빨라졌습니다. 음악치료자는 사전-사후 조절 플레이리스트를 함께 설계했습니다. 시작은 60–70 BPM의 저역 허밍과 드론, 중간은 규칙적 박의 어쿠스틱, 마지막은 밝고 안정적인 조성으로 마무리 해주었습니다.

그는 발표장으로 가는 길에 호흡을 플레이리스트에 맞추었고, 끝난 뒤에는 느린 곡으로 긴장을 해소했습니다. 한 달 뒤 B씨는 "불안이 없어지진 않지만 내가 조율할 수 있다는 확신이 생겼다"고 말했습니다.

사례 C: 몸짓으로 경계를 회복하다

트라우마PTSD경험이 있는 C씨는 타인과 가까워지면 몸이 굳어가는 증상이 심하게 발현되고 있었습니다. 상담실을 찾은 C씨, 그 후 동작치료를 하면서 공간 경계를 표시하고 천천히 걷기, 팔의 가동범위 넓히기, '멈춤-전진-후퇴' 시퀀스를 연습했습니다.

상담 세션이 거듭될수록 그는 시선 맞추기와 리듬 교환을 견딜 수 있게 되었고, 일상에서도 "불편하면 한 걸음 물러나 숨 고르고 다시 다가가는" 선택권을 회복했습니다. 상담회기가 마무리되어 갈 무렵, C씨는 몸에서 익힌 새로운 경계가 마음의 안전을 지켜주기 시작한 것을 느끼고 있었습니다.

• 예술치료 효과

예술치료의 효과는 선과 색, 소리와 리듬, 한 번의 몸짓은 마음이 돌아갈 길을 기억하고 있습니다. 예술치료는 말 이전의 언어로 우리를 인도합니다.

오늘, 색연필 한 자루를 쥐거나, 숨과 맞는 박자를 흥얼거리거나, 바닥을 느끼며 한 걸음 내딛어 보세요. 당신의 그림과 노래, 그리고 몸이 이미 치유를 시작합니다.

◇ 워크북 : 예술로 마음 돌보기: 그림 · 음악 · 무용

• 예술로 마음 돌보기: 그림 · 음악 · 무용
0. 오늘의 체크인 (1분)

기분(0-10): ___ / 불안(0-10): ___ / 에너지(0-10): ___
몸 감각: ☐ 머리 뻐근 ☐ 목·어깨 긴장 ☐ 가슴 답답 ☐ 복부 긴장 ☐ 기타: _____

오늘의 의도(예: 안전, 표현, 정리): _____
안전 가이드: 강한 감정/기억이 올라오면 잠시 멈춤 → 3회 깊은 호흡 → 물 한 모금. 필요하면 내일 다시.

1. 준비물(선택)

그림: 빈 종이/스케치북, 색연필·파스텔·마커(3색 이상)
음악: 이어폰/스피커, 재생기, 플레이리스트(3–5곡)

무용/동작: 편한 복장, 물, 미끄럽지 않은 바닥, 타이머

2. 오늘의 실습: 하나를 골라 10-20분

A. 그림치료 — "감정 지도 그리기"(10-15분)

워밍업(1분): 오늘 감정 3개 고르고 색으로 지정(예: 슬픔=파랑).

표현(7-10분): 선·면·점으로 현재 마음의 모양/크기/속도를 그린다(말 금지).

거리두기(2분): 작품을 1m 떨어져 바라보며 제목 붙이기.

의미화(2분): "이 그림이 말하는 한 문장"을 적는다.

변형: 원이/사각형만 사용, 비 dominant 손으로 그리기, 2가지 색만 사용.

- **기록 템플릿(그림)**

제목/날짜: _____ / 사용 색: _____

떠오른 감정(0-10): _____

그림이 전한 메시지 한 줄: _____

B. 음악치료 — "나만의 3트랙 조절 루틴"(12-15분)

트랙1(안정 3-4분): 60-70BPM, 저역/단순 박. 호흡을 곡에 맞춘다(길게 내쉬기).

트랙2(표현 4-5분): 가사/리듬이 있는 곡. 손/어깨/발 리듬으로 감정 배출.

트랙3(회복 3-4분): 잔향 긴 곡. 허밍/긴 날숨으로 마무리.

변형: 악기(텅드럼/피아노/젬베)로 2~3음 반복, 나만의 '안정 소리'

(허밍·옹) 찾기.

- **기록 템플릿(음악)**
  곡/템포: _____ / 전-후 기분: →
  몸의 변화(호흡/심박/근육): _____
  오늘의 한 문장: _____

C. 무용/동작치료 — "그라운딩 4단 루틴"(10–20분)

바닥 느끼기(2분): 발바닥·무릎 굽혔다 펴기, 호흡과 함께 "여기" 속삭이기.

양측성 리듬(3–5분): 좌우 스텝/팔 교차 흔들기(느린 음악 가능).

공간 확장(3–5분): 팔 원 크게 그리기, 몸통 회전, 시선 멀리 보내기.

회복/마무리(2분): 손으로 팔/어깨 천천히 쓸어내리기 + 긴 날숨.

변형: 의자 동작, 벽 짚고 균형, 1㎡ 공간에서도 가능.

- **기록 템플릿(동작)**
  오늘의 키워드(예: 경계/해방/평온): _____
  내가 선택한 3개 동작: _____
  전-후 몸/마음 점수: 몸 → / 마음 →

3. 20분 세션 흐름(공통)

안전 설정(2): 공간 정돈·휴대폰 무음·호흡 3회
표현(10–12): A/B/C 중 1개 집중
의미화(3): 제목/한 문장/라벨링

마무리(3): 물·스트레칭·내일 한 가지 행동 정하기

4. 감정·리듬 도구
감정 팔레트(표현에 쓰기)
기쁨/평온/감사/설렘/자신감/그리움/슬픔/외로움/불안/분노/수치/죄책/지침/허무/안도

리듬·템포 힌트
안정: 60-70BPM, 일정 박, 낮은 음역
활성/표현: 80-100BPM, 명확한 박
회복: 느린 템포, 잔향 긴 사운드·허밍

5. 자기 성찰 질문(매일 3문장)
오늘 가장 잘 표현된 감정/욕구는 무엇이었나?
표현 후 몸에서 줄어든 긴장은 어디였나?
내일은 무엇을 더/덜 해보고 싶은가?

6. 공유 가이드(선택: 그룹/가족)
사실 묘사 → 내 느낌 → 작품/동작/음악이 준 메시지 한 줄
조언·평가 금지, 경청·반영만: "○○하게 느껴졌군요."

7. 나만의 확언(한 문장)
예) "나는 색과 소리와 움직임으로 오늘을 안전하게 통과한다."
나의 문장: _____

8. 끝맺음

"선 하나, 음 하나, 한 걸음이 내일의 평온을 만든다. 이는 단순한 비유가 아니라, 심리학적으로도 설명할 수 있는 회복의 원리입니다. 그림을 그리며 선을 이어갈 때, 우리는 감정 표현과 자기 탐색을 하고 있습니다.

음악을 들으며 한 음을 내거나 따라 부를 때, 뇌의 정서 회로와 기억 회로가 자극되어 우울과 불안이 완화됩니다. 무용이나 간단한 움직임은 몸의 긴장 에너지를 방출하고, 뇌-몸 연결성을 회복시킵니다.

예술은 결과가 아니라 과정입니다. 작은 선 하나가 자기표현의 시작이고, 작은 음 하나가 감정을 풀어내는 문이 되며, 작은 걸음 하나가 몸과 마음의 리듬을 되찾게 합니다. 따라서 오늘 시도한 그 작은 예술적 행위가 내일의 정서적 안정과 삶의 평온을 위한 심리적 기반이 되어 줍니다."

04
관계 속에서 얻는 위로
-공감과 경청이 주는 치유

"사람의 마음은 혼자서는 온전히 회복되기 어렵습니다.
누군가 내 이야기에 귀 기울여 주는 순간, 마음의 짐은 조금 가벼워지고, '나는 혼자가 아니다'라는 안도감이 싹틉니다.

공감과 경청은 단순한 대화 기술이 아닙니다.
그것은 상처 입은 마음을 감싸 안는 따뜻한 손길이자, 고립된 영혼과 영혼을 이어주는 다리입니다.
말하지 못한 고통이 누군가의 귀와 마음에 닿을 때, 우리는 이미 치유의 길 위에 서게 됩니다. 때로 치유는 화려한 해결책이 아니라, 조용히 들어주는 한 사람, 그 존재만으로도 다시 살아갈 힘을 불러일으키는 관계 속에서 시작됩니다."

◇ 공감과 경청이 주는 시유

• 마음을 잇는 다리
우리는 종종 "누군가 내 이야기를 들어주었다"는 사실만으로도 마음이 가벼워짐을 경험합니다.

　공감과 경청은 단순한 대화 기술이 아니라, 상처 입은 마음을 어루만지는 보이지 않는 치유의 손길입니다.

　심리학자 칼 로저스(Carl Rogers)는 상담의 핵심을 "무조건적인 긍정적 존중과 공감적 이해"라고 했습니다. 상대의 내면을 있는 그대로 받아들이고, 그 이야기를 진심으로 듣는 행위 자체가 치유의 시작이라는 것입니다.

- **심리학적 배경**
- **공감**(Empathy): 뇌 과학 연구에 따르면 타인의 감정을 느낄 때 활성화되는 거울뉴런(mirror neuron) 체계는 우리가 상대의 고통을 마치 자신의 것처럼 경험하도록 알려줍니다. 이는 단순한 '이해'가 아니라 감정적 '공명'을 의미합니다.

- **경청**(Active Listening): 상담심리학에서 경청은 단순히 침묵하거나 끄덕이는 것이 아니라, 상대의 말 속에 담긴 정서와 의미를 반영하는 것을 말합니다. 예: "당신이 많이 힘들었겠군요." 등 내담자의 편에서 고통을 함께 하는것입니다.

- **치유 효과**: 연구에 따르면 정서적 지지를 경험한 사람은 스트레스 호르몬(코르티솔) 수치가 낮아지고, 자율신경계 안정과 심리적 회복 탄력성이 강화됩니다.

◇ 실제 상담사례

30대 직장인 A씨는 반복되는 업무 스트레스와 상사와의 갈등으로 우울증 진단을 받았습니다. 상담 초반, 그는 "아무도 내 얘기를 들어주지 않는다."고 호소했습니다. 상담자는 그저 판단 없이 그의 이야기를 경청하며, "당신이 그 순간 느낀 외로움이 얼마나 깊었는지 전해집니다."라고 공감했습니다.

몇 주 후, A씨는 "누군가 내 이야기를 있는 그대로 들어준 것만으로도 마음이 풀렸다"며 "다시 견뎌낼 수 있겠다"는 희망을 표현했습니다. 이처럼 경청과 공감만으로도 내담자의 자존감이 회복되고, 새로운 변화를 시작할 힘이 생깁니다. 그래서 공감과 경청은 상대를 이해하는 따뜻한 마음의 손짓입니다.

• 철학적·감성적 성찰

철학자 마르틴 부버(Martin Buber)는 인간의 만남을 "나-너(I-Thou)" 관계라 부르며, 진정한 만남 속에서 인간은 서로의 존재를 통해 치유된다고 말했습니다. 공감과 경청은 바로 이러한 '나-너 관계'의 실천입니다.

우리가 타인의 고동에 귀 기울일 때, 그 순간은 단순히 두 사람이 대화를 나누는 시간이 아니라 두 영혼이 서로를 비추는 시간이 됩니다. 마치 거울처럼, 상대의 눈빛에서 내 마음이 보이고, 내 귀에서 상대의 숨결이 들립니다. 거기서 치유는 자연스럽게 피어납니다.

• **독자에게 전하는 삶 속의 작은 실천**

하루에 한 번, 가까운 사람의 이야기를 판단 없이 끝까지 들어보세요. 때론 자연이 이야기하는 소리를 애써서 들어보세요. 그냥 나를 향해 서 있는 나무, 활찬 피다 만 꽃들의 이야기도 들어보세요. 그 들의 몸짓은 당신에게 커다란 위로가 될 것입니다.

잠시, 대화 중 휴대폰을 내려놓고 내 몸·맘 그리고 숨에 온전히 집중해 보세요. 몸·맘은 고단한 당신의 삶을 움켜진 채, '수고했어요.'라고 속삭이고, 숨은 온전히 하늘을 가른 새처럼 자유를 당신에게 안겨줄 것입니다.

당신이 베푸는 이 작은 실천은 인간관계의 갈등을 줄이고, 마음의 외로움을 덜어줍니다. 한편, 공감과 경청은 거창한 치료법이 아니라, 삶의 언어로 전하는 따뜻한 약속이자 가장 오래된 치유의 길입니다.

◇ 워크북: 자기 성찰 질문

작성 공간: 독자가 직접 써볼 수 있는 칸 마련
최근 누군가의 이야기를 진심으로 들어준 경험이 있나요? 그때 상대방은 어떤 반응을 보였나요?

→ _____

내가 누군가로부터 공감과 경청을 받은 순간은 언제였나요? 그때 내 마음에 어떤 변화가 있었나요?

→ _____

앞으로 일상에서 내가 실천할 수 있는 작은 공감·경청 습관은 무엇일까요?

→ _____

◇ 공동체와 사회적 지지의 힘

• **혼자가 아니라는 위로**

사람은 고립 속에서 쉽게 무너집니다.

그러나 누군가 곁에 있다는 사실만으로도 우리는 버틸 힘을 얻습니다. 마치 흔들리는 나무가 숲 속에서 바람을 견디듯, 인간은 관계와 공동체 안에서 회복력을 키웁니다.

• **심리학적 표현**

공동체에 대한 심리학적 이해는 첫 번째, **사회적 지지(Social Support)**입니다. 이를 심리학에서는 정서적 지지(위로, 공감), 도구적 지지(실질적 도움), 정보적 지지(조언, 지식 제공)로 나눕니다.

연구에 따르면 사회적 지지는 스트레스 상황에서 심리적 완충 효과

(buffering effect)를 제공해 우울과 불안을 줄여 주는 효과가 있습니다.

두 번째, **애착이론(Attachment Theory)**입니다. 상호 간 안정적인 관계는 불안 상황에서 심리적 안전기지(safe haven) 역할을 합니다. 친구, 가족, 혹은 공동체는 성인의 마음에도 여전히 안전한 피난처가 됩니다.

세 번째, **집단 상담 효과**입니다. 집단 상담이나 지지 모임에서, "나만 힘든 게 아니구나."라는 깨달음은 자존감을 회복시키고 삶의 의미를 다시 찾게 합니다. 인간은 혼자 있을 때 가장 견디기 어렵다고 합니다. 그럴 때마다 집단에서 에너지를 얻어내야 하며, 하지만 창작의 에너지가 혼자 견디는 고독의 힘에서 나온다는 평범한 진리를 잊어서는 안될 것입니다. 때로는 창작의 에너지를 혼자 견디는 고독의 힘에서 나온다는 게 평범한 진리도 잊어서는 안 될 것입니다.

- **철학적 성찰**

철학자 아리스토텔레스는 인간을 "사회적 동물"이라 정의했습니다. 이는 단순히 함께 살아간다는 차원을 넘어, 타인과의 관계 속에서만 자아가 성립한다는 의미입니다.

또한 현대 철학자 〈한병철〉은 '피로사회'에서 고립된 현대인이 진정으로 회복되려면 공동체적 유대가 필요하다고 강조합니다. 관계는 때때로 불편함과 갈등을 동반하지만, 바로 그 타자와의 만남이 인간다움을 회복시키는 토대가 됩니다.

• **감성적 스토리텔링**

어느 노년 부부가 있었습니다. 아내는 심한 우울감으로 외출을 꺼렸고, 남편은 매일 근처 공원에서 함께 산책을 권했습니다. 아내는 처음엔 마지못한 권유로 억지로 산책을 시작 했지만, 산책 중 만나는 이웃들과의 가벼운 인사, 개를 데리고 나온 아이들과의 짧은 웃음이 아내의 표정을 조금씩 바꿨습니다. 몇 달 뒤 그녀는 말했습니다. 남편에게 속삭이듯 고마움을 전했습니다. "내가 여전히 이 사회의 일부라는 게, 내 삶을 지켜주고 있어요." 고맙고 감사해요.

◇ 실제 상담사례

40대 직장인 B씨는 구조조정으로 직장을 잃고 깊은 좌절에 빠졌습니다. 그는 가족에게조차 무가치함을 느꼈습니다. 그러나 지역 상담센터에서 운영하는 실직자 모임에 참여하면서 변화가 시작되었습니다. 비슷한 경험을 한 이들과의 대화에서 그는 "나만 실패한 게 아니구나."라는 사실을 깨달았고, 서로의 고통을 나누며 다시 구직 준비를 시작했습니다.

몇 날 후 B씨는 새로운 일자리를 얻었고, "공동체가 내 삶을 다시 일으켜 세웠다"고 말했습니다. 누구와 함께하는 힘은 공동체 삶의 핵심입니다. 또한, 공동체와 사회적 지지는 삶의 무게를 나누는 또 하나의 '심리적 면역체계'입니다. 혼자였다면 무너졌을 삶이, 누군가와 함께였기에 다시 일어섭니다. 우리는 타인의 손을 잡아주며, 동시에 스스로도 치유됩니다.

◇ **워크북: 자기 성찰 질문**

최근 내가 누군가로부터 받은 사회적 지지는 무엇이었나요? 그 경험이 내 마음에 어떤 힘을 주었나요?
→ _____

반대로, 내가 누군가에게 지지를 건넨 경험은 언제였나요? 그때 상대방의 표정이나 반응은 어땠었나요?
→ _____

앞으로 내가 더 잘 활용하거나 키워가고 싶은 공동체적 관계는 어떤 모습인가요?
→ _____

• **독자에게 전하는 삶 속의 작은 실천**

주변을 돌아보세요. 어려운 시기를 지나는 사람에게 "네가 혼자가 아니다"라는 메세지를 전하면서 삶 속의 작은 실천을 옮겨 보세요. 이는 내 자신을 정화시키는 또 하나의 방법이 될 것입니다. 남을 돕는 일이 결국 자신을 위로하는 일이며, 그것을 깨닫는 순간, 우리는 다시 한번 아름다운 공동체의 힘을 알게 될 것입니다.

그리고 주 1회 이상, 가족·친구·이웃과 짧은 안부 나누기를 생활 속에서 실천해 보세요. 또 누구를 어려워하지 말고 필요할 때 도움을 청하는 것도 용기임을 기억해야 합니다.

내 취미를 함께 할 수 있는 지역 커뮤니티, 동호회, 온라인 그룹 등 작은 모임 참여해서 상담 Mentor와 Mentee로 친구 맺기를 실천해 보세요.

05
몸과 마음을 함께 돌보기
-운동과 뇌의 긍정적 변화

"마음이 지쳐 있을 때 우리는 흔히 머릿속 생각만 붙들고 괴로워합니다. 하지만 뇌와 마음은 몸과 떨어져 있지 않습니다. 몸을 한 발 내딛고 움직이는 순간, 이미 치유의 과정은 시작됩니다.

운동은 단순히 근육을 단련하는 일이 아닙니다. 땀이 흐르며 굳었던 마음이 풀리고, 호흡이 깊어지면서 불안은 조금씩 자리를 비워줍니다. 걷는 발걸음 하나, 팔을 뻗는 동작 하나가 뇌의 길을 다시 열고, 마음의 숨통을 틔웁니다.

철학자 스피노자가 말했듯, 몸과 마음은 서로 다른 것이 아니라 하나의 동전의 양면입니다. 몸이 회복되면 마음도 살아나고, 마음이 단단해지면 몸 또한 힘을 얻습니다. 작은 움직임이 쌓여 결국 삶을 다시 살아가게 하는 힘이 되는 것, 그것이 바로 운동이 선물하는 치유입니다."

운동과 뇌의 긍정적 변화

요즘 많은 사람들이 마음의 무거움을 호소합니다. 불안, 우울, 무기력… 하지만 과학은 말합니다. 몸을 움직이는 것만으로도 뇌와 마음은 달라질 수 있다고. 운동은 단순히 근육을 키우는 활동이 아니라, 뇌를 치유하고 회복력을 키우는 강력한 심리적 자원입니다.

심리학적 근거

운동과 뇌와 긍정적 관계는 첫 번째, **신경가소성(Neuroplasticity)**입니다. 규칙적인 운동은 뇌의 해마(hippocampus)에서 신경세포의 성장을 촉진하고, 기억력과 학습 능력을 높입니다. 심리학 연구에 따르면 걷기, 조깅, 요가 같은 유산소 운동은 BDNF(Brain-Derived Neurotrophic Factor)라는 단백질을 증가시켜 뇌의 회복과 재생을 도와줍니다.

두 번째, **기분 향상 효과**입니다. 운동은 세로토닌, 도파민, 엔도르핀 분비를 증가시켜 우울과 불안을 완화합니다. 실제로 운동은 경증·중등도 우울증 치료에서 약물 치료와 유사한 효과를 낸다는 연구 결과가 있습니다.

세 번째, **스트레스 완화**입니다. 심리학적 스트레스 상황에서 신체 활동은 교감신경계의 긴장을 줄이고, 부교감신경을 활성화하여 심리적 안정감을 줍니다.

◇ 실제 상담사례

사례 1: 20대 대학생 C씨는 시험과 대인관계 스트레스로 불면과 불안을 겪고 있었습니다. 상담에서 매일 20분 가볍게 걷는 과제를 제시했습니다. 4주 후 그는 "걷고 나면 머리가 맑아지고 불안이 줄었다"며, 또한 공부 효율도 높아졌다고 보고된 사례입니다.

사례 2: 50대 직장인 D씨는 우울감으로 의욕이 없었지만, 상담자가 '아침 스트레칭과 주말 등산'을 제안했습니다. 몇 달 후 그는 "땀을 흘리고 나면 답답했던 마음이 풀린다"며 "다시 살아있다는 느낌을 받는다."고 말했습니다.

• **감성적·철학적 표현**

운동은 단순히 몸을 단련하는 행위가 아니라, 몸을 움직여 마음을 치유하는 길입니다. 철학자 스피노자는 "몸과 마음은 하나의 동전의 양면"이라 했습니다.

몸을 움직일 때 마음도 흐르고, 마음이 회복될 때 몸도 살아납니다. 조용히 걸을 때, 우리는 뇌가 다시 길을 내고 있다는 사실을 알지 못합니다. 그러나 우리는 그 보이지 않는 변화가 삶을 지탱하는 힘이 되고 있음을 깨달아야 합니다.

◇ 워크북, 자기 성찰 질문

오늘 나는 몸을 얼마나 움직였나요?
→ _____

운동 후 내 기분과 마음은 어떻게 달라졌나요?
→ _____

앞으로 내가 매일 실천할 수 있는 가장 작은 움직임은 무엇일까요?
→ _____

• 독자에게 전하는 삶 속의 작은 실천

'운동화 신은 뇌'(존 레이티, 에릭 헤이거먼 저, 녹색 지팡이, 2023.)에서 우리의 뇌는 하루 10분, 빠르게 걷기 등을 통해서 뇌 가소성을 증명해 왔습니다. 또한, 아침 기상 후, 간단 스트레칭 3가지, 주 1~2회, 내가 즐거움을 느낄 수 있는 움직임(춤·요가·등산 등)이 뇌를 젊게 하는 생활 속의 작은 실천임을 독자 여러분께 전합니다.

☐ 수면, 영양, 리듬 회복의 중요성

"하루를 살아가는 힘은 작은 리듬 속에서 회복됩니다.
잘 자고, 잘 먹고, 일정한 흐름을 지키는 것. 이 단순한 일상이 곧 마음의 면역력입니다."

• **심리학적 근거**

인체 학에서 수면의 중요성은 많이 강조되고 있습니다. 이는 충분한 수면이 뇌의 기억 통합consolidation과 감정 조절에 핵심적이라는 뜻입니다. 수면 부족은 편도체 과활성을 일으켜 불안·분노 반응을 키우고, 우울 증상을 악화시킵니다.

몸 제공하는 영양은 오메가-3, 트립토판(단백질 성분), 비타민 B군은 세로토닌·도파민 합성에 기여합니다. 영양 불균형은 뇌의 신경 전달물질에 영향을 주어 정서적 불안정으로 이어질 수 있습니다. 또한, 일상에서의 규칙적(수면·식사·운동 시간) 리듬은 뇌의 생체시계(circadian rhythm)를 안정시켜 호르몬 균형을 맞추고, 심리적 안정감을 줍니다.

◇ 실제 상담사례

사례 1: 30대 여성 E씨는 만성 불면으로 집중력 저하와 불안을 호소했습니다. 상담에서 "취침 전 스마트폰 사용 제한"과 "수면 일정 고정"을 실천한 결과, 4주 뒤 "밤에 깊이 자고 나니 불안이 줄고 활력이 돌아왔다"고 말했습니다.

사례 2: 40대 남성 F씨는 불규칙한 식사와 과도한 카페인 섭취로 우울과 피로가 심해졌습니다. 영양 상담 후 균형 잡힌 식단과 일정한 운동 루틴을 시작했고, 2개월 뒤 "작은 규칙이 삶 전체를 바꿨다"고 말했습니다.

◇ 워크북: 자기 성찰 질문

나의 수면 습관은 어떤가요? 평균 수면 시간은 몇 시간인가요?
→ _____

내가 식사와 영양에서 가장 개선하고 싶은 부분은 무엇인가요?
→ _____

나의 하루 리듬을 회복하기 위해, 내가 당장 시작할 수 있는 작은 습관은 무엇일까요?
→ _____

• **독자에게 전하는 삶 속의 작은 실천**

① 수면: 취침·기상 시간을 일정하게 유지하기 (주말 포함)

② 영양: 하루 한 끼라도 균형 잡힌 식사 (단백질·채소·건강한 지방 포함)

③ 리듬: 아침 햇빛을 10분 이상 쬐기 → 생체시계 조율하기

④ 저녁엔 카페인 줄이고, 스마트폰 대신 가벼운 독서나 호흡 명상으로 마무리

• **독자에게 전하는 철학적 메모**

리듬을 지킨다는 것은 단순히 규칙을 지키는 게 아니라, 자연의 흐름과 다시 연결되는 행위입니다. 낮과 밤, 먹음과 쉼, 움직임과 고요함… 이 균형 속에서 우리는 비로소 삶의 조화를 되찾을 수 있습니다.

06
작은 실천으로 시작하는 회복
-"하루 10분 느린 삶"의 치유력

"우리는 늘 시간을 쫓기며 살아갑니다.
빠른 속도 속에서 뇌는 지치고, 마음은 점점 메말라 갑니다. 하지만 회복은 언제나 거창한 도전에서 오는 것이 아닙니다.

단 10분, 삶의 속도를 늦추는 작은 순간에서 시작됩니다.
잠시 멈추어 숨을 고르는 일, 창밖의 하늘을 바라보는 일, 아무 목적 없이 천천히 걷는 일. 이 짧은 여유가 쌓이면, 불안은 잦아들고 집중력은 되살아나며 마음은 다시 고요를 찾습니다.

하루의 일부를 '느린 시간'으로 남겨 두는 것은, 스스로에게 건네는 가장 따뜻한 선물입니다.
그 10분이 내일을 살아갈 힘이 되고, 지친 삶을 다시 세우는 작은 출발점이 됩니다."

"하루 10분 느린 삶"의 치유력

빠른 일상은 뇌와 마음을 쉽게 소진시킵니다.
연구에 따르면, 짧은 멈춤은 집중력을 회복시키고 불안을 낮추며, 정서적 안정감을 회복시킵니다. 10분만이라도 속도를 늦추는 습관은 스트레스 완충 효과를 가져 오며, 내 몸의 회복탄력성을 키우는 작은 출발점이 됩니다.

심리학적 근거

주의 회복 이론(Attention Restoration Theory, Kaplan, 1995)은 자연 속에서 혹은 조용히 호흡하며 보내는 '느린 시간'은 주의력과 인지 자원을 회복시켜 집중력과 정서 안정에 도움을 준다는 연구 이론입니다.

마음챙김(Mindfulness) 연구는 매일 짧게라도 호흡에 집중하거나 걷기 명상을 하면, 편도체의 과잉 활성화가 줄고 전전두엽 기능이 향상되어 불안 조절 능력이 커진다는 이론입니다.

스트레스 완충 효과는 하루 10분의 '슬로우 타임'은 교감신경의 긴장을 낮추고, 부교감신경을 활성화해 심리적 평온과 회복탄력성을 키워준다는 이론입니다.

◇ 실제 상담사례

사례 1: 30대 직장인 G씨는 업무 과부하와 업무 불안으로 늘 초조했습니다. 상담에서 '하루 10분, 휴대폰을 내려놓고 창밖 하늘만 바라보기'를 실천한 결과, "짧은 시간이지만 숨통이 트이고, 다시 일할 힘이 생겼다"고 말했습니다.

사례 2: 20대 대학생 H씨는 시험 기간 과도한 스트레스로 불면을 겪었는데, 상담자가 권한 '하루 10분 호흡 명상'을 꾸준히 실천한 후, "잠드는 시간이 줄고 불안이 완화되었다"고 말했습니다.

• 독자에게 전하는 감성적·철학적 메시지

"삶은 속도가 아니라 리듬입니다. 10분의 느린 시간이 쌓여 하루의 결이 달라지고, 그 하루들이 모여 삶의 빛깔이 바뀝니다."

철학자 〈한나 아렌트〉는 '휴식은 인간성을 회복하는 시간'이라 말했습니다. 우리가 잠시 멈추는 순간, 오히려 삶은 더 깊어진다는 치유메시지입니다.

◇ **워크북: 자기 성찰 질문**

오늘 나는 몇 분이라도 멈추고 호흡하는 시간을 가졌나요?
→ _____

내가 '10분 느린 삶'을 실천할 수 있는 나만의 방법은 무엇일까요? (걷기, 차 마시기, 음악 듣기 등)
→ _____

느린 삶을 실천했을 때, 내 마음과 몸은 어떤 변화를 경험하나요?

→ _____

• **독자에게 전하는 삶 속의 작은 실천**

독자 여러분, 하루 한 번, 10분 타이머를 맞추고 조용히 앉아 호흡하기를 해보세요.

삶이 회복되고 몸·맘이 새로워집니다. 다시 점심 후 10분, 휴대폰 대신 창밖 풍경을 바라보세요.

그리고 구름 위에 내 몸을 싣고 멀리 떠나고 있음을 상상해 보세요. 또 자기 전 10분, 조용한 음악이나 독서로 하루 정리해 보세요.

삶의 에너지가 다시 만들어지고 있다는 것을 실감할 겁니다.

☐ 감사하기, 긍정적 자기 대화, 작은 용기 기록하기

"삶은 거대한 변화가 아니라, 작은 마음의 움직임에서 새로워집니다. 감사 한 줄, 따뜻한 자기 말 한마디, 작은 용기 하나가 마음을 회복의 길로 이끌어줍니다."

• 심리학적 근거

긍정심리학 연구에 따르면 매일 감사한Gratitude 일을 기록하는 습관은 행복감과 삶의 만족도를 높이고, 우울감을 완화합니다. 인지행동치료(CBT)에서는 긍정적 자기 대화Positive Self-Talk가 사고와 감정, 행동에 직접적인 영향을 미친다고 합니다. 부정적 자기 평가 대신 긍정적 자기 메시지를 사용하면 자존감과 회복탄력성이 강화됩니다.

그리고 행동 활성화(Behavioral Activation) 이론에 따르면, 작은 용기 기록하기, 작은 성공 경험을 기록하는 것은 자기효능감을 강화하고, 삶의 기둥이 무너졌을 때, 혹은 어려움에 빠졌을 때, 다시 행동할 동기를 키워줍니다.

◇ 실제 상담사례

사례 1 (감사하기): ○○군은 한 때, 우울감을 호소하던 대학생이었습니다. 상담실을 내원한 뒤, 상담 과제로 '하루 감사 일기 3줄'을 쓰기 시작했습니다. 6주 후 그는 "불행보다 소중한 순간을 더 자주 보게 되었다"고 말했습니다.

사례 2 (자기 대화): OO씨는 직장 내 갈등으로 자존감이 낮던 40대 여성이었습니다. 그러나 상담실 내원 후, 그녀는 "나는 항상 실패한다."는 말을 "나는 실수할 수 있지만 다시 배울 수 있다"로 바꾸는 훈련을 했습니다. 이후 업무 스트레스에 대한 불안이 현저히 줄었습니다.

사례 3 (작은 용기): 사회 초년생이었던 OO씨는 사회 불안으로 발표를 두려워하던 내담자였습니다. 상담 시작부터, '오늘 손 들고 질문하기' 같은 작은 용기를 기록했습니다. 내원 후, 한 달 뒤 그는 "내가 할 수 있다는 확신이 쌓였다."고 표현했습니다.

◇ 워크북 : 자기 성찰 질문

오늘 내가 감사할 수 있는 세 가지는 무엇인가요?
→ _____

지금 내 마음을 위로할 수 있는 긍정적 자기 문장은 무엇일까요?
→ _____

최근 내가 낸 작은 용기(도전)는 무엇이었나요? 그것이 내게 어떤 힘을 주었나요?

6장_ 일상에서 실천하기

• **독자에게 전하는 삶 속의 작은 실천**

독자님, 매일 저녁, 감사 3가지를 기록해 보세요. 그 후, 하루 한 번, 부정적 생각을 긍정적 자기 문장으로 바꿔보세요. 또한, 작은 용기(예: 미소 건네기, 의견 말하기, 낯선 사람에게 인사하기)를 실행하고 기록하다 보면 자신이 신선하게 변화된 모습을 발견할 수 있을 겁니다.

• **독자에게 전하는 철학적 메모**

독자님, 철학자 〈키에르케고르〉는 **"용기란 두려움 속에서도 앞으로 나아가는 힘"**이라 했습니다. 감사와 긍정적 자기 대화, 그리고 작은 용기는 우리의 내면에서 꺼져가는 불씨를 다시 살려내는 삶의 기술입니다.

☐ 심리학 이론과 함께하는 심리학적 치유

"치유는 사람과 사람 사이의 관계 속에서 일어난다.
작은 습관, 자가 성찰, 자기 돌봄이 삶 전체의 치유로 연결된다."
〈목원 현용수〉

◇ 인지·행동적 치유: 생각을 바꾸면 마음이 달라진다

"마음은 마치 창문과 같습니다.
 깨끗이 닦인 창문으로 바라보면 세상은 선명하고 따뜻하게 보이지만, 먼지와 얼룩이 낀 창문으로 보면 모든 것이 흐리고 어둡게 보입니다. 자신이 겪는 현실은 변하지 않았지만, 내가 들여다보는 '창'이 달라질 뿐입니다.

우리의 생각도 이와 같습니다.
 '나는 늘 실패해'라는 얼룩 낀 렌즈를 쓰고 세상을 보면 모든 경험이 절망으로 물들어버립니다.
 그러나 '실패 속에도 배움이 있다'라는 새로운 렌즈로 바꿔 쓸 때, 같은 사건이 전혀 다른 빛깔로 다가옵니다.

작은 생각의 전환은 마음을 투명하게 하고, 행동을 새롭게 합니다. 그리고 그 순간, 무거웠던 삶은 조금씩 가벼워지며, 우리는 다시 앞으로 나아갈 힘을 얻게 됩니다."

• 왜곡된 사고를 바꾸어 정서와 행동을 건강하게 변화시키는 과정

"우리가 겪는 많은 고통은 '현실 그 자체'라기보다 '현실을 바라보는 마음의 렌즈'에서 비롯됩니다. 삶을 검게만 칠하는 렌즈를 벗고, 새로운 관점으로 세상을 바라볼 때, 마음은 조금씩 가벼워지고 행동도 바뀝니다."

• 심리학적 해석과 이론

인지행동치료(CBT, Cognitive Behavioral Therapy)는 사고(Thought), 정서(Emotion), 행동(Behavior)과 서로 긴밀히 연결되어 있습니다. 즉, 왜곡된 사고(예: 흑백논리, 과도한 일반화, 재앙화 사고)는 부정적 정서를 심화시키고 회피적 행동을 유발합니다.

이러한 인지 왜곡을 인식하고, 보다 균형 잡힌 사고로 재구성하면 정서와 행동이 함께 변화합니다. 인지 재구조화(Cognitive Restructuring)는 "나는 항상 실패한다." → "실패할 때도 있지만, 성공했던 경험도 있다"로 왜곡된 사고를 바꾸는 것입니다.

이러한 작은 사고 전환이 감정의 안정을 가져오고, 새로운 행동을 촉진합니다. 연구에 따르면 CBT는 우울증, 불안장애, PTSD 등에서 가장 효과적인 심리치료 중 하나로 입증되었습니다.

◇ 실제 상담사례

사례 1 – 불안 다루기 (30대 직장인 J씨)

J씨는 발표가 다가올 때마다 가슴이 뛰고 손바닥에 땀이 났습니다. 상담실에 들어서자마자 그는 한숨을 쉬며 말했습니다.

"저는 발표만 하면 망쳐요. 이번에도 틀림없이 망칠 겁니다."
상담자는 차분히 물었습니다.
"정말 늘 망쳤나요? 지금까지 단 한 번도 잘 해낸 적이 없었나요?"
J씨는 잠시 고개를 숙이다가 조심스럽게 대답했습니다.
"… 생각해 보니 완벽하진 않아도 무난하게 끝낸 발표가 훨씬 많았네요."

상담자는 그 대답을 붙잡아 주었습니다.
"맞습니다. 당신은 '항상 망친다'는 생각에 사로잡혀 있었지만, 사실은 잘 해낸 경험이 더 많았던 거군요."

그 순간 J씨의 표정은 조금 누그러졌습니다. 그는 자신이 만든 '재앙화 사고'가 현실을 왜곡하고 있었음을 깨달았고, "실수할 수도 있지만 준비한 만큼 해낼 수 있다"는 새로운 생각을 품게 되었습니다.
이후 그는 발표 자리에서 예전처럼 긴장했지만, 더 이상 그것을 실패의 전조로 여기지 않았습니다. 오히려 자신감을 되찾으며 발표를 끝낼 수 있었고, 불안의 강도도 점차 줄어들었습니다.

사례 2 - 자기 가치 회복 (20대 대학생 K씨)

K씨는 시험에서 한 번 크게 실수한 뒤 상담실을 찾아왔습니다. 그는 의자에 앉자마자 고개를 푹 떨군 채 말했습니다.

"저는 쓸모없는 사람 같아요. 작은 것도 잘 못하고… 다 포기해야 할 것 같아요."

상담자는 고개를 끄덕이며 조용히 물었습니다.

"시험에서 실수한 것이 곧 당신의 전부를 말해 줄까요? 지금까지의 노력과 성취는 어떻게 설명할 수 있을까요?"

K씨는 당황한 듯 침묵하다가 천천히 입을 열었습니다.

"… 사실 지난 학기 성적은 나쁘지 않았고, 교수님께 칭찬도 받은 적이 있어요."

상담자는 미소를 지으며 말했습니다.

"그렇다면 '나는 쓸모없는 사람이다'라는 생각은 지나치게 흑백으로만 세상을 나누는 사고일 수 있겠네요. 당신은 실수도 하지만, 동시에 성취와 성장을 이어가는 사람이기도 합니다."

이 대화를 계기로 K씨는 자신의 인지 왜곡을 깨닫게 되었습니다.

이후 그는 "나는 실수도 하지만, 학업에서 꾸준히 성장하고 있다"라는 자기 인식을 갖게 되었고, 점차 학업 의욕을 되찾았습니다. 무엇보다도 친구들과의 관계에서도 스스로를 숨기지 않고 편안하게 대할 수 있게 되면서 자신감이 회복되었습니다.

두 사례 모두 공통적으로 보여주는 게 있습니다. 부정적 자동 사고를 인식하고➡ 사실과 경험을 근거로 새로운 해석을 찾을 때➡ 마음은 가벼워지고 행동은 달라진다는 것을 말함입니다.

• **독자에게 보내는 철학적 치유 메시지**

스토아 철학자 에픽테토스는 **"인간을 괴롭히는 것은 사건이 아니라, 사건을 바라보는 생각이다"**라고 말했습니다. 때때로 벌어지는 삶의 사건은 피할 수 없지만, 그 사건을 해석하는 내 관점은 바꿀 수 있습니다. 생각이 바뀌면 마음이 달라지고, 마음이 달라지면 행동이 변하며, 결국 삶(인생관)이 달라집니다. 새로운 인생관은 또 다른 세계관을 만들어 작고, 지엽적인 일상사에서 벌어지는 불안과 우울에서 벗어나 새로운 가능성을 만들어 가는 용기를 얻을 수 있습니다.

◇ 워크북: 자기 성찰 질문

최근 내가 자주 하는 부정적 자기 생각은 무엇인가요?
➡ _____

그 생각에 어떤 근거가 있나요? 혹은 없는가요?
➡ _____

같은 상황을 다른 관점에서 본다면 어떤 문장으로 바꿀 수 있을까요?

→ _____

새로운 생각을 적용했을 때, 내 감정과 행동은 어떻게 달라질까요?

→ _____

- **독자에게 전하는 삶 속의 작은 실천**

오늘 하루, 떠오르는 부정적 생각을 하나 기록하고 균형 잡힌 대안 문장을 적어봅니다.

"나는 항상 ___한다."라는 극단적 사고 대신 "때로 ___하지만, 동시에 ___하기도 한다."라는 균형 잡힌 문장으로 바꾸어 보세요. 하루가 끝날 때, 바꾼 사고 →매일 달라진 기분을 메모해 가면 또 다른 기록 습관이 만들어집니다.

☐ 정신분석적 치유: 무의식과 내면의 상처를 돌아보다

"우리가 겪는 현재의 고통은 단지 지금 일어난 일이 아닙니다.
그 뿌리는 종종 오래전 마음속에 묻어두었던 기억과, 말하지 못한 감정 속에 남아 있습니다. 억눌려 있던 감정은 사라지지 않고, 다른 얼굴로 현재를 흔들며 다시 모습을 드러냅니다.

정신분석적 치유는 그 억압된 무의식을 조용히 불러내는 과정입니다.
안전한 관계 속에서 과거의 상처와 마주하고, 미처 표현하지 못했던 감정을 풀어낼 때, 우리는 비로소 자기 삶의 퍼즐을 새롭게 맞출 수 있습니다.

자신의 내면을 직면하는 것은 아프지만, 그 순간 우리는 고통이 단순히 괴로움이 아니라 '나를 이해하는 열쇠'였음을 알게 됩니다.

내 상처를 돌아볼 때, 삶은 조금씩 다른 빛깔을 띠기 시작하고, 현재의 나는 더 깊은 의미와 자유를 향해 걸어갈 수 있습니다."

- **과거의 상처와 억눌린 감정을 탐색하여 지금의 삶에 새로운 의미를 부여**

"지금 발현되는 현재의 고통은 과거의 기억이 여전히 내 안에서 살아 움직이고 있다는 신호입니다. 억눌러 있었던 감정을 마주하고, 내면의 상처를 돌아볼 때, 우리는 비로소 지금의 삶을 새롭게 이해할 수 있습니다."

• **심리학적 해석과 이론**

정신분석 심리학자 프로이트는 인간의 행동이 의식보다 무의식적 Unconscious 충동과 억압된 기억에 의해 크게 좌우된다고 보았습니다.

한편, 삶속에서 받아들이기 어려운 감정과 기억은 의식에서 밀려나 무의식에 억압Repression이라는 방어기제로 남게 되며, 이후 불안·우울·신체화 증상으로 나타날 수 있습니다.

또한, 과거 중요한 인물과의 경험이 현재의 관계 속에서 반복되며, 이를 인식하는 과정이 치유의 시작점이 됩니다. 이것을 정신분석에서 전이Transference라고 해석합니다.

이에 대한 심리적 치유의 원리는 과거의 상처를 안전한 관계 속에서 탐색하고 표현하는 하도록 하는 것은 감정을 해방하고, 자기 이해를 확장시켜 삶에 새로운 의미를 부여하는 것을 말합니다.

◇ 실제 상담사례

사례 1 – 관계 불안과 버려짐의 두려움 (40대 여성 M씨)

M씨는 상담실 의자에 앉자마자 두 손을 꼬옥 모으고 불안한 눈빛을 보냈습니다.

"사람들이 결국은 저를 떠날 것 같아요. 친해졌다가도 곧 저를 버릴 것 같아서 늘 마음이 조마조마해요."

상담자는 조용히 고개를 끄덕이며 물었습니다.
"그 두려움은 언제부터 시작된 것 같으세요?"
잠시 침묵이 흐른 뒤, M씨의 눈가가 젖었습니다.

"…어렸을 때, 부모님이 자주 집을 비우셨어요. 혼자 있는 시간이 너무 길었고… 그때부터였던 것 같아요. 저는 늘 '사랑받지 못한다'는 느낌이 있었어요."

상담자는 그녀의 말을 받아주었습니다.
"그 어린 시절의 외로움이 지금도 당신을 지배하고 있었군요. 하지만 그때의 당신은 혼자였지만, 지금의 당신은 다릅니다. 지금은 스스로를 지킬 수 있는 힘이 있지 않나요?"

M씨는 눈물을 닦으며 고개를 끄덕였습니다.

"… 맞아요. 그때의 나는 너무 작고 약했지만, 지금의 나는 다르네요. 이제는 내 삶을 내가 지킬 수 있겠다는 생각이 들어요."

그 순간, 그녀의 표정에는 불안 대신 잔잔한 확신이 깃들기 시작했습니다.

사례 2 – 분노와 억눌린 감정 (30대 남성 N씨)

N씨는 상담실 문을 열고 들어오며 날카롭게 말했습니다.

"저는 화만 나면 참을 수가 없어요. 작은 말에도 욱하고, 결국 후회로 끝납니다."

상담자는 차분히 질문을 이어갔습니다.

"그 분노는 어디에서 시작된 걸까요? 혹시 어릴 적 기억과 연결되는 부분이 있을까요?"

N씨는 한동안 말없이 의자에 앉아 있다가, 목소리를 낮추며 고백했습니다.

"… 아버지가 늘 저를 억눌렀어요. 화가 나도 말할 수 없었고, 속으로만 삼켰죠. 그런데 이제는… 그 억눌린 화가 다 터져 나오는 것 같아요."

상담자는 부드럽게 말했습니다.

"그 분노는 단순히 지금의 상황 때문만이 아니라, 어린 시절 말하지 못했던 감정의 울림이군요. 여기서는 그 감정을 안전하게 표현해도 괜찮습니다."

N씨는 처음에는 목소리가 떨렸지만, 점차 그동안 억눌러온 분노를 언어로 쏟아내기 시작했습니다.

"나는 … 사실 아버지에게 너무 화가 났어요. 왜 나를 이해해주지 않았는지, 왜 내 말을 들어주지 않았는지…"

상담자는 그의 감정을 있는 그대로 받아주었습니다. 그 순간, N씨의 얼굴에는 긴장이 풀리며 안도의 기운이 번졌습니다.

"처음으로 제 화를 있는 그대로 말했어요. 그런데 이상하게도, 마음이 훨씬 편안해지네요."

그 이후 그는 점차 분노를 억누르거나 폭발시키는 대신, 차분히 표현할 수 있게 되었고, 가족과의 관계에서도 새로운 변화를 경험할 수 있었습니다.

위 두 사례는 공통적으로 보여주는 게 있습니다.
무의식 속 억눌린 감정이 현재의 문제로 반복된다는 것, 그리고 그 감정을 안전한 공간에서 드러내고 재해석할 때, 내담자가 자기 이해와 새로운 힘을 얻게 된다는 것을 말하고 있습니다.

• 독자에게 보내는 철학적 치유 메시지

심리학자 융(C. G. Jung)은 이렇게 말했습니다.

"무의식을 의식으로 만들 때, 운명은 바뀐다."

우리가 외면해 온 내면의 상처는 단순히 과거의 기억이 아니라, 지금도 우리 삶 속에서 조용히 영향을 미치는 그림자입니다. 그 상처를 회피하면 고통은 반복되지만, 용기를 내어 마주할 때 과거는 새로운 의미로 다시 쓰이게 됩니다.

  내면의 고통을 들여다본다는 것은 어둠 속으로 걸어 들어가는 일과도 같습니다. 그러나 그 어둠을 지나야만 빛의 출구를 만날 수 있습니다. 억눌린 감정을 언어로 풀어낼 때, 우리는 단순히 상처를 재현하는 것이 아니라, 그 상처를 새로운 이야기로 재구성합니다. 그리고 그 순간, 과거는 더 이상 나를 묶는 족쇄가 아니라 나를 성장시킨 토대가 됩니다.

  철학자 니체는 말했습니다.
"부서지지 않는 것은 우리를 더 강하게 만든다."[19]

  상처는 우리를 약하게 만들기 위해 있는 것이 아니라, 더 깊은 이해와 더 단단한 자아로 이끌기 위한 문입니다.
  지금 마음을 들여다 보세요. 당신이 외면했던 내면의 상처를 돌아보는 일은 자신을 벌주는 과정이 아니라 자신을 해방하는 길입니다. 고통은 여전히 남아 있을 수 있지만, 그 고통은 새로운 의미와 빛깔을 입어 더 넓은 자유로 나아가는 길이 됩니다.
  자신의 상처를 직면하는 용기를 가진 사람만이 삶을 새롭게 이해하고 운명을 바꿀 수 있습니다. 그리고 바로 그 용기가 지금 당신 안에서 조용히 피어나고 있습니다.

---

19) 이 문장은, 인간이 삶에서 겪는 고통과 시련이 단순히 파괴적인 것이 아니라, 오히려 그 과정을 통해 더 단단한 자아와 새로운 힘을 얻을 수 있다는 역설적인 메시지를 담고 있습니다.

◇ **워크북: 자기 성찰 질문**

내가 반복적으로 느끼는 불안·분노·두려움은 무엇인가요?
→ _____

그 감정이 과거의 어떤 경험과 연결되어 있을까요?
→ _____

지금의 내가 그 어린 시절 나에게 건네주고 싶은 말은 무엇인가요?
→ _____

그 경험을 새롭게 해석할 때, 내 삶에 어떤 의미를 부여할 수 있을까요?
→ _____

- **독자에게 전하는 삶 속의 작은 실천**

독자님, 매일 5분, 감정일기 써보시겠습니까? 그리고 오늘 강하게 느낀 감정을 적고, 그 뿌리가 과거 어디서 왔는지 떠올려보세요.

어린 시절의 나에게 편지 쓰고, 내 안에 있는 내면아이와 대화를 나누어 보세요. "그때 너는 혼자가 아니었어."라고 그리고 '○○아 얼마나 힘들어"라고 말해주세요. 내 안의 감정을 억누르지 않고, 안전한 공간(글쓰기·상담·명상)에서 온전히 나를 위해서만 표현해 주세요.

☐ 수용전념치유(ACT): 고통을 피하지 않고 받아들이는 힘

"우리는 고통을 지우려 애쓰며 살아갑니다.
불안을 몰아내고, 슬픔을 외면하고, 두려움을 억누르려 합니다. 하지만 고통은 도망칠수록 더 깊이 스며들고, 억누를수록 더 크게 우리를 흔들고 있습니다.

수용전념치유(ACT)는 말합니다.
치유는 고통을 없애는 데 있지 않습니다. 그것을 있는 그대로 인정하고, 그럼에도 불구하고 내가 가치 있게 여기는 삶을 선택하는 데 있습니다.

고통은 삶의 일부이며, 그 자체로 잘못된 것이 아닙니다. 중요한 것은 그것을 짊어진 채로도 내가 소중히 여기는 길을 걸어갈 수 있다는 사실입니다.

삶은 고통 없는 길이 아니라, 고통과 함께 살아가는 의미 있는 길로 확장될 수 있습니다. 그리고 그 선택은 지금 이 순간, 당신의 한 걸음에서 시작됩니다."

- **회피가 아니라 수용, 도망이 아니라 전념**

수용전념치유는 고통 속에서도 가치 있는 삶을 선택하는 내적 자유를 길러 줍니다.

"고통은 피하려 할수록 더 커지고, 억누를수록 더 깊이 스며듭니다. 치유의 길은 고통을 지우는 것이 아니라, 그것을 있는 그대로 받아들이고 내가 가치 있게 여기는 삶에 전념하는 것에서 시작됩니다."

• **심리학적 해석과 이론**

수용전념치유에서 수용(Acceptance)은 불쾌한 감정이나 생각을 없애려는 대신, 그 존재를 인정하고 받아들이는 태도를 말합니다. 그 후, 심리적 전념(Commitment)을 통해 가치 있는 삶을 향해 행동하는 것. 또한, 두려움·불안을 제거하는 것이 아니라, 그것과 함께 움직이는 선택을 말합니다.

• **수용전념 치유ACT의 여섯 가지 핵심 과정**

수용(Acceptance): 불편한 감정·생각·기억을 없애려 애쓰지 않고, 있는 그대로 받아들이는 태도이며, 이 내용의 핵심은 "사라져야 한다."가 아니라, "여기 있구나."라고 인정함으로써 고통과 싸우는 에너지 소모를 줄이고 삶의 가치를 향해 나아갈 수 있음을 말합니다.

인지적 탈 융합(Cognitive Defusion): '나는 실패자다.'와 같은 생각에 휘말리지 않고, 그것을 하나의 생각으로 바라보는 능력이며, 이 내용의 핵심은 생각=현실이 아님을 자각하는 것. 예: "나는 반드시 망할 거야" → "나는 '망할 거야'라는 생각을 미리 하고 있구나"라는 탈 융합적 사고.

현재 순간에 머무름(Present Moment Awareness): 과거의 후회나 미

래의 불안에 갇히지 않고, 지금 이 순간에 집중하는 게 마음챙김입니다. 이 내용의 핵심은 감각(호흡·소리·느낌)에 주의를 두게 하여 지금 여기를 살아가게 한다는 의미입니다.

자기-맥락(Self-as-Context): 변화하는 생각·감정·경험과 구분되는, 더 큰 '관찰자 자아'를 인식하는 것이며, 이 내용의 핵심은 "나는 불안을 경험하는 존재"이지 "내가 불안 그 자체"가 아님을 깨닫는 것 → 곧 내면의 여유와 자유를 회복해가는 과정을 말합니다.

가치(Value): 내가 진정으로 중요하게 여기는 삶의 방향성(예: 사랑, 성실, 배움, 가족, 성장)을 두고, 이 내용의 핵심은 목표가 '도달점'이라면, 가치는 '방향'이고, 고통 속에서도 내가 선택할 삶의 이유와 의미를 제공합니다.

전념적 행동(Committed Action): 가치에 맞추어 실제 행동으로 옮기는 과정을 말합니다. 이 내용의 핵심은 불편한 감정이 사라진 뒤가 아니라, 감정과 함께 지금 행동을 실천하는 것이고, 예: 두려움 속에서도 중요한 발표를 시도하거나, 관계를 소중히 여기는 행동을 이어가기를 하는 것입니다.

ACT의 치유 원리: 수용전념치료(ACT)는 전통저 인지행동치료(CBT)와 달리 증상의 제거보다는 개인의 가치 지향적 삶의 확장을 목표로 하는 제3세대 인지행동치료적 접근입니다(Hayes et al., 1999).
ACT는 인간의 고통이 주로 '심리적 회피(experiential avoidance)'에서

기인한다고 보며, 이러한 회피를 줄이고 '심리적 유연성(psychological flexibility)'을 증진시키는 것을 핵심 치료 원리로 삼고 있습니다.

궁극적으로 ACT는 '고통이 없는 삶'이 아니라 '고통과 함께 살아가는 의미 있는 삶'을 가능하게 해주는 이론입니다.

◇ 실제 상담사례

사례 1 –불안을 안고 발표에 서다 (20대 대학생 P씨)
P씨는 상담실에 들어오자마자 깊은 숨을 내쉬며 말했습니다.
"저는 발표만 생각하면 가슴이 미친 듯이 뛰고, 손에 땀이 나요. 그래서 늘 피하려고만 했는데, 그럴수록 더 무서워져요."

상담자는 고개를 끄덕이며 차분히 말했습니다.
"불안을 없애려는 노력 때문에 오히려 불안이 커졌을 수 있어요. 혹시 불안이 사라지지 않아도, 당신이 중요하게 여기는 것을 향해 나아갈 수 있다면 어떨까요?"

P씨는 잠시 멈추더니 조용히 대답했습니다.
"… 저는 제 생각을 사람들과 나누는 게 좋아요. 배우고 깨달은 걸 공유하는 게 제 가치라고 생각해요."

상담자는 미소 지으며 격려했습니다.
"좋습니다. 그렇다면 이번에는 '불안을 없애려 하기'보다, '불안이 있더라도 내가 소중히 여기는 배움을 나누는 것'을 선택해 보는 건 어떨까요?"

P씨는 작은 발표부터 시도했습니다. 손이 떨리고 심장이 빨랐지만, 그는 끝까지 자리를 지켰습니다. 그리고 발표가 끝난 후, 이렇게 말했습니다.

"불안은 여전히 있었지만… 사라지지 않아도 괜찮았어요. 제가 하고 싶은 말을 다 할 수 있었거든요."

그는 이후에도 조금씩 발표 경험을 이어갔고, 불안은 점차 줄어들었으며, 무엇보다 "불안과 함께 서도 괜찮다"는 자신감을 얻었습니다.

사례 2 - 고통을 회피하지 않고 의미로 바꾸다 (40대 여성 Q씨)

Q씨는 상담실에 앉아 한동안 아무 말도 하지 못했습니다. 눈가가 젖어 있었지만, 입술은 굳게 닫혀 있었습니다.

"저는 감정을 표현하는 게 너무 힘들어요. 과거의 일들이 떠오르면… 그냥 도망치고 싶거든요."

상담자는 따뜻하게 응답했습니다.

"그 고통스러운 기억을 피하려 했기 때문에 오히려 마음이 더 무거워졌을 수 있어요. 혹시 그 감정을 글로 표현해 보는 건 어떨까요? 글은 때로 마음을 안전하게 담아내는 그릇이 될 수 있습니다."

그녀는 처음엔 망설였지만, 상담자의 권유로 '나에게 쓰는 편지'를 쓰기 시작했습니다. 몇 줄 적는 것조차 눈물이 흘러내렸지만, 시간이 지날수록 그녀의 글에는 변화가 보였습니다.
"그때의 고통은 여전히 아프지만, 내가 지금 이렇게 살아 있다는 건… 내가 여전히 소중한 삶을 이어가고 있다는 증거예요."

몇 주 뒤, 그녀는 상담자에게 이렇게 말했습니다.
"고통이 완전히 사라진 건 아니에요. 하지만 이제는 제 삶을 지배하지 않아요. 오히려 그 경험이 저를 더 단단하게 만들었어요."

글쓰기를 통한 자기표현은 그녀에게 단순한 감정 배출이 아니라, "고통 속에서도 삶의 의미를 재발견하는 전환점"이 되었습니다.

위 두 사례는 ACT의 본질을 보여주고 있습니다.
불안은 사라져야만 하는 것이 아니라, 안고서도 앞으로 나아갈 수 있습니다.
또한, 고통은 회피할 대상이 아니라, 표현하고 의미로 재구성할 때 삶을 확장시켜줍니다.

즉, 치유는 고통을 제거하는 것이 아니라, 고통과 함께 '가치 있는 삶'을 선택하는 데 있다는 것을 생생하게 보여줍니다.

◇ **워크북 : 자기 성찰 질문**

내가 최근에 피하거나 회피한 감정/상황은 무엇인가요?
→ _____

그 회피가 내 삶에 어떤 영향을 주었나요?
→ _____

내가 진정으로 소중히 여기는 가치는 무엇인가요?
→ _____

그 가치를 위해 내가 작게라도 전념할 수 있는 행동은 무엇일까요?
→ _____

• **독자에게 전하는 삶 속의 작은 실천**

독자님, 불편한 감정이 올라올 때, "사라져라"가 아니라 "너 여기 있구나."라고 말해주세요.

그리고 매일 5분, 가치와 연결된 작은 행동 실천(예: 관계가 소중하다면 "짧은 안부 메시지 보내기")을 해주세요. 또한, 도망치고 싶은 상황이 오면, "내가 두려움을 안고도 지킬 수 있는 가치는 무엇일까?"라고 자문하세요.

반드시 극복하고 모든 것을 받아들이는 넓은 아량으로 나아갈 겁니다.

- **독자에게 전하는 철학적 치유 메시지**

불교의 가르침에는 "고통을 없애려 애쓰지 말고, 고통을 삶의 일부분으로 껴안으라."는 지혜가 있습니다. 독자님, 고통 없는 삶은 없습니다. 그리고 그 고통을 수용하고, 내가 소중히 여기는 삶의 가치에 전념할 때, 우리는 도망과 회피가 아닌 삶의 길 위에 서게 됩니다.

☐ 긍정심리학적 치유: 행복과 강점을 키우는 방법

"우리는 종종 부족한 점, 해결해야 할 문제에만 집중합니다.

그러나 행복은 결핍을 메우는 데서 오는 것이 아니라, 이미 내 안에 존재하는 자원과 강점을 발견하고 키워가는 과정에서 자라납니다.

긍정심리학은 고통 없는 삶을 약속하지 않습니다. 대신, 고통 속에서도 우리가 지닌 감사, 희망, 의미, 사랑 같은 내적 자원을 일깨워 회복과 성장을 도와줍니다. 그리고 문제를 없애는 것이 아니라, 삶을 더 넓게 바라보고 새로운 가능성을 여는 길을 안내합니다."

• 문제보다 자원과 강점에 주목

긍정심리학에서 감사, 긍정적 정서, 의미 찾기는 고통과 함께하는 이들에게 회복과 성장을 촉진하는 심리적 마중물의 역할을 해줍니다.

"우리는 종종 부족한 점과 문제에만 시선을 고정합니다. 그러나 행복은 결핍을 메우는 데서 오는 것이 아니라, 이미 내 안에 있는 자원과 강점을 발견하고 키우는 것에서 시작됩니다."

• 심리학적 해석과 이론

긍정심리학(Positive Psychology) 학자, 마틴 셀리그먼(M. Seligman)은 행복을 단순한 쾌락이 아니라, 강점 발휘와 의미 있는 삶 속에서 피어나는 심리적 안녕이라고 설명합니다.

긍정심리학(Positive Psychology)의 PERMA 모델: 행복을 구성하

는 5가지 핵심 요소는 아래와 같습니다.

긍정 정서(Positive Emotion): 즐거움, 감사, 희망, 사랑, 평온함 등 긍정적인 감정을 자주 경험하는 것. 이 내용의 핵심은 단순한 쾌락을 넘어서, 삶을 밝게 바라보게 하는 정서적 자원을 의미합니다. (예시: 아침 햇살을 느끼며 미소 짓는 순간, 감사 일기를 쓰며 행복을 느끼는 경험.)

몰입(Engagement): 자신이 좋아하거나 잘하는 활동에 깊이 빠져드는 상태를 말합니다. 흔히 '플로우(flow)'라고 부름. 이 내용의 핵심은 시간 가는 줄 모르고 몰입하는 경험이 내적 만족과 성장을 가져온다는 의미입니다. (예시: 그림을 그리거나 음악 연주, 글쓰기, 연구에 몰두할 때의 경험.)

관계(Relationships): 타인과의 긍정적이고 의미 있는 연결을 말합니다. 지지와 사랑, 공감, 친밀한 관계는 행복의 핵심 요인입니다. 특히, 사회적 지지는 정서적 안정, 건강, 회복탄력성을 강화시킵니다. (예시: 힘든 순간 내 이야기를 들어주는 친구, 함께 웃음을 나누는 가족.)

의미(Meaning): 자신을 넘어서는 더 큰 목적이나 가치를 발견하는 것을 말합니다. 이 내용의 핵심은 개인적 쾌락을 넘어, 사회·공동체·영성적 차원에서 삶의 방향을 찾을 때 깊은 행복이 생긴다는 의미입니다. (예시: 봉사활동, 신앙, 공동체 기여, "내 삶이 누군가에게 도움이 되고 있다"는 경험.)

성취(Accomplishment): 목표를 세우고 달성하며 성장과 성취를 경험하는 것. 이 내용의 핵심은 외적 성공뿐 아니라 내적 성장, 자기효능감 향상이 행복으로 이어진다는 의미입니다. (예시: 공부에서 성과를 얻거나, 운동 목표를 달성하거나, 작은 일상적 목표를 완수했을 때의 만족.)

또한, 강점 중심 접근 방법은 문제 해결보다 개인이 가진 강점·자원·성공 경험을 활용하면 자존감과 회복탄력성을 강화시킬 수 있습니다.

긍정심리학의 심리적 효과는 내담자의 강점을 인식하고 발휘하는 습관이 형성될 때, 우울 감소, 자기 효능감 향상, 삶의 만족도 증가로 이어진다는 연구 결과가 있습니다.

◇ 실제 상담사례

사례 1 - 강점을 발견하며 자신감을 회복한 직장인 R씨

30대 직장인 R씨는 상담실에 앉자마자 고개를 숙이며 말했습니다.
"저는 항상 부족한 사람 같아요. 뭘 해도 남들만큼은 못하는 것 같습니다."

상담자는 그에게 'VIA(Value in Action, 인간이 보편적으로 지닌 24가지 성격, 강점을 체계적으로 측정하는 검사로 자기이해와 성장, 삶의 만족도 향상에 도움을 줍니다.) 성격 강점 검사'를 권유했습니다. 며칠 후 결과를 함께 확인하면서 상담자는 물었습니다.

"여기 보니, 당신의 강점은 '호기심, 학습 열정, 공감 능력'이네요. 어떻게 느껴지세요?"

R씨는 의아한 듯 웃으며 대답했습니다.

"처음엔 믿기지 않았는데, 곰곰이 생각해 보니 맞는 것 같아요. 저는 늘 새로운 걸 배우고 싶어 하고, 동료 이야기를 들어주는 것도 좋아하거든요."

그 후 그는 직장 생활에 변화를 주기 시작했습니다. 새로운 프로젝트에 자원하며, 배움의 기회를 적극적으로 찾았고, 팀 동료들과 더 따뜻하게 소통했습니다. 몇 주 뒤 그는 상담자에게 이렇게 말했습니다.
"저는 여전히 완벽하지 않지만, 이제는 제 안에 분명히 강점이 있다는 걸 압니다. 덕분에 새로운 도전도 두렵지 않아요."

사례 2 - 작은 성취를 기록하며 힘을 되찾은 대학생 S씨
우울감을 호소하며 찾아온 대학생 S씨는 하루하루가 무의미하다고 말했습니다.
"아무리 노력해도 저는 별로 잘하는 게 없는 것 같아요. 그래서 사는 게 점점 힘들어 집니다."

상담자는 그에게 간단한 과제를 제안했습니다.
"매일 자기 전, 오늘 잘한 일 세 가지를 적어 보세요. 아주 작은 것이라도 괜찮습니다."

처음 며칠 동안 그는 억지로 "수업에 빠지지 않았다, 친구와 대화했다" 같은 사소한 것들을 적었습니다. 하지만 시간이 흐르면서 일기는 조금씩 달라졌습니다.

"보고서를 제때 제출했다."

"동생의 고민을 들어주었다."

"운동을 하고 나니 기분이 상쾌했다."

몇 주 뒤, 그는 상담실에서 웃으며 말했습니다.

"처음엔 형식적으로 적었는데, 하다 보니 제 안에 분명히 잘하고 있는 것들이 있더라고요. 작지만 소중한 힘이 있다는 걸 깨달았어요."

그의 표정에는 더 이상 무력감이 아닌, 스스로에 대한 따뜻한 신뢰가 담겨 있었습니다.

위 두 사례는 긍정심리학이 강조하는 메시지를 잘 보여줍니다.

결핍 대신 강점에 주목할 때, 자존감과 자신감이 회복됩니다. 작은 성취를 기록할 때, 삶의 만족과 정서적 안정이 자라납니다.

즉, 행복은 특별한 순간이 아니라, 이미 우리 안에 있는 자원과 강점을 발견하고 키우는 과정에서 시작된다는 것입니다.

◇ 워크북: 자기 성찰 질문

내가 자주 사용하는 내 강점 3가지는 무엇인가요?
→ _____

최근 내가 성취한 작은 성과는 무엇이었나요?
→ _____

내 삶에서 가장 의미 있다고 느낀 순간은 언제였나요?
→ _____

내가 가진 강점을 더 잘 발휘할 수 있는 새로운 영역은 어디일까요?
→ _____

• 독자에게 전하는 삶 속의 작은 실천

독자님, 오늘 하루 잠시 멈추어 보세요. 작은 노트 한 장에 "오늘 내가 감사한 일 세 가지"를 적어 보세요. 햇살 좋은 아침에 눈을 뜬 순간, 따뜻한 차 한 잔을 마신 시간, 누군가 건넨 짧은 미소… 사소해 보여도 그 안에는 삶을 지탱하는 힘이 숨어 있습니다.

그리고 한 걸음 더 나아가, 나의 강점을 찾아보세요.
'VIA 성격강점 검사'를 활용해도 좋고, 가까운 사람에게 "내가 가진 장점이 뭐라고 생각해?"라고 물어보는 것도 방법입니다. 생각보다 훨

6장_ 일상에서 실천하기

씬 많은 자원과 가능성이 내 안에 있음을 곧 알게 될 것입니다.

그다음은 실천입니다. 매일 하루에 한 가지 강점을 의도적으로 발휘해 보세요.
친절 – 지친 동료에게 따뜻한 말 한마디 건네주세요.
창의성 – 평범한 일상에 작은 아이디어 하나를 더해 보는 걸 해보시고
용기 – 두렵지 만 의미 있는 시도에 발걸음 내딛어 보세요. 그리고 문제 상황 앞에서 이렇게 자문해 보세요.

"내가 가진 강점으로 이 상황을 바라본다면, 어떤 선택을 할 수 있을까?" 그 순간, 무력감 대신 삶을 이끌어 가는 힘이 솟아날 것입니다.

• 독자에게 전하는 철학적 치유 메시지

아리스토텔레스는 행복을 "자기 가능성을 실현하는 삶(Eudaimonia)"이라고 말했습니다.

행복은 순간의 쾌락이 아니라, 나 안의 가능성을 발견하고 그것을 삶 속에서 피워내는 여정입니다.

인생에서 문제와 시련은 언제나 존재합니다. 그러나 우리가 결핍이 아니라 자원과 강점을 바라보는 순간, 삶은 부족함의 연속이 아니라 풍요와 성장의 길로 바뀝니다.

상처 속에서도 감사할 수 있는 마음, 어려움 속에서도 발휘되는 작은 강점은 우리를 다시 앞으로 나아가게 하는 불씨가 됩니다.

마음에게 전하세요.

행복은 멀리 있지 않습니다. 이미 당신 안에 있는 강점을 발견하고 키워가는 순간, 삶은 충분히 빛날 수 있습니다.

7장

마음의 기술-뇌 이해하기

『감정은 몸의 신호와 해석이 서로 어울려 만들어집니다.
뇌는 습관을 길들이고, 화학물질은 우리의 기분을 조율합니다.
반복과 집중, 휴식과 수면은 뇌를 새롭게 하고,
깊은 잠은 마음을 정화합니다.
작은 실천 —
3분 호흡, 세 줄 일기, 세 가지 감사가
뇌와 마음을 치유하는 힘이 됩니다.』
- 본문 요약

1. 감정은 어떻게 만들어지나

-내감각(몸의 신호) + 해석이 만나는 '구성된 감정'의 원리

2. 보상 시스템과 습관 루프

-도파민·선호 학습, 좋은 습관/나쁜 습관의 뇌 메커니즘

3. 세로토닌·GABA·옥시토신

-안정·진정·유대의 화학, 약물/생활습관과의 연결 고리

4. 신경가소성(Neuroplasticity)의 법칙

-반복·집중·휴식·수면이 시냅스를 바꾸는 네 가지 열쇠

5. 수면과 뇌 청소 시스템

-서파·REM의 역할, 글림프 흐름과 감정 회복의 관계

6. 뇌 친화적 하루 루틴 설계

-3-3-3 실천(3분 호흡·3줄 일기·3가지 감사)과 주간 피드백

"감정은 하늘에서 떨어지는 번개처럼 갑자기 생겨나는 것이 아닙니다.

몸속 작은 떨림이 언어를 얻고, 마음의 해석과 만나면서 매 순간 새롭게 빚어지는 것입니다.

심장이 빨리 뛸 때, 그것을 '두려움'이라 부를 수도, '설렘'이라 부를 수도 있습니다.

똑같은 몸의 신호라도 어떻게 해석하느냐에 따라, 우리의 감정은 불안이 되기도 하고, 희망이 되기도 하지요."

01
감정은 어떻게 만들어지나
-내감각(몸의 신호)+해석이 만나는 '구성된 감정'의 원리

"감정은 주어진 운명이 아니라, 만들어지는 경험입니다.

그렇기에 우리는 감정을 바꿀 수도 있고, 새로운 시선으로 삶을 해석할 수도 있습니다.

결국 감정이란 몸이 보내는 신호와 마음이 붙이는 이름이 함께 짓는 '작은 이야기'인 셈입니다."

내감각(몸의 신호) + 해석이 만나는 '구성된 감정'의 원리

감정은 단순한 '주어진 것'이 아닙니다. 우리는 흔히 감정은 "자동적으로 생겨나는 것"으로 생각합니다. 그러나 최신 감정 이론에 따르면 감정은 몸에서 오는 신호(내감각, interoception)와 그 신호를 해석하는 뇌의 의미 부여가 결합하여 **구성되는 경험**이라고 판단합니다.

내감각Interoception -몸의 신호

뇌는 끊임없이 심장 박동, 호흡, 장운동, 근육 긴장, 피부 온도와 같은 신체 내부의 변화를 감지합니다. 이 신체 신호는 "나는 지금 각성 상태인가? 긴장되었는가? 편안한가?"를 알려주는 기초 데이터 역할을 합니다.

해석(Interpretation) - 의미 부여

뇌는 이 신체 신호를 과거 경험, 현재 맥락, 학습된 개념에 따라 해석합니다. 예: 심장이 빨리 뛸 때 → 시험장에서라면 "불안하다", 운동 중이라면 "흥분된다.", 연인 앞에서는 "설렌다."로 해석됩니다.

구성된 감정 이론(Constructed Emotion Theory, L. Barrett)

심리학자 리사 펠드먼 배럿(Lisa Feldman Barrett)의 "감정 구성 이론"에 따르면, 감정은 고정된 회로에서 자동 생성되는 것이 아니라, 몸의 신호(내감각) + 뇌의 예측 모델(과거 경험, 언어, 개념) + 현재 상황 맥락 등 이 세 가지가 합쳐져 순간마다 새롭게 '구성'됩니다. 즉, 감정은 만들어지는 것이며, 우리가 감정을 다르게 해석할 수 있다는 점에서 변화가 가능합니다.

상담 현장에서의 사례

30대 대학원생 A씨는 발표가 다가올 때마다 온몸이 긴장으로 굳어졌습니다. 발표 전날 밤이면 쉽게 잠들지 못했고, 발표 당일에는 교실에 들어서는 순간부터 심장이 빠르게 뛰고 손바닥에 땀이 배어 나왔습니다.

그는 그 신체 반응을 곧장 "나는 망할 거야. 분명히 실수할 거야"라는 생각으로 연결했습니다. 그 순간 불안은 폭풍처럼 몰려와, 발표 전에 이미 기가 꺾이고 자신감이 무너져 내리곤 했습니다.

상담 초기, 그는 그 신체 반응을 "내 몸이 나를 괴롭히는 신호"라고 여겼습니다. 심장은 배신자이고, 떨리는 손은 실패의 예고편이라 믿었던 것이죠. 그러나 상담자는 그에게 새로운 질문을 던졌습니다.

"혹시 그 빠른 심장 박동이 반드시 '실패'만을 뜻할까요? 다른 가능성은 없을까요?"

잠시 침묵하던 그는 망설이며 답했습니다.

"음… 몸이 뭔가… 준비하는 걸까요?"

상담자는 고개를 끄덕이며 설명했습니다.

"맞습니다. 사실 심장이 빨리 뛰는 건, 몸이 두뇌와 근육에 더 많은 산소를 보내서 집중할 준비를 하는 자연스러운 반응이에요. 운동선수들이 경기 전에 긴장하면서도 힘을 끌어올리는 것과 비슷합니다."

그는 처음으로 자신의 심장 박동을 적대적으로 보지 않고, '내 몸이 도와주고 있다'라는 시선으로 바라보게 되었습니다. 이후 발표를 준비할 때마다 그는 심장이 빨리 뛰면 속으로 이렇게 말했습니다.

"아, 내 몸이 준비하고 있구나. 내가 집중할 수 있도록 돕고 있구나."

신체 반응에 대한 해석의 틀이 바뀌자, 불안은 점차 줄어들고 그 자리에 묘한 자신감이 싹트기 시작했습니다. 실제로 그가 발표를 마쳤을 때는 이전보다 목소리가 또렷했고, 발표 후 동료로부터 "훨씬 안정되어 보였다"는 피드백을 받았습니다.

심리학적 의미

이 사례는 같은 신체 반응이라도 해석의 틀에 따라 전혀 다른 감정

경험이 된다는 것을 보여줍니다. "망할 것 같다"라는 해석이 → 불안 강화 → 자기효능감 저하시키는 반면, "몸이 준비하고 있다"라는 해석 → 자신감 회복 → 수행(수양,수련 등) 향상에 강한 영향을 줍니다.

즉, 신체 신호는 중립적이지만, 그 신호에 어떤 의미를 붙이느냐가 감정과 행동을 결정짓는 핵심 요인이라는 점을 확인시켜 주는 사례입니다.

감정에 대한 철학적 치유메시지

스피노자는 **"우리는 사건이 아니라, 사건을 해석하는 방식에 의해 움직인다."** 고 말했습니다. 감정도 마찬가지입니다. 몸의 신호는 주어져 있지만, 그것을 어떤 의미로 읽어내는가에 따라 우리의 감정, 행동, 삶의 방향까지 달라진다는 뜻입니다.

또 다른 해석은 "감정은 몸이 보내는 작은 떨림과, 그 떨림을 해석하는 마음의 언어가 만나 매 순간 새롭게 만들어집니다." 즉, 감정은 주어진 운명이 아니라, 만들어지는 경험입니다. 2026년 트랜드 중 FEEL ECONOMICS(감정경제학)가 선정되었습니다. AI 시대에 인간의 감정이 경제에 미치는 영향을 시사하는 바가 크다는 의미겠지요.

◇ **워크북: 자기 성찰 질문**

최근 내가 강하게 느낀 감정은 무엇인가요? (예: 불안, 설렘, 분노, 기쁨)

→ _____

그때 내 몸의 신호는 어땠나요? (예: 심장이 두근, 손에 땀, 어깨 긴장)

→ _____

그 신호를 나는 어떻게 해석했나요?

→ _____

같은 신호를 다른 시각으로 해석한다면, 어떤 감정이 될 수 있을까요?

→ _____

- **독자에게 전하는 작은 실천이야기**

독자님, 오늘 하루, 몸의 신호를 1가지만 관찰해보세요. (예: 숨이 가빠짐, 두근거림) 그 신호를 자동적으로 "불안하다"로 단정하지 말고, "나는 지금 ○○라는 신호를 느끼고 있구나."라고 기록해보세요. 감정은 절대적인 진실이 아니라 몸 + 해석의 합작이라는 사실을 떠올리며, 새로운 해석의 가능성을 찾아보세요.

02
보상 시스템과 습관 루프 Habit Loop
-도파민·선호 학습, 좋은 습관/나쁜 습관의 뇌 메커니즘

우리는 늘 습관과 함께 살아갑니다.

나쁜 습관은 이상하게도 쉽게 몸에서 받아들이고, 좋은 습관은 언제나 애써야 겨우 자리를 잡습니다.

그 이유는 의지의 문제가 아니라,

뇌 속 보상 시스템과 도파민의 작동 방식에 있습니다.

습관은 어느 날 갑자기 굳어지지 않습니다.

하나의 작은 단서에서 시작된 행동이 반복되고, 그 행동이 주는 보상이 다시 뇌에 각인될 때, 습관은 비로소 우리 삶에 뿌리를 내립니다.

그리고 그 루프[20]는 우리의 하루를, 나아가 우리의 인생을 만들어 갑니다.

---

[20] "루프"란 단순히 반복이라는 의미를 넘어, 뇌가 습관을 학습하고 자동화하는 구조적 회로(回路)를 뜻합니다. 심리학과 뇌 과학에서는 이를 Habit Loop(습관 루프)라고 부릅니다. 루프는 습관이 굳어지는 뇌의 회로이자, 우리 하루를 조직하는 숨은 설계도입니다.

도파민·선호 학습, 좋은 습관/나쁜 습관의 뇌 메커니즘

"우리는 왜 나쁜 습관은 쉽게 들고, 좋은 습관은 힘겹게 만들어질까?

그 답은 뇌 속의 보상 시스템과 도파민의 작동 방식 속에 숨어 있습니다."

도파민은 단순한 쾌락 물질이 아니라, 우리를 다시 행동하게 만드는 학습의 신호입니다.

즉각적인 보상에는 쉽게 길들여지고, 지연된 보상에는 인내가 필요하지요.

그래서 폭식은 빠르게 습관이 되고, 독서는 느리게 뿌리내립니다.

심리학적 이론과 뇌 메커니즘

뇌의 보상 시스템(Reward System): 인간의 뇌는 특정 행동이 즐거움·만족을 가져올 때 이를 학습하고 강화하는 구조를 가지고 있습니다. 대표적으로 중뇌-변연계 도파민 경로(midbrain-limbic dopamine pathway)가 핵심적 역할을 합니다.

이는 중뇌(복측피개영역, VTA)에서 도파민이 분비되어 측좌핵(nucleus accumbens), 전두엽(prefrontal cortex) 등으로 전달되며 보상 예측 및 동기 부여를 학습하게 합니다.

즉, 뇌의 보상 시스템은 단순한 '쾌락 반응'이 아니라, 어떤 행동을 반복할지 결정하는 학습 장치라고 할 수 있습니다.

도파민과 선호 학습(Reward Prediction Error): 흔히 도파민을 '쾌락 물질'이라고 하지만, 실제로는 **보상 예측 신호**(prediction error signal)를 전달하는 신경전달물질입니다.

예상보다 좋은 결과가 주어지면 → 도파민 분비 ↑ → 그 행동은 강화됩니다.
예상보다 나쁜 결과가 주어지면 → 도파민 분비 ↓ → 행동은 억제·조정됩니다.

따라서 도파민은 단순한 즐거움이 아니라, "무엇을 기대하고 다시 찾을지"를 학습하게 만드는 핵심 신호입니다.

습관 루프(Habit Loop, C. Duhigg): 심리학자와 뇌 과학자들은 습관을 '루프(loop)' 구조로 설명합니다.

단서(Cue)→*특정 자극이나 상황/행동(Routine)*→*자동화된 반응/보상(Reward)*→*쾌감·안도·만족의 순환 사이클입니다.*

이 세 단계가 반복되면서 뇌는 특정 행동을 자동화합니다.
습관이 단단히 자리 잡는 이유는 바로 이 보상 예측-강화 메커니즘 때문입니다.

· **좋은 습관 vs 나쁜 습관**: 나쁜 습관은 보상이 즉각적으로 주어지므로(예: 폭식, 스마트폰 확인)도파민 시스템에 빠르게 학습됩니다. 이

때문에 중독적 성향을 띠기 쉽습니다.

좋은 습관은 보상이 지연되거나 미묘하게 나타나지만(예: 운동, 독서), 꾸준히 반복하면 안정적이고 장기적인 도파민 분비 패턴을 형성하여 지속 가능한 만족을 줍니다.

즉, 도파민 시스템은 단순히 나쁜 습관을 만들기도 하지만, 동시에 좋은 습관을 강화하는 힘으로도 활용할 수 있습니다.

뇌의 보상 시스템은 단순히 쾌락을 느끼는 회로가 아니라 행동 학습과 습관 형성의 핵심 메커니즘입니다. **도파민은 즐거움 자체가 아니라, 예상과 결과의 차이를 신호로 보내며 행동을 학습**하게 만들어 줍니다.

습관 루프는 단서-행동-보상의 반복으로 자동화되어 갑니다.
나쁜 습관은 즉각적인 도파민 보상 때문에 쉽게 강화되지만, 좋은 습관은 반복을 통해 안정적인 보상 체계를 만들어 줍니다.

따라서 심리학적 치유나 자기계발에서 중요한 것은 도파민의 원리를 이해하고, 좋은 습관을 강화하는 방향으로 뇌의 보상 시스템을 활용하는 것입니다.

◇ 실제 상담사례

사례 1: 20대 대학생 T씨는 스트레스가 쌓일 때마다 스마트폰 게임을 반복했습니다. 상담자는 '게임 → 도파민 → 즉각적 해소'라는 습관 루프를 인식하게 하고, 동일한 보상을 줄 수 있는 대체 루틴(짧은 산책, 음악 감상)을 제안했습니다. 몇 주 후 그는 "게임에 덜 집착하고, 스트레스 해소가 다양해졌다"고 말했습니다.

T씨의 습관 루프(Habit Loop)
신호(Cue): 스트레스 상황
행동(Routine): 스마트폰 게임하기
보상(Reward): 도파민 분비, 즉각적인 기분 해소
뇌는 보상을 원하기 때문에, 나쁜 습관을 없애려면 같은 보상을 주는 건강한 루틴을 만들어야 한다.

사례 2: 40대 직장인 U씨는 운동 습관을 만들고 싶었지만 작심삼일이었습니다. 상담에서는 '출근 가방 옆에 운동화를 두는 단서'를 설정하고, 작은 보상(운동 후 좋아하는 차 마시기)을 연결했습니다. U씨는 새로운 루프[21]를 설계한 결과, U씨에게 운동은 더 이상 의지가 아니라 자동적인 습관이라는 걸 알았습니다.

---

[21] 습관 루프Habit loop는 '신호-행동-보상의 세 단계로 구성되며, 이 세 가지가 반복될 때, 우리 뇌의 특정부분이 활성화 되어 자연스럽게 행동을 이끌어 냅니다.

U씨의 습관 루프(Habit Loop)

신호(Cue): 출근 가방 옆에 운동화를 두기 → 퇴근 후 자연스럽게 눈에 띄는 환경 단서

행동(Routine): 운동하기

보상(Reward): 운동 후 자신이 좋아하는 차 한 잔 즐기기

[톺아보기] 습관 루프(Habit Loop)의 힘

찰스 두히그(Charles Duhigg)의 연구에 따르면, 습관은 신호 → 행동 → 보상의 세 단계를 반복하면서 형성됩니다. 우리 뇌의 도파민 시스템은 이 '보상 예측'에 민감하게 반응하여 특정 행동을 강화합니다. 나쁜 습관은 즉각적 보상이 크기 때문에 쉽게 굳어집니다.

하지만 새로운 루프를 설계하면, 뇌는 점차 그 보상 경로를 다시 학습하게 됩니다. 즉, 습관은 의지가 아니라 설계의 문제라는 점이 중요합니다.

습관을 바꾸고 싶다면 '의지력 탓'을 하기보다, 신호-행동-보상의 구조를 점검해 보세요.

같은 보상을 줄 수 있는 대체 루틴을 찾는 것이 핵심입니다. 환경 속에 작은 단서를 심어두고, 스스로에게 소소한 보상을 선물하세요.

그 순간부터 변화는 억지로 끌어내는 것이 아니라, 뇌가 자연스럽게 원하는 흐름을 만들어 갑니다.

◇ 워크북 : 자기 성찰 질문

내가 반복하는 나쁜 습관 루프는 무엇인가요?
(단서 → 행동 → 보상)
→ _____

내가 만들고 싶은 좋은 습관은 무엇인가요?
→ _____

그 습관을 강화하기 위해 새로운 단서와 보상을 어떻게 설계할 수 있을까요?
→ _____

• **독자에게 전하는 삶 속의 작은 실천 이야기**

　독자님, 나쁜 습관이 발동 될 때는 우선 단서 바꾸기를 시도하세요. 즉 나쁜 습관을 촉발하는 환경 단서를 제거하거나 시각과 행동을 바꾸어 다시 바라보세요.

　그리고 습관을 바꿀 때는 작게 시작하세요. 예를 들면, 좋은 습관은 2분 이하의 작은 행동으로 시작하고 그에 따르는 보상 설계는 즉각적이고 긍정적인 보상(스스로 칭찬, 작은 즐거움)을 연결해 도파민 회로를 강화시켜주세요.

　한편, 기록하는 습관으로 루프를 매일 기록하면서 패턴을 자각하는 연습을 만드세요.

• 독자에게 전하는 철학적 치유 메시지

아리스토텔레스는 말했습니다. "우리는 반복하는 것의 산물이다. 그러므로 탁월함은 행동이 아니라 습관이다."

이 말은 단순한 철학적 격언이 아니라, 오늘을 살아가는 우리에게 깊은 울림을 줍니다.

삶은 거창한 결단이나 특별한 순간에만 방향이 바뀌는 것이 아닙니다. 오히려 매일같이 무심코 반복하는 작은 행동들, 그 익숙한 루프들이 모여 우리의 뇌를 재구성하고, 결국 인생의 궤적을 바꿔 놓습니다.

하루를 시작하며 켜는 알람 소리, 퇴근길에 무심코 집어 드는 간식, 잠들기 전의 짧은 독서…. 그 작은 선택들이 모여 오늘의 나를 만들고, 내일의 나를 준비합니다. 습관은 어느 날 갑자기 완성되는 거대한 건축물이 아니라, 매일 쌓아 올린 작은 벽돌들의 집과 같습니다.

따라서 우리가 바꾸어야 할 것은 의지가 아니라, 작은 루프의 회로입니다. 단서와 행동과 보상이 맞물려 돌아가는 그 고리를 조금씩 새롭게 바꿀 때, 우리의 뇌는 다른 길을 기억하기 시작하고, 삶은 더 건강하고 자유로운 방향으로 흘러갑니다.

습관을 바꾼다는 것은 곧, 나를 바꾸고, 내 미래를 다시 그리는 일입니다. 작은 루프 하나가 나를 지치게도 하지만, 또 다른 작은 루프 하나가 나를 구원할 수도 있습니다. 그 가능성이 매일의 숨결 속에 주어져 있다는 사실, 그것이 우리에게 주어진 가장 위대한 치유의 메시지입니다.

03
세로토닌·GABA·옥시토신
-안정·진정·유대의 화학, 약물/생활습관과의 연결 고리

우리의 기분은 단순한 마음의 날씨가 아닙니다.

불안이 찾아오고, 평온이 머물고, 관계 속에서 따뜻함을 느끼는 순간들은 모두 눈에 보이지 않는 작은 화학의 흐름 위에 놓여 있습니다.

세로토닌은 무너진 균형을 다시 잡아주고, GABA는 과도한 흥분을 잠재우며 마음에 고요를 선물합니다. 그리고 옥시토신은 사람과 사람을 연결하는 다리를 놓아, 서로에게 기대고 신뢰할 수 있게 만들어 줍니다.

우리는 흔히 마음을 의지나 정신력으로만 다스릴 수 있다고 믿지만, 그 이면에는 뇌 속에서 흘러가는 작은 화학적 합창이 있습니다.

햇빛을 보고, 깊게 호흡하며, 따뜻한 손길을 나눌 때—우리의 뇌는 보이지 않게 노래합니다.

그 노래가 바로 마음을 진정시키고, 관계를 회복하며, 삶을 지탱하는 또 하나의 언어입니다.

안정·진정·유대의 화학, 약물/생활습관과의 연결 고리

"우리의 기분과 관계, 그리고 마음의 평온은 단순한 정신 상태가 아니라, 뇌 속에서 흐르는 작은 화학 물질들의 합창입니다. 세로토닌은 균형을, GABA는 고요를, 옥시토신은 유대를 선물합니다."

심리학적 해석과 이론

세로토닌 (Serotonin) – 균형과 안정의 신경전달물질이며, 기분, 수면, 식욕, 통증 조절과 깊이 관련되어 있습니다. 한편, 세로토닌이 부족하면 우울·불안, 충동 조절 어려움이 나타납니다. 항우울제(SSRI)는 세로토닌 재흡수를 억제해 뇌 내 농도를 높이는 역할을 합니다.. 그리고 생활습관 중에서 햇빛 노출, 규칙적 운동이 세로토닌 형성에 좋고, 단백질(트립토판) 섭취는 세로토닌 합성 촉진에 중요한 역할을 담당합니다.

GABA (Gamma-Aminobutyric Acid) – 진정과 이완의 신경전달물질이며, 뇌의 '억제성' 신경전달물질 → 과도한 흥분을 진정시켜 불안 완화, 수면을 유도합니다. 특히, 불안장애, 불면증 환자에서 GABA 기능 저하 보고되고 있습니다.

진정제(예: 벤조디아제핀)는 GABA 작용을 강화시킵니다. 생활습관 중에서 명상·호흡법은 GABA 활성 증가시키고, 녹차 속 테아닌도 GABA 작용 보조합니다.

옥시토신 (Oxytocin) – 유대와 신뢰의 호르몬으로 불러집니다. 특히 출산·수유 시 분비, 애착과 사회적 유대 형성에 핵심적 역할을 합니다.

또한, 타인의 따뜻한 접촉·신뢰 경험 시 분비 증가 → 공감·친밀감 강화에 필수적입니다. 옥시토신 스프레이는 대인관계 불안 치료 보조제로 지금 연구중에 있습니다. 생활습관 중에서 포옹·스킨십, 반려동물과 교감, 공동체 활동이 옥시토신 분비를 촉진시켜줍니다.

◇ 실제 상담사례

사례 1 (세로토닌 —햇빛과 운동, 균형의 회복)

30대 여성 ㅁ씨는 오랫동안 "아무것도 하고 싶지 않다"는 우울감으로 내담실을 찾았습니다. 아침에 눈을 떠도 이불에서 나오기 힘들었고, 직장에서도 의욕이 사라져 실수를 반복하며 자책하곤 했습니다.

상담자는 그녀와 함께 약물 치료(SSRI)를 병행하면서, 햇빛 산책과 가벼운 유산소 운동을 매일 일정하게 실천해 보도록 권했습니다. 처음에는 "힘들다, 그냥 눕고 싶다"는 저항이 컸지만, 상담자는 짧게라도 걸으며 햇빛을 보는 시간을 꾸준히 기록하도록 도왔습니다.

몇 달 뒤, 그녀는 이렇게 말했습니다.

"예전엔 아침이 오는 게 두려웠는데, 이제는 몸이 조금씩 깨어나는 느낌이에요. 잠도 예전보다 깊게 잘 수 있고, 마음이 한결 안정돼요."

그녀의 표정에는 오랜만에 웃음이 비쳤습니다. 세로토닌의 균형이 조금씩 돌아온 순간이었습니다.

사례 2 (GABA —호흡 명상, 불안의 진정)

40대 직장인 ㄱ씨는 불면과 만성적 불안으로 고통을 호소했습니다.

"머릿속이 멈추질 않아요. 누우면 내일 해야 할 일, 실수했던 기억이 계속 떠올라요. 그래서 새벽까지 잠을 못 자고, 다음 날은 늘 피곤합니다."

상담자는 그와 함께 불안한 생각을 억누르려 하기보다, 매일 15분간 호흡 명상을 하도록 지도했습니다.

처음엔 눈을 감고 앉아 있어도 잡념이 끊임없이 올라왔지만, 상담자가 "숨이 들어오고 나가는 감각만 지켜보세요."라고 안내하자, 그는 점차 짧은 순간의 고요를 경험하기 시작했습니다.

한 달이 지나 ㄱ씨는 변화를 느꼈습니다.

"예전엔 잠들기 전까지 한 시간이 넘게 걸렸는데, 이제는 누우면 금방 잠이 와요. 낮에도 마음이 덜 흔들리고 차분해졌습니다."

이는 뇌 속 GABA의 진정 효과가 호흡 명상으로 활성화된 결과였습니다.

사례 3 (옥시토신 —교감과 연결, 고립에서 회복)

70대 노년 남성 ㅇ씨는 배우자와 사별한 뒤 극심한 외로움에 시달렸습니다.

"집에 있으면 하루 종일 말 한마디도 안 해요. 텔레비전만 켜놓고, 그냥 시간이 흘러갑니다."

상담자는 그에게 지역 반려동물 봉사 모임을 소개했습니다. 그는 처음엔 "낯선 사람들 사이에 가는 게 어색하다"고 망설였지만, 작은 강아지를 안아 보며 눈빛을 마주하는 순간, 마음에 따뜻한 파문이 일어났습니다.

"강아지가 제 손을 핥는데… 갑자기 눈물이 났습니다. 내가 아직 누군가와 연결되어 있구나, 그런 느낌이 들었어요."

그는 점차 사람들과도 자연스럽게 대화를 나누었고, 모임에 참여하는 시간이 그의 삶의 중요한 일과가 되었습니다.

외롭고 고립되었던 마음이, 반려동물과 사람 사이에서 오가는 옥시토신의 따뜻한 유대로 회복되기 시작한 것입니다.

이 세 사례는 우리 뇌 속 작은 화학 물질들이 어떻게 삶의 질과 마음의 안녕을 바꾸는 열쇠가 되는지를 보여줍니다.

햇빛과 운동은 세로토닌을 회복시켜 균형과 안정을, 명상과 호흡은 GABA를 강화해 진정과 고요를, 교감과 연결은 옥시토신을 분비시켜 유대와 따뜻함을 선물합니다.

◇ 워크북 : 자기 성찰 질문

나의 하루는 세로토닌을 키우는 생활습관과 연결되어 있나요? (햇빛, 운동, 식사)

→ _____

내가 몸과 마음을 진정시킬 수 있는 GABA적 순간은 언제인가요? (명상, 호흡, 차분한 활동)

→ _____

최근 내가 경험한 따뜻한 옥시토신의 순간(유대 경험)은 무엇인가요?

→ _____

- **독자에게 전하는 삶 속의 작은 실천 이야기**

독자님, 우울하세요. 지금부터, 아침 햇살 10분 걷기를 시작하면 → 세로토닌 회복되고, 자기 전 호흡 명상 5분하면 → GABA 활성화 됩니다. 그리고 하루 한 번 포옹하기, 반려동물 쓰다듬기를 하면 → 옥시토신 충전됩니다. 특히, 불면에 시달리면, 카페인 과다 섭취를 줄이고, 균형 잡힌 식사를 유지해보세요. 불면 증상이 곧 바로 사라집니다.

- **독자에게 전하는 철학적 치유메시지**

"우리가 서로를 바라보고 웃는 순간, 뇌 속에서도 화학은 미소 짓는다."

이 단순한 문장은 사실 우리의 삶을 지탱하는 깊은 진실을 담고 있습니다. 한 사람의 따뜻한 눈빛, 짧지만 진심 어린 웃음, 손끝이 닿는 순간의 포근한 감각은 뇌 속에 작은 파문을 일으킵니다.

세로토닌이 균형을 잡아주고, GABA가 불안을 가라앉히며, 옥시토신이 관계의 다리를 놓습니다. 그렇게 일어난 미세한 화학의 변화는 곧 마음의 정서를 바꾸고, 정서는 다시 우리의 관계를 빚어내며, 관계는 삶의 의미를 새롭게 세웁니다.

우리가 나누는 미소하나, 손을 건네는 따뜻한 제스처 하나가 단순한 행동을 넘어, 뇌 속 화학을 바꾸고, 마음의 날씨를 바꾸며, 결국 인생의 풍경까지 바꿀 수 있습니다. 치유는 거대한 사건에서 오는 것이 아니라, 바로 이처럼 사소한 순간 속에서 피어납니다.

04
신경가소성(Neuroplasticity)의 법칙
- 반복·집중·휴식·수면이 시냅스를 바꾸는 네 가지 열쇠

"뇌는 고정된 돌덩이가 아니라, 살아 움직이는 숲과 같습니다."
 우리는 종종 자신을 바꿀 수 없다고 생각합니다. 습관은 굳어버리고, 성격은 변하지 않고, 상처는 그대로 남아 있다고 믿습니다.

 하지만 뇌 과학은 우리에게 전혀 다른 이야기를 들려줍니다. 뇌는 매 순간, 우리가 어떻게 생각하고 행동하느냐에 따라 스스로를 새롭게 만들 수 있는 힘을 지니고 있습니다.
 같은 길을 자꾸 걸으면 숲에 오솔길이 생기듯, 같은 생각과 행동은 뇌 속에서 새로운 회로를 만듭니다. 잠시 멈추어 숨을 고르는 순간, 숲은 다시 회복되듯 뇌도 자신을 정리하고 정돈합니다. 그리고 깊은 잠 속에서 뇌는 불필요한 가지를 치우고, 소중한 기억을 단단히 붙잡아 삶의 기반을 세웁니다.

 이 모든 과정의 이름이 바로 신경가소성Neuroplasticity입니다. 반복과 집중, 휴식과 수면—이 네 가지 열쇠가 우리의 뇌를 끊임없이 다듬고, 새로운 길을 열어 줍니다.
 그러므로 "나는 원래 이래서 바뀌지 않아"라는 말은 더 이상 진실이 아닙니다.

오늘 우리가 반복하는 작은 행동, 오늘 우리가 어디에 주의를 기울이고 어떻게 쉬고 자느냐가, 내일의 뇌를, 그리고 내일의 나를 새롭게 빚어가는 것입니다.

반복·집중·휴식·수면이 시냅스를 바꾸는 네 가지 열쇠

"뇌는 고정된 돌덩이가 아니라, 살아 움직이는 숲과 같습니다.

같은 길을 자꾸 걸으면 오솔길이 나고, 잠시 멈춰 쉬면 숲은 회복됩니다.

반복과 집중, 휴식과 수면 — 이 네 가지 열쇠가 우리의 뇌 회로를 새롭게 만들어 줍니다."

심리학적 해석과 이론

· **반복**(Repetition)

시냅스는 자주 사용될수록 강화되며 → "함께 발화하는 뉴런은 다시 연결됩니다."(Hebb의 법칙). 새로운 기술이나 습관은 반복된 실행을 통해 뇌에 새로운 길을 만들어 갑니다.

· **집중**(Focus)

주의와 집중은 시냅스 강화에 필수적이며, 집중할 때 전전두엽이 활성화되어 학습된 정보가 장기기억으로 넘어갑니다. 하지만, 멀티태스킹은 시냅스 연결을 약화시키는 원인이 됩니다.

· **휴식**(Rest)

휴식 시간 동안 뇌는 새로운 정보를 정리하고 통합합니다. 이는

'기본모드 네트워크(Default Mode Network)'가 작동하며 학습된 정보를 재배치한다는 의미입니다. 짧은 산책, 멍 때리기 같은 휴식이 창의적 통찰로 이어지는 관문입니다.

· **수면**(Sleep)

수면은 기억 고정(memory consolidation)에 핵심적인 역할을 하며, 이에 깊은 수면(Non-REM)에서 뇌는 불필요한 시냅스를 가지치기하고, REM 수면에서 감정과 기억을 통합합니다. 수면 부족은 학습 능력과 정서 조절 모두에 치명적입니다.

◇ 실제 상담사례

사례 1: 외국어 학습을 시도하던 대학생 V씨는 단기간 몰입방식으로 공부했지만, 효과가 제한적이었습니다. 상담 이후 '매일 30분 반복 + 충분한 수면' 전략으로 바꾼 후, 기억력이 눈에 띄게 향상되었습니다.

뇌의 해마(hippocampus)는 학습한 정보를 단기 기억에서 장기 기억으로 옮기는 데 시간이 필요합니다. '짧고 규칙적인 반복'과 '충분한 수면'이 바로 이 과정을 도와줍니다.

사례 2: 직장인 W씨는 업무에서 새로운 아이디어가 필요했지만, 아무리 머리를 쥐어짜도 떠오르지 않았습니다. 상담사는 짧은 휴식, 특히 산책을 권했습니다.

그는 업무 중간에 10분 정도 걸으며 머리를 식혔습니다. 놀랍게도 "책상에 앉아 억지로 집중할 때는 막혔던 문제가 산책 후에는 자연스럽게 풀렸다"고 말했습니다.

창의성 연구에 따르면, 뇌는 한 가지 과제에 지나치게 몰입할 때 오히려 사고가 막힐 수 있습니다. 산책이나 짧은 휴식은 전전두엽의 긴장을 완화시키고, 디폴트 모드 네트워크(Default Mode Network)를 활성화시킵니다. 이 네트워크가 활성화될 때 '깜짝 아이디어(aha moment)'가 잘 떠오르는 것으로 알려져 있습니다.

◇ 워크북 : 자기 성찰 질문

내가 배우거나 바꾸고 싶은 새로운 습관/기술은 무엇인가요?
→ _____

그 목표를 위해 내가 반복적으로 실행할 수 있는 작은 행동은 무엇일까요?
→ _____

최근 내가 경험한 휴식과 수면 부족의 영향은 무엇인가요?

→ _____

집중하기 위해 내가 실천할 수 있는 작은 전략은 무엇인가요?

→ _____

• **독자에게 전하는 삶 속의 작은 실천 이야기**

독자님 새로운 습관을 만들기 위해 하루 2분이라도 반복적 실행을 해보세요.

그리고 학습·일을 진행할 때, 25분 집중 + 5분 휴식(포모도로 기법 [22])를 하면서 몸·맘의 스페이스를 조절하는 루틴을 만들어 보세요.

또한, 규칙적인 시간에 자고 일어나며, 자기 전 전자기기 사용을 줄이면서 한 번에 하나의 일에 몰입해 보세요(멀티 테스킹Multitasking은 금물). 이 습관으로 독자님의 뇌 가소성의 연결은 두 배로 빨라질 것입니다.

• **독자에게 전하는 철학적 치유 메시지**

"뇌는 우리가 반복하는 것의 흔적으로 새겨지고 기억합니다."

우리는 종종 거대한 변화를 꿈꾸지만, 실제로 삶을 바꾸는 힘은 작고 소박한 반복에서 시작됩니다. 매일 아침 들이마시는 깊은 숨 한 번, 오늘 하루 10분의 집중, 잠시 눈을 감고 쉬어가는 휴식, 그리고 몸을 온전히 맡기는 깊은 잠…. 이 작은 행위들이 쌓여 뇌 속에 새로운 길을

---

22) Pomodoro Technique은 이탈리아의 경영컨설턴트 프란체스코 치릴로가 1980년데 후반에 제안한 시간관리 방법론, 네이버지식 참조.

만들고, 그 길은 곧 새로운 나로 이어집니다.

뇌는 돌처럼 굳어 있는 것이 아니라 살아 있는 숲과 같습니다. 오늘 걷는 발자국이 내일의 오솔길을 만들고, 반복된 길이 점차 넓어져 우리의 운명이 됩니다. 때로는 잠시 멈춰 서서 쉬어야 숲이 다시 숨을 고르고, 깊은 밤의 잠 속에서 숲은 가지를 정리하며 새로운 아침을 준비합니다.

그러므로 우리가 스스로에게 줄 수 있는 가장 큰 선물은 작은 반복, 온전한 집중, 따뜻한 휴식, 충분한 잠입니다. 그것은 단지 뇌의 회로를 바꾸는 일이 아니라, 내일의 나를 조금 더 단단하게, 조금 더 따뜻하게 만들어 가는 과정입니다.

05
수면과 뇌 청소 시스템
-서파·REM의 역할, 글림프 흐름과 감정 회복의 관계

하루의 끝, 우리가 눈을 감고 깊은 잠에 빠져드는 순간 뇌는 고요히 쉬고만 있는 것이 아닙니다. 오히려 그때야말로 뇌는 가장 바쁘게 움직입니다. 깊은 서파 수면에서는 낮 동안 쌓인 피로와 독소를 씻어내는 청소부로 일하고, REM 수면에서는 마음 깊은 곳의 감정을 어루만지며 치유자로 변합니다.

수면은 단순한 쉼이 아니라, 뇌가 스스로를 정리하고 마음을 새롭게 빚어내는 치유의 의식입니다. 우리가 자는 동안 글림프 시스템[23]은 숲을 맑히는 빗물처럼 뇌를 청소하고, 꿈은 무의식의 이야기를 꿰어내어 감정을 다독입니다.

따라서 잠을 포기하는 것은 단순히 피로를 쌓는 일이 아니라, 뇌의 회복과 마음의 치유를 빼앗는 일과 같습니다. 충분한 깊은 잠은 곧 맑은 뇌, 튼튼한 몸, 그리고 안정된 마음을 위한 가장 단순하면서도 가장 확실한 처방입니다.

---

[23] 글림프 시스템은 뇌 속의 '청소 네트워크'로 불립니다. 낮 동안 뇌 활동으로 쌓인 대사 노폐물(예: 베타 아밀로이드, 타우 단백질 등)을 제거하는 역할을 합니다. 림프(lymphatic)와 뇌신경교세포(glia)의 합성어인 "glymphatic"에서 유래했습니다. 즉, 신경교세포가 관여하는 뇌의 림프 시스템이라는 의미입니다.

서파·REM의 역할, 글림프 흐름과 감정 회복의 관계

"하루의 끝, 우리가 잠드는 동안 뇌는 쉼 없이 일합니다. 서파 수면은 뇌를 청소하는 시간이고, REM 수면은 마음을 치유하는 시간입니다. 잠은 단순한 휴식이 아니라, 몸과 마음을 새롭게 세우는 치유의 의식입니다."

• 뇌의 청소 시스템 – 글림프 흐름

뇌에는 '글림프 시스템(glymphatic system)'이라는 청소 네트워크가 존재합니다. 낮 동안 활동하며 쌓인 대사 찌꺼기(예: 베타 아밀로이드, 독성 단백질)를 뇌 척수액이 씻어내는데, 이 과정은 깊은 서파 수면(Slow-wave sleep)에서 가장 활발히 일어납니다.

충분한 깊은 수면이 없으면 독성 단백질이 축적되어 신경질환(알츠하이머 등) 위험이 높아집니다.

• 서파 수면(Slow-wave sleep, NREM 단계)

· 뇌파가 느려지며 깊은 잠에 드는 단계입니다.

기능: 글림프 시스템glymphatic system을 통한 뇌 청소를 극대화 시킵니다.

· 기억 공고화(사실·지식 저장)
→신체 회복과 면역력을 강화시키고

· 심리적 의미: "뇌의 청소와 리셋" 한다는 의미입니다.

- **REM 수면(Rapid Eye Movement)**
· 눈동자가 빠르게 움직이고 뇌는 각성에 가까운 활동을 하지만 몸은 이완됩니다.

기능: 감정적 기억 처리(정서적 사건의 재구성)→창의적 연결, 문제 해결 능력 증진→꿈을 통해 무의식을 통합해줍니다.

심리적 의미: "마음의 치유와 감정 회복"을 의미합니다.

◇ 실제 상담사례

사례 1: 불면을 겪던 30대 여성 A씨는 깊은 수면 부족으로 하루 종일 집중력이 떨어지고 불안이 심했습니다. 상담이후, 수면 위생 습관(취침 전 스마트폰 차단, 일정한 수면 리듬)을 개선하였으며, 그 후, A씨는 "아침에 머리가 맑아지고 불안이 줄었다"고 말했습니다.

사례 2: 외상 후 스트레스를 가진 남성 환자 B씨는 악몽으로 REM 수면이 방해받았습니다. 상담과 약물 치료 등으로 수면의 질이 개선되자, "예전보다 감정이 덜 요동치고 안정감을 느낀다."고 전했습니다.

◇ 워크북: 자기 성찰 질문

나는 매일 평균 몇 시간을 자고 있나요?
→ _____

내 수면의 질을 방해하는 생활습관(카페인, 스마트폰, 불규칙성)은 무엇인가요?

→ _____

수면을 통해 내 감정이 회복되었다고 느낀 경험은 언제였나요?

→ _____

• **독자에게 전하는 삶 속의 작은 실천 이야기**

독자님 매일 같은 시간에 잠들고 일어나보세요→ 수면 리듬 강화됩니다. 그리고 자기 전 전자기기 사용 줄이고, 독서·명상으로 전환하여 깊은 수면을 유도해 보세요. 만약 그래도 잠이 안 오면 숫자세기 호흡을 진행하세요.

쾌적한 수면을 위해 침실은 항상 어둡고 서늘하게 유지 (멜라토닌 분비 촉진)하며, 낮 동안 햇빛 쬐기 + 가벼운 운동 → 밤의 깊은 수면 질 향상에 도움이 됩니다.

• **독자에게 전하는 철학적 치유 메시지**

"잠은 단순한 망각이 아니라, 영혼을 씻는 시간입니다."

수면 속에서 뇌는 쓰레기를 치우고, 마음은 상처를 봉합합니다. 오늘의 피로와 감정은 밤의 강을 건너며 맑아지고, 아침에 우리는 다시 시작할 힘을 얻습니다.

06
뇌 친화적 하루 루틴 설계
-3-3-3 실천(3분 호흡·3줄 일기·3가지 감사)과 주간 피드백

우리는 종종 거창한 변화와 완벽한 계획을 세우려 하지만, 뇌는 오히려 작고 단순한 반복에 가장 잘 반응합니다. 뇌는 복잡한 목표보다 매일같이 지킬 수 있는 작은 루틴을 좋아합니다. 하루 10분, 아주 짧은 실천이라도 반복되면, 그것이 쌓여 뇌 회로는 새롭게 단련되고 마음은 차분히 안정됩니다.

3분의 호흡, 3줄의 기록, 3가지 감사—이 단순한 3-3-3 실천은 뇌에게는 강력한 자극이 됩니다. 호흡은 전전두엽을 깨워 감정을 다스리게 하고, 짧은 일기는 기억과 의미를 새롭게 연결합니다. 그리고 감사는 뇌의 보상 회로를 밝혀 긍정의 에너지를 불러옵니다.

삶을 바꾸는 힘은 언제나 작은 습관 속에 있습니다.
3-3-3 실천은 단순히 하루를 정리하는 도구가 아니라, 뇌와 마음을 단련하는 작은 의식이 됩니다. 그리고 그 작은 의식들이 쌓일 때, 우리는 조금 더 단단하고 밝은 내일을 만나게 됩니다.

3-3-3 실천(3분 호흡·3줄 일기·3가지 감사)과 주간 피드백
"뇌는 복잡한 습관보다 단순하고 반복 가능한 루틴에 잘 반응합니다.

이는 3분 호흡, 3줄 일기, 3가지 감사 등, 단 10분이면 충분합니다. 작은 루틴이 쌓일수록 뇌는 더 차분하고, 마음은 더 단단해집니다."

뇌 친화적 운동, – 3-3-3 실천

· 3분 호흡

하루의 시작과 끝, 잠시 눈을 감고 호흡에만 집중해 보세요. 뇌의 전전두엽을 활성화해 주의와 감정 조절을 돕고, 스트레스 호르몬(코르티솔)수치를 낮춤추어 줍니다.

실천 예시→아침 기상 직후, 저녁 자기 전 3분 호흡 명상.

· 3줄 일기

오늘 하루 가장 기억에 남는 사건/느낌/생각을 짧게 기록해 보세요. 자기 성찰 + 기억 공고화는 → 뇌의 해마(기억), 전두엽(의미부여) 자극을 부여해 뇌 가소성을 만들어 줍니다.

실천 예시→자기 전, 오늘 하루를 "사건-느낌-교훈" 세 줄로 적기.

· 3가지 감사

감사할 일 3가지를 기록하면 뇌의 보상 회로(도파민, 세로토닌)가 활성화됩니다. 즉, 부정석 편향을 완화하고, 긍정 정서를 강화해 줍니다.

실천 예시→사람·경험·작은 순간 (날씨, 음악, 미소)에도 감사 기록.

◇ 실제 상담사례

사례 1: 직장인 Y씨는 스트레스가 심했지만, 상담 이후, '3분 호흡'을 꾸준히 하며 "작은 멈춤만으로도 하루가 달라졌다"고 이야기 합니다.

사례 2: 대학생 Z씨는 '3줄 일기'를 통해 자기 자신에 대한 이해가 깊어지고, 수면 전 걱정이 줄어들었다고 경험을 말해주었습니다. 또한, 주부 H씨는 가족과 함께 '3가지 감사'를 공유하며 가정 내 긍정적 분위기가 확산됨을 느꼈다고 말했습니다.

◇ 워크북 : 자기 성찰 질문

오늘 내가 실천한 3분 호흡, 3줄 일기, 3가지 감사 중 가장 마음에 남은 것은 무엇인가요?

→ _____

이 루틴이 내 기분, 집중력, 관계에 어떤 변화를 주었나요?

→ _____

다음 주에는 무엇을 더 보완하고 싶나요?

→ _____

• 독자에게 전하는 삶 속의 작은 실천 이야기

독자님, 하루는 늘 바쁘게 흘러가지만, 단 10분만은 온전히 자신에게 선물해 보세요.

3-3-3 루틴 ―3분 호흡, 3줄 일기, 3가지 감사― 이 짧은 의식이 하루의 균형을 다시 잡아주고, 뇌와 마음을 차분하게 정돈해 줍니다. 중요한 것은 오래 버티는 거창한 계획이 아니라, 매일 조금씩 반복되는 작은 실천입니다.

그리고 한 주가 끝날 때, 잠시 시간을 내어 '피드백 노트'를 적어 보세요. 이번 주에 내가 얼마나 잘했는지를 따지기보다는, 그 과정 속에서 내가 무엇을 느꼈는지, 어떤 순간에 숨이 고요해졌는지, 어떤 감사가 내 마음을 밝혔는지를 기록해 보는 것입니다. 성취 여부가 아니라 과정을 인정하는 태도가 당신의 삶을 더 단단하게 만듭니다.

습관은 억지로 채찍질할 때가 아니라, 작은 인정과 따뜻한 격려가 더해질 때 오래 갑니다. 매일 10분, 그리고 주 1회의 점검과 인정. 이 단순한 리듬이 쌓이면 삶의 만족도가 조금씩 달라지고, 어느 순간 당신은 이전보다 더 평온하고 충만한 자신을 발견하게 될 것입니다.

• 독자에게 전하는 철학적 치유 메시지

"작은 실천이 쌓이면 인생의 길을 바꿀 수 있습니다."

우리는 종종 큰 결단이나 위대한 목표가 삶을 바꾸리라 믿습니다 그러나 신성한 변화는 언제나 작은 실천의 반복에서 비롯됩니다. 단 한 번의 거대한 도약이 아니라, 매일같이 이어지는 작은 발걸음들이 결국 우리를 전혀 다른 길 위에 세웁니다.

호흡은 단순히 산소를 들이마시는 행위가 아닙니다. 깊고 의식적인 호흡은 마음의 먼지를 털어내고, 혼란을 정돈하며, 내면의 거울을 맑게 닦아 줍니다. 기록은 지나가는 하루를 붙잡아 의미로 새기고, 우리 삶에 작은 이정표를 남깁니다. 그리고 감사는, 평범한 하루를 특별한 선물로 바꾸며, 우리가 놓치고 지나간 빛을 다시 발견하게 합니다.

이 작은 루틴들은 당장은 미약하게 느껴질 수 있습니다. 하지만 시간이 흐르면, 그 실천은 뇌와 마음의 길을 바꾸고, 결국은 인생의 궤적을 바꿉니다. 작은 실천은 씨앗 같아, 꾸준히 돌보면 마침내 뿌리를 내리고, 싹을 틔우며, 우리의 삶을 새로운 숲으로 이끌어 줍니다.

그러니 오늘 하루, 잠시 호흡을 고르고, 짧은 기록을 남기고, 마음속에 감사를 세 가지 떠올려 보세요. 그 순간이 모여 당신의 삶을 더 단단하고, 더 빛나는 길로 인도할 것입니다.

8장

명상Meditation, 심리학을 위로하다

『명상은 고통을 없애는 것이 아니라,
고통과 함께 머무는 힘을 길러줍니다.
숨을 고르고, 걸음을 멈추고, 소리와 이미지에 마음을 맡길 때
우리는 비난을 연민으로, 불안을 평온으로 바꿉니다.
함께하는 연습은 더 큰 치유를 낳고,
작은 실천은 결국 삶을 바꾸어
희망의 증언으로 이어집니다.』
- 본문 요약

1. 왜 명상인가
-고통을 없애기보다 '고통과 함께 머무는 힘'에 대한 서문

2. 마음챙김의 핵심 원리
-알아차림·비판단·현재성의 세 기둥

3. 호흡 명상 프로토콜
-즉시 안정(1–3분)과 깊은 회복(10분) 루틴

4. 자애/연민 명상(Metta & Self-Compassion)
-자기비난을 따뜻함으로 전환하기

5. 걷기 명상
-일상 속에서 실천하는 움직이는 마음챙김

6. 만트라·소리 명상
-주의 안정과 불안 진정을 돕는 리듬의 힘

7. 이미지/시각화 명상
-회복 서사를 재구성하는 마음의 영화관

8. 치료 통합: MBSR·MBCT·ACT
-근거기반 명상프로그램과 상담의 만남

9. 공동체 명상의 힘
-그룹 연습, 공감·소속감이 만드는 치유 효과

10. 명상: 21일 실천 계획 -주·일 단위 목표, 장애물 대처, 유지 전략

　　　명상: 측정과 피드백 -자가 체크리스트(불안/우울/수면/마음챙김)와 진행 모니터링

　　　명상: 작은 증언들 -"명상이 내 마음을 어떻게 바꿨는가." 현장 이야기 모음

삶은 빛과 그림자가 함께 걷는 긴 여정입니다.

기쁨은 찬란하지만, 그 뒤편에는 늘 고통이 따라옵니다. 사랑하는 이를 잃는 순간, 말할 수 없는 불안에 휘둘리는 밤, 혼자가 된 듯 느껴지는 새벽.

우리는 그 순간마다 고통을 지워 버리고 싶어 합니다.

그러나 고통은 지워지지 않습니다. 마치 계절이 바뀌듯, 다른 얼굴을 하고 우리 곁에 다시 돌아옵니다. 그렇다면 우리는 도대체 어떻게 살아야 할까요?

01
왜 명상인가
-고통을 없애기보다 '고통과 함께 머무는 힘'에 대한 서문

삶에서 고통은 결코 지워낼 수 없는 손님과도 같습니다. 억누르려 하면 더 크게 밀려오고, 도망치려 하면 더 깊이 따라옵니다.

명상은 그 고통을 없애려 하지 않습니다. 대신, 고통의 자리에 잠시 함께 머무르며 숨을 고르는 법을 가르쳐 줍니다.

그 순간 우리는 상처에 휘둘리지 않고, 오히려 그 안에서 스스로와 더 깊이 연결됩니다.

고통을 없애기보다 '고통과 함께 머무는 힘'에 대한 서문

우리는 누구나 고통을 피하고 싶어 합니다. 그러나 삶은 언제나 예기치 못한 상실, 불안, 외로움으로 우리의 마음을 흔들고 있습니다. 또한, 아픈 기억을 지우려 할수록 그 그림자는 더 짙어지고, 불안은 억누를수록 내면에서 더 요동칩니다.

명상이 우리에게 제안하는 길은 "고통을 제거하는 것"이 아니라, 고통이 다가올 때 그 곁에 가만히 앉아 함께 숨 쉬는 법을 알려주는 것입니다. 그 순간 우리는 고통의 크기에 압도되지 않고, 오히려 그 안에서 자기 자신과 더 깊이 연결됩니다. 그 후, 명상은 우리에게 고요하면서 조용하게 위로와 치유의 힘을 전달합니다.

심리학 이론: 수용의 심리학 Acceptance and Mindfulness

심리학에서 말하는 수용전념치료(ACT, Acceptance and Commitment Therapy)와 마음챙김(Mindfulness) 접근은, 불편한 감정과 경험을 억제하거나 도망치는 대신 그 자리에 그대로 두고, 그것과 새로운 관계 맺기를 강조합니다.

억압은 오히려 고통을 증폭시키고, 회피는 삶의 영역을 좁히지만, 수용은 고통을 경험하되 그것에 휘둘리지 않는 심리적 유연성을 길러줍니다.

명상은 바로 이 심리적 유연성을 훈련하는 장(場)입니다. 호흡과 주의집중을 통해 감정의 파도에 빠지지 않고, 그것을 관찰하며 흘려보내는 연습을 할 수 있도록 도와주는 조용한 감독자입니다.

◇ 상담 실제: 함께 울어준 한 장면

상담실을 내원한 한 내담자는 오랜 상실로 인한 슬픔 속에서 "이 고통이 사라지기만을 바란다."고 호소했습니다. 그러나 상담과정에서 그는 '사라짐'이 아니라 그 고통이 '함께 있음'을 배웠습니다. 상담자는 그의 눈물을 억누르시 않고, 같이 울이주며 말했습니다.

"당신의 고통이 여기 있다는 사실을 인정하는 것, 그것이 치유의 시작입니다."

그 순간 내담자는 눈물을 멈추고, 오히려 가슴이 가벼워졌다고 말했습니다. 고통은 사라지지 않았지만, 그와의 관계가 변한 것입니다. 명상 역시 동일한 과정을 도와줍니다.

• **독자에게 전하는 철학적 메시지: 고통과 더불어 존재하기**

불교의 가르침은 "삶 자체가 고(苦)"라고 말합니다. 그러나 그 고통은 우리가 피해야 할 적이 아니라, 우리 삶의 일부이며 깨달음으로 이끄는 선생이기도 합니다. 서양 철학자 니체는 "나를 죽이지 못하는 고통은 나를 더 강하게 만든다."고 했습니다.

동양의 선가禪家는 "고통은 곧 자기와 마주하는 문"이라 여겼습니다. 명상은 이 오래된 지혜를 생활 속에서 실천하는 길입니다.

고통을 지우려 하지 않고,
그것과 함께 숨 쉬며 살아가는 지혜 ―
그것이 명상의 본질입니다.

독자님, 고통은 없애는 것이 아니라, 고통과 함께 숨 쉬며 살아가는 지혜를 배우는 것. 그것이 곧, 삶을 더 깊이 이해하고 사랑하는 법을 배우고 깨닫는 방법이 아닐까요?

◇ **워크북: 자기 성찰 질문**

내가 지금 가장 피하고 싶은 고통은 무엇인가요?
_____

그 고통을 억누르거나 회피했을 때 어떤 결과가 있었나요?
_____

고통과 함께 머문다면, 나는 어떤 새로운 가능성을 발견할 수 있을까요?
_____

- **독자와 함께 하는 삶의 실천 — 고통과 함께 숨 쉬기**

독자님, 조용하게 눈을 감고 고통스러운 감정을 떠올립니다. 그것을 없애려 하지 말고, 호흡과 함께 가만히 바라봅니다.

들숨 때 "나는 이 고통과 함께 있다"라고 마음속으로 말합니다.

날숨 때 "그러나 나는 이 고통에 휘둘리지 않는다."라고 속삭입니다. 하루 5분씩, 고통과 머무는 연습을 해보세요.

명상은 우리에게 "고통 없는 삶"을 약속하지 않습니다. 대신, 고통을 새로운 눈으로 바라보고, 그 안에서도 흔들리지 않는 평온을 길러 줍니다. 고통을 지우는 것이 아니라 고통과 더불어 살아가는 힘, 그것이 명상이 우리에게 선물하는 지혜입니다.

02
마음챙김 Mindfulness의 핵심 원리
-알아차림·비판단·현재성의 세 기둥

우리는 흔히 하루를 무심코 흘려보내며, 자동 반사처럼 반응하고, 판단과 비교 속에서 스스로를 지치게 합니다. 마음챙김은 이 흐름을 잠시 멈추고, 세 가지 창 —알아차림, 비판단, 현재성— 을 열어 줍니다.

알아차림은 지금 내 안에서 일어나는 일을 밝히는 빛이고, 비 판단은 꼬리표를 내려놓은 따뜻한 수용이며, 현재성은 과거와 미래의 무게를 내려놓고 지금 이 순간에 머무는 평온입니다.

알아차림·비 판단·현재성의 세 기둥

삶을 바라보는 세 가지 창이 있습니다. 우리는 이 창에 대해서 대체로 '알지 못한 채' 살아갑니다. 무심코 흘러가는 하루 속에서 자동 반사처럼 반응하고, 판단과 비교 속에서 스스로를 지치게 만듭니다. 마음챙김은 이런 삶을 멈추고 세 가지 창을 열게 해줍니다.

알아차림은 '지금 내 안에서 무슨 일이 일어나는가.'를 깨닫는 순간의 빛입니다. 비 판단은 좋고 나쁨의 꼬리표를 내려놓고 있는 그대로 수용하는 따뜻함입니다. 현재성은 어제와 내일의 무게를 잠시 내려놓고 '지금 이 순간'에 스며드는 평온입니다.

심리학 이론 - 마음챙김의 세 기둥

심리학에서는 알아차림(Awareness)을 주의집중의 전환. 자동적 반응 대신 감각·생각·감정을 의식적으로 바라보는 기술을 말합니다.

비 판단(Non-judgment)은 경험을 평가하거나 억압하지 않고 그대로 받아들이는 태도. 이는 수용전념치료(ACT)와 인지치료에서 심리적 유연성을 높이는 핵심 요소로 입증되고 있습니다.

현재성(Presence)은 과거의 후회, 미래의 불안이 아니라 현재 순간에 주의를 고정함으로써 스트레스와 불안을 완화하고, 정서적 안정감을 강화해 주는 안정감을 일컫는 말입니다.

◇ 상담 실제 — '세 기둥'을 세운 사례

상담실을 찾은 한 내담자는 불안 발작 때문에 늘 '미래의 최악'을 상상하며 괴로워했습니다. 상담 과정에서 그는 호흡에 집중하며 '지금 내 몸에서 무슨 감각이 일어나고 있는가.'를 알아차리는 훈련을 했습니다.
내담자가 가지고 있는 불안을 '나쁜 것'으로 낙인찍지 않고, '단지 불안이라는 감정이 지나가는 중'으로 관찰하게 되자, 내담자에게 불안의 파도는 점차 힘을 잃었습니다.
그는 이렇게 말했습니다. "불안은 사라지지 않았지만, 이제 불안과 함께 숨 쉬며 살 수 있습니다."라고….

• 독자에게 전하는 철학적 메시지 — 존재를 지탱하는 세 기둥

독자님, 삶속에 녹아 있는 질곡, 가득 찬 아픔, 이를 알아차린다는 건 무의식적 삶에서 깨어나 눈을 뜨게 하는 것입니다. 비 판단은 스스로와 세상을 있는 그대로를 사랑하게 하는 마음입니다. 현재성은 오직 지금 여기에서만 살아 있을 수 있다는 존재의 진실을 확인하는 길입니다.

동서양의 지혜는 이 세 기둥을 오래 전부터 강조해 왔습니다.
그래서 불교의 사띠(sati), 스토아 철학의 현재성, 현대 심리학의 마음챙김은 모두 같은 목소리를 내고 있는 것입니다.

"지금 여기, 판단 없이 깨어 있어라. 그 안에 자유와 치유가 있다."

☐ 워크북: 마음챙김 Mindfulness - 세 기둥 훈련

마음챙김은 책으로만 배우는 이론이 아니라, 직접 몸과 마음으로 체험할 때 비로소 힘을 발휘합니다. 알아차림은 내 안을 비추는 빛이 되고, 비판단은 그 빛을 따뜻하게 감싸며, 현재성은 그 빛을 지금 이 순간에 머물게 합니다.

작은 호흡, 감정의 기록, 일상의 한 장면을 온전히 경험하는 연습은 삶을 특별하게 바꾸는 거대한 첫 걸음이 됩니다. 이 워크북은 그 길을 함께 걷도록 안내하는 작은 실천의 지도입니다.

• **학습 목표**
마음챙김의 핵심 원리를 체험적으로 익힌다.
알아차림·비판단·현재성 세 가지를 일상에 적용한다.
자기 성찰과 기록을 통해 내면의 변화를 확인한다.

• **독자와 함께하는 실습 가이드**
실습 1 – 알아차림 훈련
조용히 앉아 눈을 감습니다.
호흡, 몸의 감각, 떠오르는 생각을 있는 그대로 관찰합니다.
'지금 내 안에서 무슨 일이 일어나고 있는가'를 마음속으로 묻습니다.

· 하루 5분, 자신의 내적 경험을 단순히 알아차리기.

실습 2 – 비 판단 훈련

떠오르는 감정에 '좋다/나쁘다'라는 꼬리표를 붙이지 않고 관찰합니다.

불안이 올라오면 "지금 불안이 있구나."라고, 기쁨이 올라오면 "지금 기쁨이 있구나."라고 이름 붙여줍니다. 판단 대신 단순히 존재를 인정합니다.

· 감정 일기를 쓰듯, 느낌을 받아들이는 연습.

실습 3 – 현재성 훈련

차 한 잔을 마시며 오직 '차의 향, 온도, 입안의 감각'에 집중합니다.

어제의 일이나 내일의 계획을 떠올리면, 다시 현재의 감각으로 주의를 돌립니다.

"나는 지금, 여기 있다"라는 짧은 문장을 마음속으로 반복합니다.

· 일상 속 작은 순간을 100% 경험하는 연습.

• 독자 자신에게 보내는 성찰 질문

오늘 하루 동안 내가 무심코 지나친 경험은 무엇이었나요?

내가 가장 자주 붙이는 '판단의 꼬리표'는 어떤 것인가요? (예: "나는 부족하다", "이건 실패다")

지금 이 순간에 집중했을 때, 내 마음이나 몸은 어떤 변화를 느꼈나요?

• **독자가 직접 기록합니다.**

오늘의 알아차림: _____

내가 내려놓은 판단: _____

현재성 경험 메모: _____

• **독자에게 전하는 치유메시지**

마음챙김(Mindfulness)은 거창하거나 특별한 수행이 아닙니다. 그것은 단지 지금 내 안에서 일어나는 것을 알아차리고 거기에 좋다, 나쁘다의 판단을 내려놓으며, 지금 이 순간에 머무는 것에서 시작됩니다.

우리는 종종 과거의 후회나 미래의 불안을 붙잡느라 현재를 놓치곤 합니다. 하지만 하루에 단 몇 번이라도 호흡을 느끼고, 내 마음이 어디에 있는지 살펴보는 작은 연습을 할 때, 그 순간은 더 이상 흘러가는 시간이 아니라 내가 온전히 살아 있는 순간이 됩니다.

이 세 가지 기둥 —알아차림/판단 내려놓기/지금에 머무르기(현재성), 이것을 일상 속에 차곡차곡 세워 나갈 때, 우리의 내면은 한결 단단해지고 동시에 부드러워집니다. 바람에 흔들려도 꺾이지 않는 대나무처럼, 우리는 더 유연하고 강한 힘을 갖게 됩니다.

03
호흡 명상 프로토콜
-즉시 안정(1-3분)과 깊은 회복(10분) 루틴

숨은 언제나 곁에 있지만, 의식적으로 다룰 때 비로소 강력한 치유의 힘이 됩니다.

짧게는 1~3분의 호흡만으로도 흔들린 마음과 긴장된 몸은 빠르게 안정될 수 있고, 10분의 깊은 호흡은 하루의 피로를 풀어내며 세포와 에너지까지 회복시킵니다.

호흡 명상은 특별한 장소나 도구가 필요하지 않습니다. 지금 이 자리, 단 몇 분만 마음을 호흡에 맡기면 뇌와 몸, 그리고 마음은 새롭게 균형을 되찾습니다.

즉시 안정 루틴 (3분)
목적: 짧은 시간 안에 마음과 몸의 긴장을 빠르게 완화→스트레스, 불안, 분노 등 감정의 급격한 파동을 안정시키기

독자와 함께 실천하기
자세: 의자나 바닥에 앉아 등을 곧게 세우고 어깨의 긴장을 풀어줍니다.
호흡 패턴: 4초 동안 코로 깊게 들이마십니다.

2초간 숨을 멈추어 공기가 폐 깊숙이 머무르도록 합니다.
6초 동안 천천히 입으로 내쉽니다.
(4-2-6 호흡법, 약 1분에 6~7회)

주의집중: 호흡의 리듬에만 마음을 두고, 떠오르는 생각은 흘려보냅니다.

체험 포인트: 단 1-3분 후, 심박수가 내려가고, 뇌의 편도체(불안 회로)가 진정되며, 부교감신경계가 활성화됩니다.

• **즉시 안정 루틴 효과**
심박수 안정
스트레스 완화
감정 급진정

깊은 회복 루틴 (10분)
목적: 신체적·정신적 피로 회복→자율신경계 균형과 면역력 강화→세포 수준의 회복과 에너지 재충전을 해줍니다.

독자와 함께 실천하기
· 자세: 조용한 곳에서 눕거나 앉아 편안한 자세 유지.

호흡 단계: 1-3분: 즉시 안정 루틴(4-2-6 호흡)으로 몸을 진정.
4-7분: 호흡을 깊게 느끼며 배와 가슴의 팽창·수축을 알아차림.

8-10분: 숨과 함께 몸 전체에 따뜻한 빛·에너지가 퍼져나간다고 이미지화.

마음챙김 요소: 떠오르는 생각이나 감정을 비 판단적으로 바라봅니다. "지금 여기"에 머무르는 연습을 합니다.

효과: 10분 이상 지속하면 코르티솔 감소, 뇌의 알파파 증가, NK세포 활성화, 깊은 심리적 회복을 경험할 수 있습니다.

• 깊은 회복 루틴 효과

코르티솔 감소 → 스트레스 완화

뇌 알파파 증가 → 집중·평온

NK세포 활성화 → 면역력을 강화시킵니다.

• 종합 비교

구분	즉시 안정 루틴 (1-3분)	깊은 회복 루틴 (10분)
목적	긴장 완화, 감정 진정	회복·재충전, 면역력 강화
시간	짧음 (3분 이내)	중간 (10분 이상)
방법	4-2-6 호흡, 집중	단계적 호흡 + 이미지화
효과	즉각적 진정	심층적 회복, 항스트레스 효과

정리하면, 즉시 안정 루틴은 바쁜 일상 속 "응급 진정용"으로, 깊은 회복 루틴은 하루의 균형을 되찾는 "치유와 재충전"의 호흡입니다. 두 가지를 상황에 맞게 병행하면 훨씬 더 강력한 명상 효과를 경험할 수 있습니다.

04
자애/연민 명상(Metta & Self-Compassion)
-자기비난을 따뜻함으로 전환하기

우리는 누구보다 자신에게 가장 가혹한 판사가 되곤 합니다.
실수를 탓하고, 부족함을 들춰내며, 끝없이 스스로를 몰아붙입니다.

그러나 자애와 연민의 명상은 이 날 선 목소리를 부드러운 위로로 바꾸어 줍니다.
"괜찮아, 너는 이미 충분히 애쓰고 있어."
이 따뜻한 한마디가 자기비난을 내려놓게 하고, 마음의 회복을 위한 새로운 길을 열어 줍니다.

자기비난을 따뜻함으로 전환하기

우리는 종종 가장 가까운 존재인 자기 자신에게 가장 가혹합니다. "왜 이렇게밖에 못 했을까?" "나는 부족하다." 이런 자기비난은 마음을 옥죄고, 스스로를 더 작게 만듭니다. 그러나 자애와 연민이 명상은 이 비난의 목소리를 따뜻한 위로의 언어로 바꾸어 줍니다. 내가 나에게 말합니다. "괜찮아, 너는 이미 충분히 애쓰고 있어."

심리학 이론 -자기연민(Self-Compassion)의 세 요소 (Kristin Neff)

자기 친절(Self-Kindness)은 실수와 실패 앞에서 자신을 책망하는 대신, 따뜻함과 이해로 자 기 자신을 대하는 것입니다. 공통된 인간성(Common Humanity)은 나만 힘든 게 아니라, 모두가 고통과 불완전함을 겪는다는 사실을 깨닫는 것을 말합니다.

마음챙김(Mindfulness)은 자기비난에 압도되지 않고, 감정을 있는 그대로 바라보며 균형을 유지하는 것입니다. 이 세 가지 요소는 우울, 불안, 자기 비판적 사고를 줄이고 정서적 회복탄력성을 높이는 핵심 원리입니다.

◇ 상담 실제 – 자기비난을 바꾸는 순간

한 내담자는 늘 "나는 실패자다"라는 자기비난에 사로잡혀 있었습니다. 상담 과정에서 그는 자애 명상의 간단한 문구를 매일 되뇌었습니다.
"나 자신이 행복하기를."
"나 자신이 건강하기를."
"나 자신이 안전하기를."
처음엔 어색했지만, 시간이 흐르며 그는 자기비난 대신 스스로를 감싸안는 감정을 느끼게 되었습니다. 그는 말했습니다.
"이제는 제 안에서 저를 향한 미소를 조금씩 느낄 수 있어요."

• **독자에게 전하는 철학적 메시지 ― 나를 끌어안는 길**
불교의 자애명상(Metta)은 "모든 존재가 행복하기를"이라는 보편적 기원의 실천입니다. 그러나 그 출발점은 늘 자기 자신입니다. 서양 철학의 인본주의 심리학 역시, 인간은 본래 성장과 치유의 가능성을 지닌 존재라고 했습니다.

나에게 연민을 베푸는 순간, 나는 나를 넘어 다른 이에게도 연민을 건넬 수 있습니다. 자기비난을 따뜻함으로 전환하는 길은 곧, 세상과의 관계를 더 넓고 부드럽게 여는 길이 됩니다.

- **독자와 함께 하는 실습 가이드**

·자애/연민 명상 스크립트 (10분)

·준비: 편안히 앉아 눈을 감고 호흡을 느낍니다. (1분)

·자기 친절 문구 : 마음속으로 천천히 따라합니다. (3분)

"나 자신이 행복하기를."

"나 자신이 안전하기를."

"나 자신이 건강하기를."

·자기비난 전환하기: 최근 나를 괴롭힌 자기비난의 말을 떠올리고, 그 자리에 따뜻한 말로 교체합니다. (3분)

예: "나는 부족해" → "나는 충분히 노력하고 있어."

예: "나는 실패자야" → "나는 성장하는 중이야."

·타인에게 확장하기: 마음속으로 가까운 이, 중립적인 이, 어려운 이까지 떠올리며 같은 기원을 확장합니다. (3분)

"그늘도 행복하기를."

"그들도 안전하기를."

"그들도 건강하기를."

- **독자가 직접 기록 & 피드백**

오늘 실습 후 가장 크게 달라진 감정은 무엇인가요?
자기비난 대신 어떤 따뜻한 말을 새롭게 떠올렸나요?
내일 다시 이 명상을 할 때, 어떤 문구를 더해보고 싶나요?

- **독자에게 전하는 마무리 메시지**

자애와 자기연민은 단순히 스스로에게 반복하는 긍정의 주문이 아닙니다. 그것은 우리가 끊임없이 빠져드는 자기비난의 고리를 조용히 멈추고, 그 자리에 따뜻함과 이해를 채우는 실제적인 치유의 방법입니다.

"나는 충분히 애쓰고 있어."
이 짧은 말 한마디가 오늘의 상처 난 마음에 작은 연고가 되어주고, 내일에는 더 깊은 평온과 자기 신뢰로 이어집니다.

삶은 언제나 완벽할 수 없고, 우리는 늘 부족하고 흔들리는 순간을 경험합니다. 그러나 바로 그때, 자기 자신에게 따뜻한 시선을 보내는 일은 고통을 줄이는 가장 강력한 힘이 됩니다.

작은 말 한마디, 짧은 호흡 한 번, 내 마음을 향한 포근한 위로가 쌓이면, 우리는 조금 더 단단하고, 조금 더 자유롭게 살아갈 수 있습니다.

  독자님, 오늘 당신이 자신에게 건네는 따뜻한 말은 내일의 당신을 지탱하는 힘이 될 것입니다. 그 힘은 고통 속에서도 다시 일어서게 하고, 혼자라 생각했던 순간에도 여전히 연결되어 있음을 일깨워 줄 것입니다.

05
걷기 명상
-일상 속에서 실천하는 움직이는 마음챙김

우리는 늘 바쁘게 걷습니다. 목적지에 닿기 위해, 시간을 따라잡기 위해. 그러나 걷기 명상은 발걸음을 다르게 만듭니다.

한 걸음마다 숨결을 느끼고, 땅과 닿는 순간을 알아차릴 때, 길은 단순한 이동의 통로가 아니라 고요한 도량이 됩니다. 걷는 그 순간, 나는 지금 여기에서 온전히 살아있음을 경험합니다.

발걸음 하나에 깃든 고요
우리는 바쁘게 걷습니다. 늘 목적지를 향해, 늘 시간에 쫓기며. 그러나 걷기 명상은 달라집니다. 발걸음 하나마다 숨결을 느끼고, 땅과 닿는 감각에 집중합니다. "내가 지금 걷고 있구나"라는 단순한 깨달음이 마음을 고요하게 합니다. 걷는 순간, 길은 단지 이동의 통로가 아니라, 마음챙김의 도량이 됩니다.

심리학 이론 움직임 속의 마음챙김
Mindfulness in Motion→움직이는 동안에도 주의를 현재에 두는 훈련→걷기 명상은 자극-반응의 자동성을 줄이고, 주의 집중력과 감정 조절 능력을 강화한다는 연구가 있습니다. 일정한 리듬으로 걷는 동안 심박수와 호흡이 안정되며, 이는 불안을 낮추고 정서적 균형을 회복하는 데 도움을 줍니다.

◇ 독자에게 전하는 실습 가이드

걷기 명상 루틴 (5~10분)

· 자세 준비: 천천히 걷되, 허리는 곧게, 어깨 힘을 풀고 자연스럽게.
· 호흡 연결: 발을 내디딜 때 들숨, 다른 발을 디딜 때 날숨. (혹은 발걸음 2-3회에 들숨/날숨)
· 알아차림: 발바닥의 감각, 땅의 탄력, 다리 움직임을 하나하나 느껴보기.
· 비판단적 관찰: 생각이 떠오르면 "생각이 일어났구나." 알아차리고 다시 발걸음으로 돌아오기.
· 마무리: 멈춰 서서 호흡을 느끼며 "지금 이 순간, 나는 살아 있다"라고 속으로 말해주기.

- **독자 자신에게 전하는 성찰 질문**

걷기 명상을 하며 가장 크게 느낀 감각은 무엇이었나요?
걸으면서 떠오른 생각 중 쉽게 흘려보낼 수 있었던 것은 무엇이있나요?
일상 속에서 내가 더 자주 '지금 여기'를 느낄 수 있는 순간은 언제일까요?

• **독자에게 전하는 철학적 메시지**

　불교의 선사들은 늘 길 위에서 깨달음을 얻었습니다. 발걸음 하나하나가 곧 수행의 장이었기 때문입니다. 걷기 명상은 "움직임 속의 고요"를 배우는 길입니다. 바쁘게 달려가던 일상에서 잠시 멈추고, 발자국 하나마다 삶이 지금 여기에 있음을 깨닫게 합니다. 곧 걷기 명상은 이동이 아니라, 머무름을 배우는 길입니다.

06
만트라·소리 명상
-주의 안정과 불안 진정을 돕는 리듬의 힘

불안이 마음을 흔들 때, 생각은 꼬리를 물고 감정은 끝없이 요동칩니다. 이때 한 줄의 만트라, 단순한 소리를 반복하는 것만으로도 마음은 차분히 가라앉습니다. 일정한 리듬과 진동이 내면을 감싸안으며, 흩어지던 주의는 모이고, 흔들리던 감정은 고요를 되찾습니다.

소리에 마음을 실을 때, 우리는 "나는 지금 여기 있다"는 확신 속에 머물 수 있습니다.

소리에 마음을 싣는다.

마음이 불안할 때, 우리는 자꾸만 산만해집니다. 생각은 꼬리를 물고, 감정은 흔들리며, 몸은 긴장으로 가득 찹니다. 이때 간단한 소리, 한 줄의 만트라를 반복하는 것만으로도 마음은 차분해집니다. 일정한 리듬과 진동이 우리의 내면을 감싸안으며 "나는 지금 여기에 있다"는 확신을 되찾게 합니다.

심리학 이론 리듬·반복·신경 안정

주의 집중 효과→만트라의 반복적 소리는 '내적 기준점'을 만들어 산만한 주의를 모아줍니다.

신경생리학적 근거→규칙적 리듬은 뇌파를 안정화(알파파·세타파 증가)시키고, 교감신경을 진정시켜 부교감신경을 활성화합니다.

불안 완화 연구→송창chanting[24]과 허밍humming은 편도체 반응을 줄여 불안 수준을 낮추고 심리적 안정감을 제공합니다.

◇ 상담 실제 —만트라로 불안을 이겨낸 사례

한 내담자는 발표를 앞두고 심한 불안에 시달렸습니다. 그는 상담자의 권유로 '옴(Om)' 만트라를 조용히 반복하며 호흡을 맞췄습니다. 몇 분이 지나자 심장이 진정되고, 손 떨림도 가라앉았습니다. 그는 말했습니다. "마치 내 몸 안에서 울리는 작은 북소리가 나를 다독여주는 것 같았어요."

◇ 독자와 함께 하는 실습 가이드

• 기본 만트라 명상 (5분)
편안히 앉아 눈을 감고 호흡을 고릅니다.

---

24) 챈팅chanting은 단어나 구절을 반복적으로 리드미컬하게 읊조리거나 노래하는 행위를 의미하며, 주로 명상, 기도, 종교적 의식 등에서 사용됩니다.

들숨과 함께 조용히 속으로 "옴(Om)"을 떠올리고, 날숨에 길게 "옴…"을 내보냅니다.

소리가 공명하는 느낌을 몸 전체에 퍼뜨려봅니다.

마음이 산만해지면 다시 만트라의 리듬으로 돌아옵니다.

- **소리 명상 응용 (허밍·챈팅)**

허밍(humming): 코를 통해 "음—" 소리를 내며 진동을 느낍니다.

짧은 기도문 반복: "평화가 있기를", "안전하기를" 같은 문구를 리듬에 맞춰 반복합니다.

- **독자 자신을 위한 성찰 질문**

· 만트라/소리를 반복하는 동안 내 몸에서 어떤 변화가 느껴졌나요?

· 불안이 줄어드는 과정을 체감했나요?

· 일상에서 짧게 적용할 수 있는 '나만의 소리/문구'는 무엇일까요?

- **독자에게 전하는 철학적 메시지**

동서양의 전통은 모두 소리에 특별한 힘을 부여했습니다. 불교의 만트라, 힌두의 송창chanting, 기독교의 성가, 이슬람의 기도까지— 모두 리듬과 반복의 힘으로 마음을 안정시켰습니다. 만트라는 단순한 단어가 아니라, 내면을 향해 고요하게 전하는 울림의 다리입니다.

07
이미지/시각화 명상
-회복 서사를 재구성하는 마음의 영화관

우리의 마음은 늘 영화를 상영합니다. 과거의 상처와 실패, 불안한 미래의 장면들이 반복 재생되며 우리를 괴롭히기도 합니다. 그러나 시각화 명상은 이 영화의 감독 자리를 내게 돌려줍니다.

내가 마음의 스크린에 새로운 장면을 띄우고, 상처의 이야기를 회복과 성장의 이야기로 다시 써 내려갈 때, 나는 더 이상 고통의 피해자가 아니라 삶의 스토리텔러가 됩니다.

마음의 스크린에 다시 쓰는 이야기

우리는 머릿속에서 늘 영화를 재생합니다. 과거의 상처, 불안한 미래, 실패의 장면들을 반복 상영하며 자신을 괴롭히곤 합니다. 하지만 시각화 명상은 이 영화관의 감독을 내 자신으로 바꾸는 훈련입니다.

내 마음의 스크린 위에 새로운 장면을 띄우고, 상처의 이야기를 회복의 이야기로 재구성할 때, 나는 더 이상 피해자가 아니라 스토리텔러가 되어갑니다.

심리학 이론 이미지와 회복의 신경과학

정신적 시뮬레이션→뇌는 실제 경험과 생생한 심상vivid imagery를 구분하지 못합니다. 따라서 긍정적 이미지 훈련은 실제 경험처럼 뇌를 변화시킵니다.

신경가소성(Neuroplasticity)→반복적 시각화는 새로운 신경회로를 강화하여 회복·성장 내러티브를 정착시킵니다.

트라우마 치료→EMDR[25], 심상재구성용법 imagery rescripting[26] 기법은 과거 트라우마 기억을 새로운 스토리로 재구성하여 정서적 고통을 줄이는 데 효과적입니다.

◇ 상담 실제 — 시각화로 다시 그린 삶의 장면

한 내담자는 늘 "나는 실패자야"라는 자기서사에 갇혀 있었습니다. 상담에서 그는 마음속 영화관에 자신을 다시 세워 보았습니다. 어두운 무대 위의 초라한 자신의 모습 대신→작은 불빛을 들고 앞으로 나아가는 장면을, 자신이 쓰러진 장면 대신→천천히 일어나 다시 걷는 모습을 그리면서 나아갔습니다. 이 새로운 이미지가 반복될수록, 그는 자신의 이야기를 좌절의 서사가 아닌 회복의 서사로 받아들이기 시작하였습니다.

• **독자에게 전하는 철학적 메시지 — "나는 내 삶의 감독이다"**

동서양 철학은 모두 상상력의 힘을 강조했습니다. 플라톤은 마음을 영혼의 '내적 극장'이라 불렀고, 불교에서는 관상(觀想) 수행을 통해 깨

---

25) EMDR은 Eye Movement Desensitization & Reprocessing, 안구운동 민감소실 재처리요법
26) 심상재구성요법: 기억 활성화→의미탐색→심상재구성 순으로 트라우마 기억을 다루는 핵심적인 치료기법.

달음을 얻고자 했습니다. 이미지 명상은 바로 이 지혜를 실천하는 길입니다.

인생이라는 스크린은 고통의 영화를 무한 반복하는 대신, 희망과 회복의 영화를 다시 편집하는 것이며, 그 순간 우리는 더 이상 과거의 포로가 아니라, 내 삶의 감독이 될 수 있다는 걸 깨닫게 합니다.

• **독자 자신을 위한 자기성찰 질문**

내가 자주 떠올리는 "반복 재생 장면"은 무엇인가요? (예: 실패, 상실, 두려움)

그 장면 속에서 나는 어떤 감정을 가장 크게 느끼나요?

만약, 떠오르는 그 장면을 새로운 이야기로 바꾼다면 어떤 모습이 떠오르나요?

◇ **독자에게 전하는 실습 가이드**

• **시각화 명상 스크립트 (10분)**

준비: 눈을 감고 호흡을 고르며 마음의 스크린을 엽니다. (1분)

현재 상영 장면 보기: 떠오르는 부정적 기억이나 반복되는 자기비난의 장면을 그대로 바라봅니다. (2분)

재구성하기: 같은 장면을 새로운 이야기로 편집합니다.

쓰러진 모습 → 다시 일어서는 모습

어두운 공간 → 따뜻한 빛이 비추는 공간

실패자로 낙인찍힌 나 → 배우고 성장하는 나. (3분)
회복 이미지 강화하기: 새롭게 편집된 장면을 반복적으로 상영하며 감각과 감정을 더합니다. (3분)

표정, 몸의 움직임, 주변 환경을 구체적으로 상상
"나는 다시 일어날 수 있다"라는 내적 언어를 덧붙이기

마무리: 눈을 뜨며 마음속으로 속삭입니다.
"나는 내 삶의 감독이다. 내 이야기를 새롭게 써 내려갈 수 있다." (1분)

- **독자자신을 위한 기록 & 피드백**

오늘 내가 바꿔 본 장면은 무엇이었나요?
새롭게 편집한 이미지가 내 마음에 어떤 감정을 남겼나요?
앞으로 이 장면을 떠올릴 때, 나는 어떤 힘을 얻을 수 있을까요?

- **독자에게 전하는 마무리 메시지**

이미지/시각화 명상은 단순한 상상이 아니라 회복의 시나리오를 다시 쓰는 심리적 도구입니다. 내 마음의 영화관에서 상영되는 이야기를 내가 바꿀 수 있다는 깨달음은, 곧 삶 전체를 새롭게 써 내려갈 용기를 주는 것과 같습니다.

08
치료 통합: MBSR·MBCT·ACT
-근거기반 명상프로그램과 상담의 만남

오늘날 상담실은 단순히 이야기를 나누는 공간을 넘어, 마음을 다루는 과학적이고 체계적인 방법들을 함께 품고 있습니다. 불안과 우울, 스트레스에 시달리는 이들에게 명상은 더 이상 특별한 수행이 아니라, 연구로 검증된 근거기반 치료 프로그램으로 자리 잡았습니다.

MBSR은 스트레스를 완화하고 몸과 마음의 긴장을 풀어주며, MBCT는 우울의 재발을 막아 새로운 삶의 발판을 마련해 줍니다. ACT는 고통을 억누르기보다 받아들이고, 더 가치 있는 삶을 향해 나아가도록 안내합니다.

명상은 이제 상담과 따로 존재하는 길이 아니라, 함께 걸어가며 내담자에게 새로운 회복의 가능성을 열어주는 든든한 동반자가 되었습니다.

명상이 상담실에 들어오다

불안, 우울, 스트레스에 시달리는 사람들이 점점 많아지고 있습니다. 상담실을 찾는 내담자들에게 '이야기를 나누는 것'만으로는 부족할 때가 있습니다. 바로 그 지점에서 명상은 새로운 길을 열어줍니다.

단순한 자기 위안이 아니라, 과학적 연구로 검증된 근거기반 프로그램으로 상담의 한 축을 이루고 있기 때문입니다.

◇ 근거 이론 — 세 가지 대표적 프로그램

· **MBSR**(Mindfulness-Based Stress Reduction, 마음챙김 스트레스 감소 프로그램)

존 카밧진(Jon Kabat-Zinn)에 의해 개발되었다고 합니다. 특히 이 프로그램은 구조화된 8주 과정으로, 바디스캔·걷기 명상·요가 등을 통해 스트레스 반응을 완화시켜 줍니다. 이 프로그램은 만성 통증, 불안장애, 스트레스 관련 질환 완화에 효과가 있습니다.

· **MBCT**(Mindfulness-Based Cognitive Therapy, 마음챙김 기반 인지치료)

세갈(Teasdale), 마크(John Teasdale) 등에 의해 개발되었으며, 우울증 재발 예방을 목표로, 마음챙김 훈련과 인지치료 기법을 통합운영하고 있습니다. 이 프로그램을 실시 한 후, 재검사를 해 본 결과, 3회 이상 우울 삽화를 경험한 환자들의 재발률을 유의미하게 낮추는 효과가 있었습니다

· **ACT**(Acceptance and Commitment Therapy, 수용전념치료)

스티븐 헤이즈(Steven Hayes) 등에 의해 개발되었으며, 고통스러운 경험을 '수용'하고, 가치 있는 삶의 방향에 '전념'하는 것에 초점을 둔 상담치료이론입니다.

이 프로그램은 불안장애, 강박, 만성통증, 외상 후 스트레스, 직업적 번 아웃 등 폭넓게 적용되어지고 있습니다.

· 위 심리치료의 실제 적용 — 상담 현장에서의 통합적 만남

MBSR의 호흡·바디스캔은 내담자가 긴장 완화와 스트레스 진정을 경험하게 합니다. 또한, MBCT의 인지 재구조화는 내담자가 자동적 부정 사고에 빠지지 않고, "지금 여기"에서 자신을 바라볼 수 있도록 도와줍니다.

ACT의 가치 기반 행동은 단순히 증상 감소에 머물지 않고, 내담자가 삶의 의미와 방향성을 회복하게 해줍니다. 실제 상담 현장에서는 이 세 프로그램이 구분되지 않고 융합적 도구로 활용됩니다. 예를 들어, 불안이 심한 내담자에게는 MBSR의 즉각적 안정 → MBCT의 인지적 전환 → ACT의 가치 지향적 행동 실천이 단계적으로 적용할 수 있습니다.

• 독자에게 전하는 철학적 메시지 — 치료에서 삶으로

MBSR, MBCT, ACT는 단순한 기법이 아니라, 고통을 대하는 삶의 태도를 변화시키는 치유기법입니다. 특히, 고통을 억누르지 않고 수용하기, 현재 순간을 깨어 알아차리기, 가치 있는 삶에 전념하기 등 이 세 축은 서로 다른 듯 보이지만, 결국 한 방향을 가리킵니다.

"삶을 있는 그대로 받아들이고, 지금 여기에서 의미와 회복을 발견하는 것."

◇ 워크북: 근거기반 명상프로그램과 상담의 만남

• MBSR · MBCT · ACT 통합 실습

핵심 개요
· MBSR: 스트레스 반응 완화,
신체 감각 알아차림(바디스캔, 요가, 호흡).
· MBCT: 자동적 부정 사고 인식 → 인지적 전환 + 마음챙김 훈련.
· ACT: 불편한 감정·생각을 수용 → 삶의 가치에 전념.

다 함께 체크리스트
오늘 나는…
호흡·바디스캔으로 지금 내 몸과 감각을 알아차렸는가? (MBSR)
떠오른 자동적 생각을 "그저 생각일 뿐"이라 보고 흘려보냈는가? (MBCT)
불편한 감정을 억누르기보다, 있는 그대로 두며 내가 소중히 여기는 가치에 따라 행동했는가? (ACT)

• 독자 자신을 위한 자기성찰 질문
최근 스트레스 상황에서 내 몸이 보인 신호는 무엇이었나요? (MBSR 관점)
내가 자주 빠지는 반복적 사고 패

턴은 무엇인가요? (MBCT 관점)

지금 내 삶에서 가장 중요한 가치는 무엇이며, 오늘 나는 그것을 따라 살았나요? (ACT 관점)

◇ 독자를 위한 미니 실습

· MBSR 미니 루틴 (3분)

눈을 감고 호흡에 집중합니다.

발끝부터 머리까지 바디스캔하며 몸의 감각을 천천히 느껴봅니다.

· MBCT 사고 알아차림 (3분)

떠오르는 부정적 생각을 적습니다.

옆에 "그저 생각일 뿐"이라고 쓰고, 종이를 접어 내려놓습니다.

· ACT 가치 선언 (3분)

내 삶에서 가장 소중한 가치를 1가지 적습니다.

오늘 그 가치를 실천하기 위해 할 수 있는 작은 행동을 한 줄로 적습니다.

• 독자를 위한 마무리 메시지

MBSR· MBCT· ACT는 따로 떨어진 기법이 아니라, 몸-마음-행동을 통합하는 세 개의 축입니다. "지금 여기의 몸을 알아차리고 (MBSR), 자동적 사고에서 벗어나며(MBCT), 가치에 따라 살아간다 (ACT)." 이것이 근거기반 명상이 상담심리학, 양자의학이 만나는 자리에서 내 삶을 바꾸는 실제적 힘입니다.

8장_ 명상Meditation, 심리학을 위로하다

09
공동체 명상의 힘
- 그룹 연습, 공감·소속감이 만드는 치유 효과

혼자 하는 명상은 깊은 고요를 주지만, 함께 하는 명상은 또 다른 울림을 만들어냅니다. 여러 사람이 한 공간에서 같은 호흡을 나누는 순간, "나 혼자가 아니다"라는 감각이 피어나며 마음의 외로움은 서서히 녹아내립니다.

그 따뜻한 동조와 소속감은 우리 안에 잠든 치유의 힘을 일깨우고, 서로에게 기대어 살아가는 인간 본연의 힘을 되살려 줍니다.

함께 숨 쉬는 순간의 따뜻함

혼자 하는 명상은 고요하지만, 함께 하는 명상은 다른 차원의 울림이 있습니다. 방 안에 여러 사람이 동시에 호흡을 고르고, 같은 리듬으로 숨 쉬는 순간, 나 혼자가 아니라는 감각이 피어납니다. 그 공감과 소속감은 마음의 외로움을 녹이고, "함께 있음"이라는 인간 본연의 힘을 일깨워 줍니다.

심리학 이론 집단의 치유적 요인

집단 상담 이론(대표학자, 어빈 얄롬Irvin Yalom)→집단은 고립감을 줄이고, "나만 그런 게 아니다"라는 보편성을 깨닫게 하여 내담자의 심리적 회복을 도와줍니다.

공감 신경망(미러 뉴런 연구)→타인의 호흡·자세·표정을 함께 경험할 때 신경학적으로 '공유된 정서 경험'이 관찰자 뉴런에 영향을 미치고, 시냅스 연결에 활성화를 시켜줍니다.

자율신경계 조율→집단 명상은 동조화된 호흡·심장 리듬(coherence)을 촉진하여, 개별 명상보다 더 빠른 안정 효과를 주기도 합니다.

◇ 상담/연구 실제 ─ 그룹 명상의 효과

- MBSR 그룹 코스→개인 명상보다 그룹 기반에서 효과(스트레스 감소·우울·불안 완화)가 더 크게 보고되고 있습니다. 자애 명상 그룹→자기연민뿐 아니라 타인에 대한 친밀감·연대감을 높여 대인관계 회복에 기여합니다.

- 상담 현장 사례→외상 경험자들이 함께 명상을 나눌 때, '내 고통은 특별한 것이 아니다'라는 인식이 참석자들에게 깊은 치유를 이끌어 줍니다.

- **독자에게 전하는 철학적 메시지 ─ "함께 있음"이 곧 치유**

동서양의 전통은 모두 공동체 수행을 중시했습니다. 불교의 승가(僧伽), 기독교의 공동 기도, 그리고 원형으로 모여 앉아 호흡을 나누는 샤머니즘 의례까지. 인간은 본래 혼자가 아니라 함께 존재하는 존재이기 때문입니다.

　공동체 명상은 단순히 모여 앉아 숨을 고르는 것이 아니라, 나와 너, 그리고 우리 모두를 잇는 연결의 경험입니다. 그 연결이 곧 치유의 힘이 됩니다.

10
명상: 21일 실천 계획
-주·일 단위 목표, 장애물 대처, 유지 전략

사람의 습관은 한순간의 결심이 아니라, 반복되는 작은 실천의 결과입니다. 연구에 따르면 새로운 습관을 몸과 마음에 습득시키는 데 평균 21일이 필요합니다.

이 워크북은 바로 그 21일을 위한 안내서입니다. 단순히 "해야 한다"는 다짐이 아니라, 주 단위 목표와 일상 속 루틴을 통해 한 걸음씩 작은 변화를 쌓아가도록 돕겠습니다.

• 21일 실천 계획 워크북
구조개요
기간: 21일 (3주)
단위: 주(Week)별 목표 + 일(Day)별 루틴
핵심 요소: 목표 설정 → 실행 → 장애물 대처 → 유지 전략

• 주 단위 목표 (Weekly Focus)
1주차 — 시작과 습관 형성
작은 루틴 확립 (예: 매일 5분 호흡/명상, 짧은 일기)
목표: '매일 한다.'는 성취감 쌓기

2주차 — 심화와 확장

시간을 조금 늘리거나(5→10분), 다른 기법 추가 (걷기 명상, 자애 명상 등)

목표: 다양성과 몰입 경험

3주차 — 유지와 내재화

생활 속 적용 (출퇴근길, 대화 중, 식사 전 후 짧은 마음챙김)

목표: '루틴을 습관으로 정착'

- **일 단위 루틴 (Daily Routine)**

아침: 3분 호흡 명상 + 오늘의 다짐 한 줄 쓰기

낮/일상 중: 1회 이상 짧은 마음챙김 실습(걷기, 호흡, 비 판단 관찰)

저녁: 하루 돌아보기 (오늘 실습 기록 & 자기 성찰 질문 1개 답하기)

독자를 위한 체크리스트 예시: 오늘 아침 호흡 실습/낮에 짧은 마음챙김/저녁 기록 완료

- **예상되는 장애물 & 대처 전략**

시간 부족 → 최소 1분 버전 실습("마이크로 루틴")으로 대체

동기 저하 → 첫 주는 '완벽함'보다 '꾸준함'을 목표로 삼기

망각 → 알람/메모/시각적 큐(책상 위 포스트잇, 스마트폰 리마인더)활용

자기비난 → 빠뜨린 날에도 "괜찮아, 내일 이어가면 돼"라는 자기연민 문구 사용

• 유지 전략(Maintenance Strategy)

작은 보상: 일주일을 마치면 스스로에게 작은 보상 (좋아하는 차, 산책, 음악)

기록화: 21일 체크리스트를 눈에 보이게 유지 → 성취감 강화

공유하기: 가족·친구·동료와 진행 상황 나누기 → 책임감 + 공동체성 강화

확장하기: 21일 후에는 1개월·3개월 계획으로 확장, 점진적 심화

• 독자를 위한 마무리 메시지

21일은 새로운 습관이 자리 잡기 시작하는 상징적 기간입니다. 작은 루틴이라도 꾸준히 이어가면, 3주 후에는 단순한 실습이 아니라 삶의 태도를 바꿀 수 있습니다.

☐ 명상: 측정과 피드백
-자가 체크리스트(불안/우울/수면/마음챙김)와 진행 모니터링

변화는 막연한 느낌으로만 확인하기 어렵습니다.

매일의 불안과 우울, 수면의 질, 마음챙김 실습을 작은 수치와 기록으로 남길 때, 우리는 비로소 눈에 보이는 회복의 흐름을 발견하게 됩니다. 자가 체크리스트는 단순히 점수를 매기는 도구가 아니라, 나의 내면과 하루를 다시 바라보는 거울이 됩니다.

21일간의 여정 속에서 측정과 피드백은 길을 잃지 않도록 돕는 나침반이며, 작은 성취와 변화를 알아차리게 해주는 따뜻한 기록입니다.

◇ 자기측정과 피드백 워크북 섹션

- **자가 체크리스트 (Daily/Weekly Self-Check)**
- **불안 (Anxiety)**

오늘 하루, 불안감이 얼마나 강했나요? (0-10점)
불안이 가장 크게 느껴진 상황은 언제였나요?
불안 속에서도 숨 고르기·호흡 명상을 실천했나요? (예/아니오)

- **우울 (Depression)**

오늘 하루, 무기력·슬픔을 얼마나 자주 느꼈나요? (0-10점)
아침에 일어나기가 힘들었나요? (예/아니오)
작은 기쁨·감사 순간을 찾았나요? (예/아니오)

- **수면 (Sleep)**

어젯밤 잠든 시각 / 오늘 기상 시각: ____ / ____
총 수면 시간: ____ 시간
수면 질 (0-10점)
기상 시 상쾌함 정도 (0-10점)

- **마음챙김 (Mindfulness)**

오늘 마음챙김 실습을 한 시간: ____분
실습 중 주의가 분산된 횟수: ____ 회
실습 후 평온·안정감 수준 (0-10점)

- **진행 모니터링 (Progress Monitoring)**

주차	불안평균	우울평균	수면질	마음챙김	실습	메모/느낀점
1주차						
2주차						
3주차						

참가자는 매주 점수를 평균 내어 적고, 간단한 메모("호흡법이 가장 도움 됨", "수면의 질이 좋아짐" 등)를 작성하도록 안내합니다.

- **피드백 활용 방법**

자기 인식→점수를 통해 감정·습관의 패턴을 확인합니다. 조기 경고 신호→불안·우울 점수가 연속적으로 높아지면 상담자와 공유합니다.
성취 확인→마음챙김 실습 시간이 늘어나고, 수면 점수가 개선되는 흐름을 스스로 확인 → 동기 강화를 확인합니다. 상담 협업→상담자와 함께 이 데이터를 기반으로 맞춤형 개입을 조정할 수 있습니다.

- **독자에게 전하는 마무리 메시지**

"기록은 변화의 거울이다." 자가 체크리스트는 단순한 점수 기입이 아니라, 내 마음과 몸의 작은 변화를 알아차리는 도구입니다.

21일 동안의 기록이 쌓이면, 그 자체가 치유의 발자국이 됩니다.

☐ 명상: 작은 증언들
-"명상이 내 마음을 어떻게 바꿨는가" 현장 이야기 모음

　명상은 교과서 속 개념이 아니라, 살아 있는 사람들의 삶 속에서 피어난 작은 변화를 통해 더 잘 이해됩니다. 누군가는 불안의 파도 속에서 호흡 하나로 고요를 발견했고, 또 누군가는 끝없는 자기비난 속에서 연민의 따뜻함을 배웠습니다.

　상실의 어둠 속에서도 다시 숨을 고르고, 공동체 안에서 연결의 힘을 느끼며, 분노를 이해로 바꾸어 낸 사람들.
　이들의 이야기는 거창한 성공담이 아니라, 아주 사소한 순간의 전환에서 비롯됩니다. 하지만 그 작은 순간들이 모여, 마음의 방향을 바꾸고 삶의 색을 달리하게 합니다.

　명상은 문제를 지워주는 마법이 아니라, 문제를 바라보는 눈을 바꾸는 힘이라는 것을, 바로 이 증언들이 보여줍니다.

☆ 명상이 내 마음을 어떻게 바꾸었는가

　명상은 누군가의 이론이나 책 속의 개념이 아니라, 실제 사람들의 삶에서 피어난 변화를 통해 더욱 선명해집니다. 다음은 각기 다른 사람들이 들려준, 명상이 마음을 어떻게 바꾸었는지에 대한 작은 증언들입니다.

§ 불안에서 고요로

OO씨는 늘 조급했고, 작은 자극에도 마음이 요동쳤습니다. 호흡이 가빠지면 불안이 더 커지고, 불안이 커지면 다시 호흡이 흔들리는 악순환 속에서 지쳐갔습니다. 그러다 만난 것이 3분 호흡 명상이었습니다.

처음에는 단순해 보여 반신반의했지만, 놀랍게도 효과는 곧 나타났습니다. 명상가의 안내에 따라 천천히 숨을 고르고 내쉬며 호흡에 집중하자, 불안은 서서히 힘을 잃었습니다. 고요는 멀리 있는 것이 아니었습니다. 그것은 이미 내 안 깊숙한 곳, 늘 함께 있던 숨 속에 숨어 있었습니다.

§ 자기비난에서 자기연민으로

저는 언제나 저 자신을 가장 가혹하게 몰아붙였습니다.
"왜 그 정도밖에 못 하니?"
"넌 늘 부족해."
이런 비난은 습관처럼 흘러나왔습니다. 그러다 상담을 통해 자애명상을 접하게 되었습니다.
"내가 행복하기를."

처음에는 차갑고 어색하게만 느껴졌던 말이, 반복할수록 서서히 마음에 온기를 불어넣었습니다. 어느 날 깨달았습니다. 나는 나의 가장 큰 적이 아니라, 내가 가장 먼저 품어야 할 사람이라는 사실을.

그 순간부터 자기비난은 조금씩 힘을 잃었고, 대신 자기연민이 내 안에서 자라나기 시작했습니다.

§ 상실에서 회복으로

상담실을 찾은 00씨는 사랑하는 사람을 잃은 슬픔에 휩싸여 있었습니다. 세상은 더 이상 의미 없는 곳처럼 느껴졌습니다. 그러나 이미지 명상을 통해 마음의 스크린에 빛이 드는 숲길을 그려내며, 함께 웃던 기억을 다시 떠올릴 수 있었습니다.

그는 떠났지만, 기억 속에서는 여전히 함께 걷고 있었습니다. 고통은 여전히 남아 있었지만, 그 고통 속에서도 사랑과 따뜻함이 다시 살아났습니다. 명상은 상실을 지워주진 않았지만, 상실 속에서도 살아갈 힘을 되찾게 해주었습니다.

§ 고립에서 연결로

저는 혼자 걷고 혼자 명상하기를 좋아했습니다. 고요를 느낄 수 있었지만, 늘 어딘가 외로웠습니다. 그러나 처음 참여한 공동체 명상은 전혀 다른 경험이었습니다. 수십 명이 함께 호흡하는 순간, 방 안에 흐르는 묘한 에너지가 저를 감싸안았습니다.

"나만 힘든 게 아니구나. 우리 모두 같은 길을 걷고 있구나."

그 깨달음은 깊은 소속감을 선물했습니다. 혼자가 아니라는 감각, 함께 있음이 주는 치유의 힘 — 그것은 책으로 배우는 이론이 아니라, 몸으로 느낀 진실이었습니다.

§ 분노에서 이해로

분노는 제 가장 큰 적이었습니다. 누군가의 말 한마디에 불길이 치솟으면, 그 불은 나를 태우고 주변까지 덮쳤습니다. 그러나 만트라 명상은 그 불길에 잔잔한 물을 뿌려주었습니다.

"옴…"을 반복하며 호흡과 소리를 맞추자, 분노의 파도는 조금씩 잦아들었습니다. 마음이 차분해지자 상대를 보는 시선도 달라졌습니다. 전에는 적처럼만 보였던 사람이 이제는 나와 같은 인간, 실수하고 흔들리는 존재로 느껴졌습니다. 그 순간, 적대감은 이해로 바뀌고 관계는 새롭게 회복되기 시작했습니다.

☆ 작은 증언들의 메시지

이 이야기들은 하나의 공통된 메시지를 전합니다. 명상은 문제를 없애는 마법이 아닙니다.

그러나 명상은 문제를 바라보는 나의 태도를 바꾸어 줍니다. 그리고 그 태도의 전환이 삶을 조금씩, 그러나 분명히 다른 이야기로 바꾸어 갑니다.

불안은 고요로, 자기비난은 자기연민으로, 상실은 회복으로, 고립은 연결로, 분노는 이해로. 작은 전환들이 모여 결국 우리의 삶을 새롭게 써 내려갑니다.

9장
새로운 삶이 시작된다

『새벽은 이미 시작되었습니다. 치유는 끝이 아니라 새로운 출발입니다.
상처는 다시 삶의 용기로 쓰이고, 애도와 수용은 마음의 빈자리를 열어 줍니다.
작은 기록과 실천은 흔들림을 다독이고, 감사와 기쁨은 삶을 밝히는 힘이 됩니다.
결국, 회복은 나눔으로 이어지고, 마지막에 우리는 선언합니다.
"나는 내가 선택한 삶을 살아간다."』
- 본문 요약

1. 새벽은 이미 시작되었다
-치유 여정의 마지막이 아닌 새로운 출발선으로서의 인트로
2. 나의 회복 서사 다시 쓰기
-내러티브 리프레임—"무슨 일이 있었나."에서 "그 이후 나는 누구인가"로.
3. 놓아보는 연습, 애도·수용·용서 리추얼
-작별 편지, 상실 박스, 수용 선언문으로 마음의 공간 만들기.
4. 감정일기와 표현적 글쓰기의 유지 전략
-5문장 저널·자기연민 편지로 흔들림을 정리하는 방법.
5. 건강한 경계와 자기 보호
-'예스/노' 스크립트, 에너지 관리, 회복을 해치는 습관 다루기.
6. 가치·목표·행동의 90일 로드맵
-핵심가치 3개 선정 → 3대 목표 → 주간 작은 행동 설계(OKR-lite).
7. 감사와 기쁨의 근육 키우기
-3감사·작은 기쁨 수집·칭찬 리추얼로 긍정 정서 끌어올리기.
8. 흔들릴 때 돌아오는 길
-위기대응 체크리스트(호흡·그라운딩·연락처·안전문장).
9. 의미의 확장 – 나눔과 봉사, 일의 재정의
-배운 것을 관계/일/사회에 환원하는 방법.
10. 새로운 삶 선언문
-개인 확언문과 '내가 선택하는 삶' 서명식.

새벽은 언제나 조용히 찾아옵니다. 어둠이 끝났음을 알리는 것은 큰 소리가 아니라, 아주 미묘한 빛의 변화입니다. 치유의 여정 또한 그렇습니다.

눈에 띄는 드라마틱한 순간보다, 작은 실천과 다짐, 그리고 용서와 수용의 흔적들이 모여 어느 날 문득 "나는 달라졌다"는 자각으로 이어집니다.

이제 우리는 깨달았습니다. 치유는 끝이 아니라, 새로운 삶의 출발선이라는 것을.

상처는 삶의 무게가 아니라, 용기로 다시 쓰일 수 있고, 애도는 단절이 아니라 내 안의 빈자리를 사랑과 의미로 채워주는 통로가 됩니다.

짧은 글쓰기, 작은 감사, 호흡 하나의 고요함은 우리의 흔들림을 다독이며, 삶의 방향을 천천히 바꾸어 줍니다. 그리고 마지막에 우리는 선언합니다.

"나는 내가 선택한 삶을 살아간다."

그 선언은 단순한 문장이 아니라, 이제 막 시작된 새벽의 빛처럼 우리의 삶을 앞으로 이끌어 줄 약속입니다.

01
새벽은 이미 시작되었다
-치유 여정의 마지막이 아닌 새로운 출발선으로서의 인트로

어둠은 아직 걷히지 않았지만, 빛은 이미 문틈 사이로 스며들고 있습니다. 치유는 끝이 아닙니다. 그것은 새로운 길 위에서 다시 내쉬는 첫 호흡과 같습니다. 우리는 여전히 불완전합니다. 그러나 그 불완전 속에서 이미 새로운 여정은 시작되었고, 삶은 완결이 아니라, 매 순간 새롭게 깨어나는 끝없는 새벽입니다.

치유 여정의 마지막이 아닌 새로운 출발선으로서의 첫 페이지

어둠은 아직 걷히지 않았으나 빛은 이미 문틈 사이로 스며든다.

치유는 끝이 아니다, 다시 걷기 시작하는 발걸음, 또 다른 길 위의 첫 호흡이다.

우리는 아직 불완전하지만, 그 불완전 속에서 이미 새로운 여정이 시작되었다.

끝은 없다.

삶은 매 순간 새벽으로 깨어나는 연속일 뿐.

어둠 뒤에 찾아오는 빛

긴 밤을 건너온 사람은 새벽빛을 더 깊이 느낍니다.

치유의 여정 또한 마찬가지입니다. 불안과 고통을 지나며, 때론 좌절하고 주저앉았던 그 길 위에서, 우리는 어느새 조금 더 단단해지고, 조금 더 유연해졌습니다.

치유는 '모든 아픔이 사라진 상태'가 아니라, 아픔과 함께 살아가는 새로운 태도를 배우는 과정이었습니다. 그래서 이 마지막은 끝이 아니라, 새벽을 여는 출발선입니다. 내 안에서 이미 시작된 새벽빛이, 앞으로의 길을 비추기 시작합니다.

심리학 이론 회복탄력성과 성장의 심리학

회복탄력성Resilience은 심리학에서 인간이 역경과 고통 속에서도 다시 일어설 수 있는 힘을 말합니다. 단순히 쓰러졌다가 제자리로 돌아오는 힘이 아니라, 상처와 어려움을 경험한 뒤 이전보다 더 성숙하고 유연한 모습으로 변화하는 능력입니다.

마치 폭풍우를 이겨낸 나무가 더 깊은 뿌리를 내리고, 더 단단한 줄기를 키우는 것처럼, 회복탄력성은 우리를 더욱 강하고 지혜로운 존재로 만들어 줍니다. 그래서 회복은 단순한 '원상 복구'가 아니라, 삶의 굴곡 속에서 자신을 새롭게 단련하는 성장의 과정이라 할 수 있습니다.

외상 후 성장(PTG, Post-Traumatic Growth)은 우리가 힘겨운 시련을 겪은 뒤, 단순히 상처에서 회복하는 것을 넘어 삶의 새로운 차원을 발견하는 현상을 말합니다. 연구에 따르면 큰 고통을 경험한 사람일수록 삶의 우선순위를 다시 정리하게 되고, 인간관계 속에서 더 깊은 친밀감과 감사함을 느끼며, 이전보다 더 강한 영적·존재적 성장을 이루는 경우가 많습니다.

예를 들어, 갑작스러운 상실이나 병을 겪은 사람은 "삶은 유한하다"는 사실을 더욱 절실히 깨닫고, 하루하루의 소중함을 더 깊이 느끼게 됩니다. 또 어떤 이는 가까운 사람의 지지와 사랑을 통해 관계의 힘을 새롭게 발견하며, 세상을 바라보는 관점 자체가 성숙해집니다.

치유는 단순히 상처를 덮는 과정이 아니라, 그 상처를 통해 이전보다 더 넓고 깊은 자아를 발견하는 여정입니다. 그래서 PTG는 고통이 끝난 자리에서 피어나는 새로운 의미와 성장의 꽃이라 할 수 있습니다.

마음챙김(Mindfulness)은 지금 이 순간의 경험을 있는 그대로 알아차리고 받아들이는 훈련입니다. 과거의 후회나 미래의 불안을 잠시 내려놓고, 호흡·몸의 감각·떠오르는 감정에 주의를 기울이는 단순한 실천이지만, 그 효과는 깊습니다.

마음챙김은 불안과 우울에 휘둘리는 악순환에서 벗어나도록 돕고, 우리가 일상 속에서 삶을 새롭게 바라보는 토대를 마련해 줍니다.
예를 들어, 차 한 잔을 마실 때도 무심코 넘기지 않고 그 따뜻함과 향을 온전히 느끼는 순간, 우리는 더 이상 과거의 상처나 미래의 두려움 속에 있지 않습니다. 오직 '지금 여기'의 생생한 경험 속에서 자신을 회복하게 됩니다.

심리학 연구 또한 마음챙김이 단순한 긴장 완화 기법이 아니라, 자기 이해와 정서적 회복탄력성을 높이는 핵심적인 방법임을 보여줍니다. 따라서 치유는 하나의 끝맺음이 아니라, 지금 이 순간부터 시작되는 새로운 자기 발견과 성장의 길임을 마음챙김이 일깨워 줍니다.

- **독자에게 전하는 철학적 메시지 — 삶은 매 순간 다시 태어나는 것**

철학은 오래 전부터 "삶은 끝없는 새벽"이라고 말해왔습니다. 불교에서는 "매 순간이 새로운 시작"임을, 선종은 "초심(初心)"으로 돌아가 늘 새롭게 살아가야 함을 강조합니다.

서양 철학자 하이데거는 인간을 "항상-되기(becoming)"[27]의 존재라 했습니다. 삶은 완결된 상태가 아니라, 늘 새롭게 빚어지는 과정입니다. 니체는 영원회귀(Eternal Recurrence)를 통해, 매 순간을 새롭게 긍정할 수 있을 때 삶이 진정한 의미를 가진다고 말했습니다.

"새벽은 이미 시작되었다"는 말은, 치유의 여정이 끝이 아님을 선언합니다. 그것은 새로운 삶, 새로운 이야기, 새로운 '나'로 나아가는 출발의 문입니다. 고통은 여전히 내 삶에 있을 수 있지만, 나는 더 이상 그 고통의 포로가 아닙니다. 치유는 완결이 아니라 새로운 시작의 가능성입니다.

지금 이 순간, 이미 내 안에서 새벽은 시작되었습니다.

---

27) Martin Heidegger,1899-1976-독일출신 철학자 대표작 '존재와 시간'에서 인간은 자신이 태어난 세계에 던져져 있고, 이던져진 세계안에서 '본래적인 자기자신'이 되기 위한 선택을 끊임없이 해야 한다는 의미입니다.

02
나의 회복 서사 다시 쓰기 – Narrative Reframe
- "무슨 일이 있었나"에서 "그 이후 나는 누구인가"로

우리는 종종 "무슨 일이 있었나."에 머무릅니다. 그러나 치유는 과거의 설명에서 시작되지 않습니다. 진정한 회복은 질문의 방향이 바뀔 때, "그 일이 있었지만, 그 이후 나는 누구인가?"라고 스스로에게 물을 때 열립니다.

그 순간 상처는 고통의 흔적이 아니라 새로운 의미의 서사가 되고, 나는 더 이상 희생자가 아니라 내 삶을 다시 써 내려가는 작가가 됩니다.

내러티브 리프레임 "무슨 일이 있었나"에서 "그 이후 나는 누구인가"로

우리는 종종 과거의 상처에 억매여 삽니다. 무슨 일이 있었는지를 설명하고, 반복하며, 그 기억 속에 갇히곤 합니다. 그러나 치유의 순간은 질문의 방향이 바뀔 때 찾아옵니다.

"그 일이 있었지만, 그 이후 나는 누구인가?"
상처는 지워지지 않습니다. 하지만 그 상처는 새로운 의미를 얻을 수 있습니다.

내 이야기를 "피해의 이야기"에서 "회복의 이야기"로 다시 쓰는 순간, 나는 더 이상 과거의 희생자가 아니라, 스스로의 삶을 새롭게 써 내려가는 작가가 됩니다.

심리학적 에세이 – 과거의 이야기, 새로운 시선

우리는 흔히 "무슨 일이 있었는가"에 매달립니다.
아픔을 설명하고, 상처를 되뇌며, 과거의 사건을 반복 재생합니다.
그러나 치유의 순간은 질문의 방향이 바뀔 때 찾아옵니다. "그 일이 있었지만, 그 이후 나는 누구인가?"라는 질문이 바로 그것입니다.

상처는 사라지지 않습니다. 하지만 그 상처는 새로운 의미와 서사를 얻을 수 있습니다. 내 이야기를 "피해의 이야기"에서 "회복의 이야기"로 다시 쓰는 순간, 나는 더 이상 사건의 희생자가 아니라, 새로운 정체성을 가진 사람이 됩니다.

심리학 이론 – 내러티브 치료와 성장

내러티브 치료(Narrative Therapy, White & Epston): 사람은 자기 삶을 이야기로 이해합니다. 고통스러운 사건에 얽힌 '문제 중심 서사'를 '대안 서사'로 재구성할 때, 자아는 새로운 가능성을 얻습니다.

외상 후 성장(PTG, Post-Traumatic Growth): "그 일 때문에 나는 무너졌다"에서 "그 일을 지나며 나는 더 단단해졌다"로 바뀌는 내러티브는 실제로 자존감, 의미감, 관계 회복을 강화합니다.

자기정체성의 재구성(Reconstruction of Identity): 심리학적으로 회복은 '이전 상태로 돌아감'이 아니라, 사건 이후에 새롭게 구성되는 자기서사를 통해 이루어집니다.

◇ 상담 실제 — 내러티브 전환의 한 장면

한 내담자는 늘 "나는 그 사건의 피해자"라고 자신을 정의했습니다. 하지만 상담 과정에서 그는 질문을 바꾸기 시작했습니다.

"그 일이 내게 어떤 상처를 남겼는가?" → "그 이후 나는 어떤 힘을 가지게 되었는가?"

"나는 왜 무너졌는가?" → "나는 어떻게 다시 일어났는가?"

상담 후 몇 주가 지나 그는 이렇게 말했습니다.

"이제 제 이야기는 단순히 상처의 이야기가 아니라, 제가 살아낸 용기의 이야기입니다."

- **독자에게 전하는 철학적 메시지 — 내가 나의 저자가 된다.**

삶은 언제나 서사입니다. 과거는 지워지지 않지만, 그 의미는 다시 쓸 수 있습니다.

불교는 연기(緣起)를 통해 모든 사건이 고정된 실체가 아니라 관계 속에서 달라진다고 말합니다.

철학자 폴 리쾨르(Paul Ricoeur)[28]는 인간을 "자기 이야기의 저자"로

---

28) 리쾨르는 프랑스 태생, 마크롱 프랑스 대통령의 스승이기도 하며, '대화의 철학자'이기도하다

정의했습니다. 결국 치유란 과거를 삭제하는 것이 아니라, 과거와 나의 관계를 다시 쓰는 행위입니다.

"무슨 일이 있었나"라는 질문은 나를 과거에 묶어두지만,
"그 이후 나는 누구인가"라는 질문은 나를 미래로 열어 줍니다.

"나의 회복 서사 다시 쓰기"는 치유 여정의 핵심입니다. 고통은 더 이상 내 이야기를 규정하는 결말이 아니라, 내가 새롭게 쓰는 이야기의 한 장면이 됩니다. 그리고 그 펜은 오롯이 내 손에 쥐어져 있습니다. 내 손에 펜이 쥐어져 있는 것처럼 인생도 내손에서 함께 합니다.

☐ 글쓰기 템플릿 — 나의 회복 서사 다시 쓰기

우리가 겪은 사건은 지울 수 없지만, 그 사건을 어떤 이야기로 남길지는 우리의 선택에 달려 있습니다. 같은 경험이라도 '상처의 이야기'로 남길지, '회복의 이야기'로 다시 써 내려갈지는 지금 이 순간의 결심이 만들어 줍니다.

글쓰기는 그 결심을 현실로 옮기는 가장 힘 있는 도구입니다.
이 템플릿은 과거를 단순히 반복하는 것이 아니라, 그 속에서 배운 것과 발견한 힘을 새롭게 정리하도록 도와줍니다. 그리고 마지막에 적는 짧은 한 줄은, 오늘을 살아가는 나의 회복 서사가 되어 내일을 밝히는 불빛이 될 것입니다.

- **사건 돌아보기: 무슨 일이 있었나**

나를 가장 힘들게 했던 사건은 무엇이었나요?
  □ _____

그때 느낀 감정은 무엇이었나요?
  □ _____

그 경험이 내 삶을 제한한 방식은 무엇인가요?
  □ _____

- **시선 전환하기: 그 이후 나는 누구인가**

그 경험을 지나오며 내가 배운 점은 무엇인가요?
  □ _____

그 경험을 통해 내 안에서 새롭게 발견된 힘은 무엇인가요?
  □ _____

이제 나는 나 자신을 어떤 사람으로 바라볼 수 있나요?
  □ _____

- **나의 서사 다시 구성: 새로운 이야기 쓰기**

이전 서사(문제 중심):
  "나는 _____ 때문에 늘 _____ 사람이다."

새로운 서사(회복 중심):
"나는 _____을 겪었지만, 그로 인해 _____ 사람이 되었다."

- **독자가 새로 쓰는 오늘의 회복 문장**

오늘 하루를 돌아보며, 내 회복 서사를 강화하는 한 줄을 적어보세요.

☐ _____

- **독자에게 전하는 치유의 메시지**

당신의 삶은 여전히 기록되고 있습니다. 어제의 상처가 오늘의 당신을 설명할 수는 있지만, 그것이 당신을 전부 규정할 수는 없습니다. 삶의 이야기는 언제나 열려 있고, 그 결말은 아직 쓰이지 않았습니다. 과거가 당신에게 남긴 흔적은 지울 수 없습니다.

그러나 그 흔적 위에 새로운 문장을 써 내려갈 수는 있습니다.
"나는 상처받았다"라는 문장에서 멈추지 말고,
"나는 상처 속에서 다시 피어났다"라는 문장으로 이어가십시오.
그 문장을 쓸 수 있는 펜은 지금 당신의 손 안에 있습니다.

삶은 늘 불완전하고, 우리는 완벽하지 않습니다. 하지만 바로 그 불완전함이 새로운 가능성의 씨앗입니다. 넘어진 자리에서 일어선 발걸음은 이전보다 더 단단하고, 더 넓은 길로 나아갑니다. 고통은 끝이 아니라, 당신의 이야기를 더욱 깊고 풍성하게 만드는 또 하나의 장면일 뿐입니다.

철학자 리쾨르가 말했듯, 우리는 자기 삶의 저자입니다.

그리고 저자인 당신이 결심하는 순간, 삶은 언제든 새롭게 시작될 수 있습니다.

당신의 내일은 아직 백지이며, 오늘의 선택이 그 위에 첫 문장을 써 내려갑니다.

그래서 기억해야 합니다.

"그 일이 있었지만, 그 이후 나는 누구인가?"라는 질문은 이미 당신을 새로운 길로 이끌고 있습니다.

어둠은 아직 남아 있을지라도, 새벽은 이미 시작되었습니다.

그리고 그 새벽빛은 당신 안에서 피어나, 앞으로의 여정을 환히 비추고 있습니다.

이제 당신의 차례입니다.

당신의 이야기 속에서 고통은 결말이 아니라, 용기와 회복의 시작입니다. 삶의 펜을 다시 쥐고, 새로운 페이지를 여는 저자는 바로 당신입니다.

"과거는 바꿀 수 없지만, 그 의미는 다시 쓸 수 있습니다. 나는 내 이야기를 새롭게 쓰는 저자입니다."

03
놓아보는 연습-애도·수용·용서 리추얼Ritual[29]
-작별 편지, 상실 박스, 수용 선언문으로 마음의 공간 만들기

우리는 살면서 수많은 상실과 상처를 경험합니다.
사랑하는 사람과의 이별, 기대했던 미래의 무너짐, 스스로를 향한 끝없는 자책….
그 무게는 종종 마음을 짓누르며 우리를 현재에 묶어둡니다.

작별 편지, 상실 박스, 수용 선언문으로 마음의 공간 만들기

사람이 살아가며 마주하는 상실과 상처는 결코 가벼운 일이 아닙니다. 떠나보낸 이의 흔적, 지워지지 않는 기억, 마음 한쪽에 남아 있는 분노와 미련은 쉽게 내려놓을 수 없는 짐처럼 느껴집니다.

그래서 "무엇인가를 놓는다."는 것은 잊어버리거나 지워내는 것이 아닙니다. 오히려 그 모든 감정을 있는 그대로 인정하고, 지금의 나에게 그것이 어떤 의미였는지를 받아들이는 과정입니다.

작별 편지는 아직 표현하지 못한 마음을 글로 풀어내며, 스스로와의 화해를 도와줍니다. 상실 박스는 잊고 싶지만 잊을 수 없는 물건들

---

29) 리추얼은 의식이나 의례를 의미한다.

을 담아두어, 기억을 억누르지 않고 안전하게 보관할 수 있는 공간이 됩니다. 수용 선언문은 "나는 이 상실을 받아들이고, 이제 다시 나아가겠다."라는 의지를 스스로에게 확인하는 작은 의식입니다.

이러한 의례적 행위들은 마음 안에 새로운 공간을 만들어 줍니다. 상처는 여전히 존재하지만, 그것에만 묶여 있지 않고 앞으로 걸어갈 길을 스스로 선택할 수 있는 힘을 길러 줍니다. 결국 놓아보는 것은 끝이 아니라, 다시 살아가기 위한 시작입니다.

심리학적 배경- 심리적 리추얼의 세 가지 길

• 애도(Grief Work) —상실과 마주하는 용기

상실은 피하려 할수록 오히려 더 오래 마음에 머물게 됩니다. 프로이트(Freud)는 애도를 상실한 대상과의 정서적 유대를 서서히 정리해 가는 과정이라 설명했습니다. 글쓰기, 편지 쓰기, 상징물을 활용하는 의례적 행위는 억눌린 감정을 안전하게 표현할 수 있는 통로가 됩니다.

예를 들어, 떠나간 이를 위한 '작별 편지'나 '추억 상자'를 만드는 행위는 단순한 상징이 아니라, 감정을 통합하고 마음에 새로운 질서를 세우는 의미 재구성 작업입니다. 심리학적으로 이는 표현적 글쓰기(Expressive Writing) 기법과 맞닿아 있으며, 슬픔을 언어화함으로써 정서적 회복을 촉진합니다.

• 수용(Acceptance) —억압이 아닌 있는 그대로

수용은 고통을 억누르는 것이 아니라, 그것이 '이미 존재한다.'는 사실을 인정하는 태도입니다. 수용전념치료(Acceptance and Commitment Therapy, ACT)에서는 이런 태도를 '심리적 유연성(Psychological Flexibility)'이라고 부릅니다. 감정을 밀어내기보다는 받아들이고, 그 위에서 가치 있는 행동을 선택할 때, 고통은 단순한 짐이 아니라 성장의 발판이 됩니다.

예를 들어 "나는 불안을 느끼고 있다"라는 사실을 인정하는 순간, 우리는 그 불안에 덜 휘둘리며 행동할 수 있게 됩니다. 이는 자기 자각(Self-awareness)과 정서 조절 능력을 키우는 훈련이기도 합니다.

• 용서(Forgiveness) —새로운 관계를 여는 문

용서는 타인을 위한 것 같지만, 사실은 자신을 위한 해방입니다. 용서 연구로 유명한 심리학자 에버렛 워딩턴(Everett Worthington)은 용서를 억눌린 분노와 복수심에서 벗어나 심리적 자유를 얻는 과정이라고 정의했습니다.

타인을 향한 용서는 관계의 회복을 가능하게 하고, 자신을 향한 자기용서는 죄책감에서 벗어나 더 건강한 자아를 세우게 합니다. 심리학적으로는 용서가 우울감 완화, 스트레스 감소, 신체적 건강 개선과도 관련된다는 연구 결과가 있습니다.

심리적 리추얼은 단순한 의식이 아니라, 감정을 다루는 신리하저 도구입니다.

애도는 슬픔을 인정하고 통합하는 작업, 수용은 심리적 유연성을 키우는 태도, 용서는 새로운 관계와 자기 회복을 열어 주는 문입니다.

이 세 가지가 함께할 때, 상실은 단순히 '끝'이 아니라, 더 성숙한 삶으로 나아가는 출발점이 됩니다.

◇ 독자와 함께 하는 실습 리추얼ritual

• 작별 편지 －애도의 글쓰기

떠나보내야 할 사람, 관계, 혹은 과거의 나 자신에게 편지를 씁니다.

형식: "나는 당신과 함께했던 ＿＿＿＿＿을 기억합니다. 하지만 이제 나는 ＿＿＿＿＿을 놓아줍니다." 다 쓴 뒤 봉투에 넣어 불태우거나 찢어 버리면서 '작별의 의식'을 마무리합니다.

• 상실 박스 －내려놓는 공간

상실·미련·분노를 상징하는 작은 물건, 메모, 사진 등을 준비합니다. 그것들을 박스에 담으며 "이제 나는 이 무게를 잠시 내려놓습니다."라고 속삭입니다. 상실 박스는 버리거나 간직해도 좋습니다. 중요한 것은 내 마음 밖에 두는 행위 그 자체입니다.

• 수용 선언문 －새로운 출발의 약속

자신에게 혹은 삶 전체를 향해 선언문을 작성합니다.

문구 예시: "나는 이 상실을 인정합니다. 그리고 그 안에서도 살아가겠습니다."

"나는 나 자신을 용서합니다. 나는 타인을 용서합니다."/"나는 과거와 화해하고, 오늘 여기에서 다시 시작합니다." 선언문을 눈에 잘 보이는 곳(책상, 벽, 일기장)에 붙여두고 반복적으로 읽으며 내면에 새깁니다.

• **독자 자신을 위한 자기 성찰 질문**

지금 내가 가장 놓아주고 싶은 것은 무엇인가요?

그 대상(사람, 기억, 감정)을 내려놓는 것이 두려운 이유는 무엇인가요?

놓아준 뒤, 내 삶의 빈 공간에 무엇을 채우고 싶은가요?

• **독자에게 전하는 철학적 메시지**

놓아보는 것은 단순히 잊는 행위가 아닙니다. 그것은 마음속 무거운 짐을 내려놓고, 새로운 공간을 여는 용기입니다. 상실과 고통은 여전히 내 안에 흔적으로 남아 있을 수 있습니다.

하지만 애도하고, 수용하고, 용서하는 작은 리추얼을 통해, 우리는 그 상처를 더 이상 삶의 걸림돌이 아니라 새로운 출발의 디딤돌로 바꿀 수 있습니다.

불교는 집착을 내려놓을 때 자유가 찾아온다고 말합니다. 심리학 또한 의례적 행위를 통해 억눌린 감정을 표현하고, 수용과 용서를 통해 다시 살아갈 힘을 얻는다고 알려줍니다.

그렇기에 "놓아주는 순간"은 잃어

버리는 순간이 아니라, 오히려 내 삶의 빈자리에 빛과 숨, 새로운 희망을 들여놓는 순간입니다.

이제 당신은 선택할 수 있습니다.

더 이상 과거의 상처를 움켜쥐지 않고, 그것을 조용히 내려놓음으로써, 당신 안에 새로운 이야기가 시작되도록 허락할 수 있습니다.

기억하세요.

놓아보는 것은 포기가 아니라, 삶을 다시 사랑하기 위한 가장 깊은 용기입니다.

그리고 그 순간, 당신은 다시 살아갈 힘을 얻습니다.

◇ 놓아보는 연습 ― 실습 시트

- **독자 자신을 위한 체크리스트**

오늘 나는…
놓아주고 싶은 대상을 떠올렸다.
작별 편지를 써보았다.
상실 박스에 담을 물건이나 메모를 준비했다.
수용 선언문을 적어보고, 소리 내어 읽었다.

- **작별 편지**

떠나보내야 할 사람/기억/감정에게 짧은 편지를 써보세요.

"나는 당신과 함께한 _____ 을(를) 기억합니다.
그러나 이제 나는 _____ 을(를) 놓아줍니다."
☐ _____

☐ _____

• **상실 박스**

오늘 나는 이 감정을/대상을 내려놓습니다:
☐ _____

박스에 담으며, 속으로 이렇게 말해봅니다.
"나는 이 무게를 내려놓습니다. 이제 내 마음은 더 가벼워질 수 있습니다."

• **수용 선언문**

내가 삶에 선언하고 싶은 한 문장을 적어보세요.
예시: "나는 이 상실을 인정합니다. 그리고 그 안에서 살아가겠습니다."
"나는 나 자신을 용서합니다."
☐ _____

• **독자를 위한 오늘의 성찰**

놓아준 뒤 지금 내 마음은 어떤가요?
☐ _____

마음의 빈 공간에 새롭게 채우고 싶은 것은 무엇인가요?
☐ _____

- **독자를 위한 마무리**

"놓아보는 것은 단순히 버리는 행위가 아닙니다.

그것은 내 안의 상처와 기억을 억지로 지우는 것이 아니라, 그것들이 머물던 자리에 새로운 숨결이 들어올 수 있도록 공간을 비워 주는 일입니다.

비워진 마음의 자리는 공허함이 아니라, 새로운 만남과 가능성이 들어설 수 있는 여백이 됩니다. 그 여백에서 나는 다시 한 걸음을 내디딜 수 있고, 멈췄던 삶을 이어갈 수 있으며, 때로는 이전보다 더 단단하고 따뜻한 나로 거듭날 수 있습니다."

"놓아보는 순간, 끝이라고 생각했던 자리가 사실은 새로운 시작의 문턱임을 깨닫게 됩니다."

04
감정일기와 표현적 글쓰기의 유지 전략
-5문장 저널·자기연민 편지로 흔들림을 정리하는 방법

우리는 살아가면서 수많은 감정의 파도에 흔들립니다. 때로는 설명할 수 없는 불안, 멈추지 않는 자책, 누구에게도 말하지 못한 상처가 마음을 무겁게 짓누릅니다. 그럴 때 글쓰기는 내 마음을 붙잡아 주는 작은 닻이 되어 줍니다.

하루 다섯 문장의 짧은 기록, 스스로에게 보내는 따뜻한 편지 한 장.
이 작은 실천이 쌓이면, 감정은 억눌린 채 남아 있지 않고 안전하게 흘러가며 의미를 얻습니다. 글쓰기는 잘 쓰는 것이 목적이 아닙니다.

계속 쓰는 것, 멈추지 않는 것, 그리고 자기 자신을 향한 친절을 놓치지 않는 것이 중요합니다. 그 순간 글쓰기는 단순한 기록을 넘어, 회복을 이어주는 습관이 됩니다.

왜 유지 전략이 필요한가

감정일기나 글쓰기는 단발적 실습으로도 도움이 되지만, 꾸준히 이어질 때 더 큰 치유 효과를 가져옵니다. 그러나 많은 사람들이 "처음 며칠 하다 멈춤"이라는 장벽을 경험합니다. 이 멈춤을 방지하기 위해

서는 간단함, 구조화, 자기연민의 태도가 유지의 핵심입니다.

5문장 저널 – 간단하지만 지속 가능한 글쓰기

원리: 너무 길게 쓰려 하면 부담이 커집니다. 5문장 규칙은 "짧게, 그러나 매일" 쓰도록 도와줍니다.

구조 예시: 오늘 내가 느낀 감정은 _____ 이다.
그 감정을 일으킨 상황은 _____ 이다.
그 감정 속에서 내 몸은 _____ 를 느꼈다.
나는 그 감정에서 이런 생각을 배운다: _____
지금 이 순간, 나는 _____ 로 나를 돌본다.

유지 팁: 하루 한 번, 자기 전 5분 투자. "잘 쓰는 것"이 아니라 "그냥 5문장"에 의미를 둡니다.

독자를 위한 자기연민 편지 – 자기비난을 따뜻함으로 전환하기

원리: 자기 자신에게 편지를 쓰며, 친구에게 하듯 따뜻함을 건네는 글쓰기.

구조 예시:
나의 고통을 있는 그대로 인정하기
("나는 지금 많이 힘들고 지쳐 있다.")
보편성 확인하기
("모두가 이런 순간을 겪는다. 나만 그런 게 아니다.")
자기 친절로 마무리
("괜찮아, 너는 이미 충분히 애쓰고 있어.")

유지 팁: 매주 1회 이상. 특별히 힘든 날엔 즉각적으로 쓰기.

유지 전략 – 작지만 지속 가능한 글쓰기 습관

• **리추얼화** Ritualizing

글쓰기는 특별한 순간에만 하는 것이 아니라, 일상의 한 부분으로 자리 잡을 때 오래 이어집니다. 예를 들어, 잠들기 전 하루를 마무리하는 시간, 혹은 아침 커피와 함께 짧게 적는 습관은 글쓰기를 "해야 할 과제"가 아니라 "하루의 의식(ritual)"으로 바꿔 줍니다. 작은 의례로서의 글쓰기는 마음을 안정시키고, 반복할수록 더 깊은 의미를 만들어 냅니다.

• **가시화** Making it Visible

기록이 눈에 보일수록 성취감은 커집니다. 다이어리, 전용 노트, 혹은 디지털 앱을 활용해 나의 글쓰기를 시각적으로 쌓아두는 것은 단순한 메모를 넘어 '나의 회복 여정'이 눈앞에 펼쳐지는 경험을 줍니다. 쌓여 가는 기록은 곧 "나는 해내고 있다"는 스스로에 대한 증거가 됩니다.

• **미이크로 목표** Micro Goals

처음부터 완벽하게 매일 길게 쓰려고 하면 부담이 커져 쉽게 포기하게 됩니다. 대신, 기준을 낮추어 "오늘 단 한 줄이라도 썼나"로 목표를 설정해 보십시오. 작은 성공이 쌓일 때, 그 성취가 다시 동기를 불러오고, 결국 장기적인 지속으로 이어집니다. 꾸준함은 완벽함이 아니라,

작고 가벼운 발걸음의 연속에서 나옵니다.

- **자기연민 태도** Self-Compassionate Attitude

며칠을 놓쳤다고 해서 실패한 것이 아닙니다. 오히려 다시 펜을 들고 이어가는 순간이야말로 가장 큰 성취입니다. "나는 왜 계속하지 못했을까?"라는 자기비난 대신, "지금 다시 시작했으니 충분하다"라는 따뜻한 시선을 자신에게 보내 보세요. 자기연민은 글쓰기를 부담이 아니라 스스로에게 주는 선물로 바꿔줍니다.

심리학적 근거 – 글쓰기가 마음을 치유하는 힘

표현적 글쓰기(Expressive Writing)의 치유 효과 – 심리학자 제임스 페네베이커(James Pennebaker)의 연구에 따르면, 감정을 억누르지 않고 글로 표현하는 행위는 단순한 기록을 넘어 신체 면역 기능을 강화하고, 스트레스 수준을 완화하는 데 기여합니다. 억눌린 감정이 언어화되는 순간, 그것은 더 이상 막연한 무게로 남지 않고 조직화된 경험으로 자리 잡아 심리적 해방감을 줍니다.

자기연민(Self-Compassion)의 과학 – 심리학자 크리스틴 네프(Kristin Neff)의 연구는 자기 자신에게 보내는 따뜻한 글, 즉 자기연민 편지가 우울과 불안을 줄이고, 회복탄력성을 강화한다는 사실을 보여줍니다. 친구에게 하듯 자신에게 친절하게 글을 쓰는 경험은 내면의 비난을 잠재우고 "나는 충분하다"는 확신을 길러 줍니다. 이는 단순한 위로가 아니라, 실제로 정신적 회복력(resilience)을 높이는 심리학적 개입입니다.

저널링의 일관성 효과 -연구에 따르면 단 5분이라도 하루 21일 이상 글쓰기를 지속하면, 감정을 인식하고 조절하는 능력이 뚜렷하게 향상됩니다. 이는 글쓰기가 감정을 단순히 배출하는 도구가 아니라, 꾸준히 반복될 때 자기 성찰과 감정 조절의 근육을 단련하는 훈련이 될 수 있음을 의미합니다. 작은 습관이지만, 꾸준히 이어질 때 삶의 질과 정서적 안정에 깊은 변화를 만들어 냅니다.

요약하면, 글쓰기는 과학적으로도 검증된 치유 도구입니다. 감정을 언어로 표현하는 것(표현적 글쓰기), 자신에게 따뜻한 글을 쓰는 것(자기연민 편지), 그리고 짧지만 꾸준히 기록하는 습관(저널링 일관성)은 모두 불안과 고통을 완화하고 회복탄력성을 높이며, 삶을 새로운 시선으로 바라보게 하는 힘을 갖습니다.

독자에게 전하는 치유의 메시지

감정일기와 글쓰기는 "잘 쓰는 것"보다 "계속 쓰는 것"이 중요합니다.

짧은 문장, 서툰 표현이어도 괜찮습니다. 중요한 것은 멈추지 않고 내 마음의 흐름을 종이에 실어보는 그 행위 자체입니다. 하루 다섯 문장의 짧은 기록은 매일의 삶을 이어주는 작은 다리와 같습니다. 우리는 이 다리를 건너며 감정의 소용돌이를 넘어 안정의 땅에 닿을 수 있습니다.

또한 자기연민 편지는 마음이 흔들릴 때 붙잡는 든든한 닻이 되어 줍니다.

친구에게 하듯 따뜻한 말을 나 자신에게 건네는 순간, 내면의 상처는 더 이상 혼자가 아니라는 위로 속에서 조금씩 회복됩니다.

이 두 가지가 함께할 때, 글쓰기는 단순한 기록을 넘어 회복을 위한 습관이 됩니다.

꾸준히 이어지는 글쓰기는 마음의 근육을 단련하고, 다시 일어설 힘을 길러 줍니다. 비록 완벽하지 않아도 불완전한 모습 그대로 써 내려가는 과정 속에서 우리는 새로운 자기 이해와 회복의 길을 발견하게 됩니다.

기억하십시오. 글쓰기는 잘 쓰기 위한 것이 아니라, 내 삶을 이어가기 위한 호흡입니다.

오늘도 다섯 문장, 그리고 스스로에게 보내는 따뜻한 한 줄로 당신의 내일은 조금 더 단단해질 것입니다.

◇ 워크북: 감정일기 & 표현적 글쓰기 템플릿
— 5문장 저널 · 자기연민 편지

• 오늘의 5문장 저널

(오늘 하루를 다섯 문장으로 정리해 보세요)

오늘 내가 느낀 감정은 _____ 이다.
그 감정을 일으킨 상황은 _____ 이다.
그 감정 속에서 내 몸은 _____ 를 느꼈다.
나는 이 감정에서 _____ 를 배운다.
지금 이 순간, 나는 _____ 로 나를 돌본다.

• 나 자신에게 쓰는 자기연민 편지

(나에게 보내는 따뜻한 편지)

• 나의 고통 인정하기

"나는 지금 _____ 때문에 힘들다."

• 보편성 확인하기

"모두가 이런 순간을 겪는다. 나만 그런 게 아니다."

• 자기 친절로 마무리하기

"괜찮아, _____."

• **오늘의 성찰**

· 글쓰기를 마친 지금, 내 마음은 어떤가요?

_____

· 내일은 어떤 마음으로 하루를 시작하고 싶은가요?

_____

독자를 위한 치유의 메시지

오늘 남긴 글은 완벽하지 않아도 괜찮습니다. 중요한 것은 문장의 아름다움이 아니라, 당신이 오늘도 마음을 기록했다는 사실입니다. 다섯 문장은 어제와 오늘을 이어주는 다리이고, 자기연민의 편지는 흔들리는 마음을 단단히 붙잡아 주는 닻입니다.

비록 짧은 기록일지라도, 그 안에는 당신의 눈물과 웃음, 상처와 용기가 모두 담겨 있습니다. 글은 당신을 비난하는 대신, 당신을 품고 돌보는 작은 의식이 됩니다. 오늘 남긴 한 줄은 내일의 회복을 위한 씨앗이 되어, 당신의 마음 밭에서 천천히 꽃을 피울 것입니다.

가만히 마음에 다가서 보세요. 글쓰기는 잘 쓰는 것이 목적이 아니라, 다시 살아가겠다는 약속입니다. 오늘 당신이 남긴 다섯 문장과 따뜻한 한 줄의 편지는 이미 새로운 내일을 준비하는 힘이 되고 있습니다.

05
건강한 경계와 자기 보호
-'예스/노' 스크립트, 에너지 관리, 회복을 해치는 습관 다루기

우리는 종종 '거절'을 두려워합니다.

부탁을 거절하면 차갑게 보일까, 혹은 나만 이기적인 사람처럼 보일까 걱정합니다. 하지만 경계는 차가운 벽이 아니라 자존감을 지키는 울타리입니다. 울타리가 있어야 정원(나)은 보호받고, 그 안의 꽃이 건강하게 자랄 수 있습니다. 그리고 정원이 풍요로울 때, 우리는 타인과도 더 따뜻하게 연결될 수 있습니다.

건강한 경계는 타인을 밀어내는 행위가 아니라, 나와 타인을 동시에 존중하는 지혜입니다.

"Yes"는 내가 원하는 것, 나의 에너지를 살리는 선택이고, "No"는 상대를 거절하는 것이 아니라 내 한계를 존중하는 사랑의 언어입니다.

이 장은 독자에게 묻습니다.

"당신의 삶을 지키는 울타리는 얼마나 단단하게 세워져 있나요?"

경계와 자기 보호는 이기심이 아니라, 회복과 관계를 위한 토대입니다

심리학적 에세이 – 경계는 이기심이 아니라 자존감이다

많은 사람들이 '거절'에 어려움을 느낍니다. 누군가의 부탁을 거절

하면 차갑게 보일까봐 두렵고, 스스로를 지키는 일이 이기적인 것처럼 느껴집니다. 하지만 건강한 경계는 벽이 아니라 자기 존중의 울타리입니다. 울타리가 있어야 정원은 지켜지고, 그 안의 꽃들이 자라납니다. 그리고 그 정원에서 많은 사람들이 치유하면서 살아갑니다.

◇ 예스/노 스크립트

• 기본 원칙

간결하게, 죄책감 없이, 존중을 담아 말한다.
Yes: 내가 원하는 것, 내 에너지를 지키는 선택.
No: 상대를 거부하는 것이 아니라, 내 한계를 존중하는 표현.

• 예시 스크립트

No: "고맙지만 지금은 제 시간을 지켜야 할 것 같아요."
　　"그 제안은 좋은데, 현재 제 여건상 수락하기는 어려워요."
Yes: "네, 그건 제가 기꺼이 할 수 있는 일이에요."
　　"좋습니다, 다만 이 부분은 이렇게 조율되면 더 좋겠습니다."
• 실습→매일 작은 상황에서 "예스/노"를 직접 말하는 훈련입니다 (예: 작은 부탁, 모임 초대, 업무 요청).

• 에너지 관리

심리학적 근거→자율성 이론(Self-Determination Theory)[30]에 따르면, 인간은 자기 결정의 경험을 통해 동기와 활력을 얻는다는 이론입니다.

• 실천 전략

에너지 버킷 점검→오늘 내 에너지를 소모하는 활동 / 충전하는 활동을 기록합니다.

회복 루틴 삽입→1시간 집중 후 5분 호흡·스트레칭, 하루 한 번 걷기 명상을 진행합니다.

에너지 드레인[31] 탐지→특정 관계·습관이 반복적으로 피로를 유발하는지 체크합니다.

• 독자와 함께 -회복을 해치는 습관 다루기

과도한 자기비난 → 자기연민 편지로 전환시킵니다.

완벽주의적 집착 → "충분히 괜찮음(good enough)"을 선언합니다.

무분별한 디지털 사용 → SNS·뉴스 소비 시간제한, 하루 '디지털 오프타임' 설정합니다.

휴식 없는 몰입 → 회복탄력성 연구에서 '휴식과 수면'은 필수 요소임을 명심해야합니다.

습관 교정 방법 → 단칼에 끊으려 하지 말고, 작은 대안 루틴을 만

---

30) 자율성이론은 인간이 자율성, 유능성, 관계성이라는 세 가지 기본욕구를 충족할 때 내적동기가 높아지고, 심리적 건강과 웰빙이 증진된다는 동기이론입니다.
31) 에너지 드레인은 주로 공상 과학, 판타지 등에서 등장하는 개념으로 생명체나 물체에서 에너지를 흡수하거나 소멸시키는 능력이나 기술.

들어 서서히 교체합니다.

- **독자에게 전하는 철학적 메시지**

경계는 나를 세상과 단절시키는 차가운 벽이 아닙니다. 오히려 그것은 내가 소중히 가꾸어야 할 삶의 공간을 보호하는 따뜻한 울타리입니다. 울타리가 있어야 정원은 안전하게 지켜지고, 그 안에서 꽃은 자유롭게 피어납니다.

내 마음의 정원도 마찬가지입니다. 경계가 없다면 타인의 요구와 세상의 소음에 휩쓸려, 나라는 존재는 쉽게 지쳐버리고 메말라 갈 것입니다. 건강한 경계는 자기중심적인 고집이 아니라, 자존감을 지키는 행위입니다.

내가 나 자신을 존중할 때만, 비로소 타인을 존중할 수 있습니다. 내가 충만해야만, 타인에게도 온전히 다가갈 수 있습니다. 내 마음이 텅 빈 상태에서는 그 누구에게도 진정한 사랑과 관심을 나눌 수 없습니다. 그러므로 경계는 나만을 위한 것이 아니라, 타인과의 관계를 더 건강하게 만드는 사랑의 토대이기도 합니다.

"No"라는 한 마디는 단순한 거절의 언어가 아닙니다. 그것은 내 삶을 지키는 선언이며, 스스로를 존중하는 증거입니다. "No"는 누군가를 밀어내는 말이 아니라, 내가 나를 돌보고 있다는 가장 따뜻한 자기 사랑의 언어입니다.

반대로 "Yes" 역시 무조건적인 수용이 아니라, 내가 원하는 것과 나를 지켜낼 수 있는 것에 대한 자유로운 선택의 언어여야 합니다. 삶은 경계와 선택의 연속입니다. 나는 어디까지 허용할 것인가, 어디에서 멈추어야 하는가. 이 작은 선택들이 쌓여 나의 일상과 관계, 그리고 존재 전체를 빚어갑니다. 따라서 경계는 고립이 아니라 존재의 윤곽을 만드는 창조적 행위입니다.

 당신의 경계는 당신의 울타리이자, 당신의 사랑입니다.
 스스로를 존중하는 울타리 안에서 자라난 삶은 더 단단하고, 더 온유하며, 더 자유롭습니다.
 그러니 두려워하지 마십시오. 당신이 세운 경계는 누군가를 거부하기 위한 것이 아니라, 당신 자신과 세상을 모두 건강하게 지키기 위한 지혜로운 약속입니다.

☐ 건강한 경계 & 자기 보호 템플릿

우리는 종종 타인의 기대와 세상의 속도에 끌려 다니며, 정작 나를 지키는 힘을 잃어버립니다. 그러나 건강한 경계는 이기심이 아니라 자기 존중의 표현이고, 자기 보호는 도망침이 아니라 삶을 지탱하는 기초입니다.

"예스"와 "노"를 분명히 말하는 연습, 나를 소모시키는 것과 충전시키는 것을 알아차리는 기록, 그리고 회복을 방해하는 습관을 다루는 작은 선택들. 이 모든 것은 결국 내 삶을 지키고, 내 마음을 돌보는 일상의 실천입니다.

오늘 이 템플릿은 독자님이 자신에게 다시 말하는 선언과도 같습니다.
"나는 오늘, 내 삶을 지키기 위해 나를 선택한다."

◇ Yes/No 스크립트 연습

오늘 내가 연습해 본 표현들:

- Yes 문장
  ☐ _____

☐ _____

• No 문장
☐ _____
☐ _____

• **독자 자신을 위한 에너지 기록**
오늘 하루 내 에너지 흐름을 기록해 보세요.

나를 소모시킨 활동 (에너지 드레인):
☐ _____

나를 충전시킨 활동 (에너지 충전):
☐ _____

내일 더 늘리고 싶은 활동은?
☐ _____

• **독자 자신의 회복을 해치는 습관 체크**
오늘 나는 아래 중 몇 가지를 경험했나요?
· 과도한 자기비난
· 완벽주의적 집착
· 무분별한 디지털 사용
· 휴식 없는 몰입

· 대체할 수 있는 작은 루틴이나 실천은?

• **독자를 위한 오늘의 성찰**

"나는 오늘, 내 삶을 지키기 위해 _____ 을(를) 선택했다."

"내일은 _____ 으로(부터) 나를 보호하고 싶다."

• **독자에게 전하는 치유메시지**

삶은 끊임없는 선택과 요청 속에서 흘러갑니다. 그 속에서 내가 어디까지 허용하고, 어디서 멈추어야 하는지는 내가 나 자신을 얼마나 사랑하는지의 표현이기도 합니다.

당신의 마음과 함께 하세요. 당신이 세운 경계는 결코 이기심이 아니라, 스스로를 지키고 세상과 건강하게 연결되기 위한 지혜로운 사랑의 언어입니다.

당신이 자신을 존중할 때, 타인과의 관계도 더욱 따뜻해지고 자유로워집니다. 오늘 당신이 세운 작은 울타리 하나가 내일 당신의 삶을 더 단단하고 풍요롭게 지켜줄 것입니다.

건강한 경계는 거절의 언어가 아니라, 내 삶을 지키는 사랑의 언어입니다. 울타리를 세워야 정원이 피어나듯, 나를 지켜야 회복도 자라납니다.

06
가치·목표·행동의 90일 로드맵
-핵심가치 3개 선정→3대 목표→주간 작은 행동 설계(OKR-lite)

우리는 매일 많은 선택을 하며 살아갑니다. 그러나 그 선택이 때로는 산만하게 흩어지고, 방향을 잃을 때도 있습니다. 삶을 단단하게 지탱하는 힘은 내가 가장 소중히 여기는 가치에서 출발합니다.

가치는 나침반이고, 목표는 그 나침반이 가리키는 길이며, 작은 행동은 그 길을 걸어가는 발걸음입니다.

90일은 짧지도, 너무 길지도 않은 적절한 시간입니다.
세 달 동안, 나는 무엇을 지키고 이루고 싶은가?
내 삶을 움직이는 핵심가치 세 가지를 고르고, 그 가치를 구체적인 목표로 연결해 보세요.
그리고 목표를 현실로 만드는 힘은 주간의 작은 행동 속에 있습니다.

이 워크북은 단순한 계획표가 아니라, "내가 원하는 삶을 실제로 살아내는 지도"입니다.
90일 뒤, 나는 어떤 모습으로 서 있기를 원하는가? 그 여정을 지금, 여기서 한 줄 한 줄 적어 내려가며 시작해 보세요.

- **90일 로드맵 워크북**

핵심가치 · 3대 목표 · 주간 행동 (OKR-lite)

- **나의 핵심가치 3개**

내 삶과 선택을 이끄는 가장 중요한 가치 세 가지를 적어보세요.

☐ _____

☐ _____

☐ _____

(예: 건강, 배움, 관계, 창의성, 기여, 자유 등)

- **나의 3대 목표 (90일 안에 이루고 싶은 것)**

각 가치는 하나의 주요 목표와 연결됩니다.

가치 1 → 목표 1: _____

가치 2 → 목표 2: _____

가치 3 → 목표 3: _____

(예: '건강' → 90일 안에 규칙적 운동 루틴 확립하기)

- **목표별 핵심 결과 (OKR-lite: Objective & Key Results)**

각 목표를 달성했음을 확인할 수 있는 측정 가능한 성과 지표를 정리해 보세요.

목표 1: _____

KR1: _____

KR2: _____

KR3: _____

목표 2: _____

KR1: _____

KR2: _____

KR3: _____

목표 3: _____

KR1: _____

KR2: _____

KR3: _____

(예: 목표 1: "규칙적 운동" → 1주차 행동: 매일 10분 스트레칭 / 2주차 행동: 주 2회 30분 걷기 …)

- **주간 작은 행동 설계(Weekly Actions)**

(90일은 12주. 매주 작은 실천을 구체화해 보세요)

주차	목표1 행동	목표1 행동	목표1 행동	피드백/메모
1주차				
2주차				
3주차				
…				
12주차				

- **독자를 위한 점검 & 피드백 루틴**

(매주 마무리 때 자문해 보세요)

이번 주 나는 어떤 가치를 추구하며 살았는가?
작은 행동을 얼마나 지켰는가? (0-100%)
다음 주에 보완할 점은 무엇인가?
매달 한 번, 3대 목표 진행률을 확인합니다.

- **독자를 위한 철학적 메시지**

90일 로드맵은 단순한 일정표가 아닙니다. 그것은 삶에 대한 선언이자, "나는 어떤 가치를 지키며, 어떤 사람이 되어가고 싶은가"를 구체적인 일상 속에서 증명해 나가는 과정입니다.

가치는 어두운 밤길을 밝히는 나침반과 같아, 내가 어디로 향해야 하는지를 잊지 않게 해줍니다. 목표는 그 나침반이 가리키는 길이며, 매일의 작은 행동들은 그 길 위에 찍히는 나의 발걸음입니다.

때로는 발걸음이 더딜 수 있고, 길이 굽이칠 수도 있습니다. 그러나 나침반을 잃지 않는 한, 우리는 결국 원하는 곳에 도달하게 됩니다. 중요한 것은 완벽하게 해내는 것이 아니라, 매일 조금씩 나 자신에게 정직하게 다가가는 것입니다.

따라서 90일 로드맵은 성취의 압박을 주는 도구가 아니라, 삶의 방향을 되새기고, 스스로에게 약속한 길을 차근차근 걸어가는 여정입니다. 그리고 그 여정 속에서 독자님은 어느새, 내가 원하는 모습에 가까워진 자신을 발견하게 될 것입니다.

07
감사와 기쁨의 근육 키우기
-3감사·작은 기쁨 수집·칭찬 리추얼로 긍정정서 끌어올리기

행복은 거창한 사건에서 오는 것이 아니라, 하루하루의 작은 순간 속에서 자라납니다. 아침 햇살에 미소 짓는 일, 누군가의 따뜻한 말 한마디, 스스로에게 건네는 작은 칭찬. 이런 소소한 순간들을 붙잡아 기록할 때, 우리의 마음은 점점 더 밝아지고 단단해집니다.

감사와 기쁨은 타고나는 성향이 아니라, 꾸준히 단련할 수 있는 심리적 근육입니다. 오늘의 세 가지 감사, 작은 기쁨 하나의 기록, 그리고 자신과 타인에게 건네는 짧은 칭찬이 모여 우리의 뇌와 마음을 훈련시킵니다. 그 결과 삶은 조금 더 가볍게, 하루는 조금 더 빛나게 바뀌어 갑니다.

☆ **심리학적 배경 — 3감사 · 작은 기쁨 수집 · 칭찬 리추얼의 힘**

- **감사의 심리학**

긍정심리학의 선구자인 마틴 셀리그먼(M. Seligman)의 연구에 따르면, 매일 감사의 순간을 기록하는 사람들은 단순히 기분이 좋아지는 것을 넘어서, 삶의 만족도, 수면의 질, 대인관계의 친밀감까지 높아진다고 합니다. 감사는 부정적인 경험 속에서도 빛나는 순간을 발견하게 하며, 현재의 삶을 더 풍요롭게 바라보도록 도와줍니다.

- **긍정정서의 확장·구축 이론**

바바라 프레드릭슨(Barbara Fredrickson)의 Broaden-and-Build Theory[32]는 긍정정서가 인간의 인지와 정서를 넓히고, 장기적으로는 심리적·사회적 자원을 구축한다고 설명합니다. 즉, 감사·기쁨·사랑 같은 긍정정서는 단순히 순간적인 기분 상승에 그치지 않고, 사고를 유연하게 만들고, 관계를 풍성하게 하고, 회복탄력성을 강화하는 원천이 됩니다. 작은 감사와 기쁨의 기록은 결국 삶의 큰 방향을 바꾸는 힘이 됩니다.

- **행동 활성화와 보상회로**

행동과 뇌 과학의 관점에서 보면, 작은 기쁨을 찾고 긍정적 피드백을 주고받는 습관은 뇌의 보상 회로(도파민 경로)를 반복적으로 활성화합니다. 이때 느껴지는 만족과 성취감은 "행복 습관"으로 자리 잡고, 일상의 작은 행동들이 장기적으로 정서적 안정을 뒷받침합니다. 즉, 작은 칭찬 하나, 작은 기쁨 하나가 뇌를 훈련시키고, 스스로 회복과 행복으로 향하는 길을 단단히 닦아 줍니다.

---

[32] 미국 노스캐롤라이나 대학교 심리학 교수, 바바라 프레드릭슨(Barbara L. Fredrickson)의 확장과 구축 이론은 긍정정서가 단순히 기분을 좋게 만드는 것을 넘어, 인간의 사고와 행동의 레퍼토리를 확장(broaden)하고, 이를 통해 장기적으로 심리적·사회적 자원을 구축(build)한다는 점을 강조.

- **독자를 위한 3감사 행동하기**

매일 자기 전, 오늘 하루 감사할 일 3가지를 짧게 기록하기.

예시: 아침 햇살을 느낄 수 있어 고마웠다. 친구의 따뜻한 메시지에 마음이 밝아졌다. 스스로에게 10분의 휴식을 허락한 것이 감사하다.

유지 팁: 작은 것이라도 괜찮음. "평범한 순간"을 찾아내는 훈련이 중요합니다.

- **독자를 위한 작은 기쁨 수집**

하루 중 기분을 환하게 만든 순간을 포착해 "작은 기쁨 노트"에 기록합니다.

예시: 커피 향, 고양이의 눈빛, 바람 소리, 웃음소리.

주 1회, 모아둔 작은 기쁨들을 읽어보며 "내 삶 속의 행복 자원"을 시각화해 놓습니다.

효과→우울·무기력 패턴을 끊고 삶의 활력감을 회복시켜줍니다.

- **독자를 위한 칭찬 리추얼**

자기 칭찬→하루의 끝에 스스로에게 "오늘 잘한 일 1가지"를 말해주기를 해봅니다.

예: "오늘 힘들었지만 끝까지 업무를 마쳤어. 잘했어!"

타인 칭찬: 가족·동료·친구에게 하루 1회 작은 칭찬 건네기를 해봅니다.

예: "오늘 발표 정말 좋았어.", "네 미소 덕분에 기분이 좋아졌어."

효과→긍정 정서의 순환을 만들며 관계적지지 망을 강화시켜줍니다.

- **독자를 위한 좋은 습관 유지 전략**

　루틴화→아침(기쁨 수집), 저녁(3감사+자기 칭찬) → 하루의 시작과 끝을 고정 루틴으로.

　가시화→감사·기쁨·칭찬 노트를 한 권으로 묶어, 점점 채워지는 기록을 성취감으로 연결.

　공유하기→주 1회 가족·동료와 감사/기쁨 나누기 → 공동체적 강화 효과.

　작은 보상→일주일간 실천 후 스스로에게 기분 좋은 보상(좋아하는 책·음식·산책 등).

- **독자에게 전하는 철학적 메시지**

　삶의 본질은 고통만이 아닙니다.

　우리가 매일 마주하는 수많은 순간 속에는, 작지만 빛나는 기쁨과 감사가 숨어 있습니다.

　따뜻한 햇살 한 줄기, 누군가의 미소, 스스로에게 건네는 짧은 칭찬 한마디. 이 순간들을 발견하고 기록할 때, 삶은 결핍의 이야기가 아니라 풍요의 서사로 바뀌어 갑니다.

　감사와 기쁨은 타고나는 성격이 아닙니다. 그것은 매일매일 길러낼 수 있는 마음의 근육입니다. 작은 실천이 쌓일수록 그 근육은 강해지고, 우리의 시선은 부족과 상실보다 충만과 가능성에 머무르게 됩니다.

　감사와 기쁨을 반복해서 기록하는 순간, 우리는 고통을 중심으로 보던 삶의 프레임을 넘어, 삶 전체를 확장된 빛의 관점에서 바라보는 힘을 얻게 됩니다. 철학적으로도, 삶은 고정된 실체가 아니라 우리가 어떻게 의미를 부여하느냐에 따라 달라집니다.

스토아 철학자들은 "행복은 외부가 아니라 우리의 태도에서 비롯된다."고 말했고, 불교는 집착을 내려놓을 때 고통 너머의 자유가 찾아온다고 가르쳤습니다. 즉 감사와 기쁨은 단순한 기분 전환이 아니라, 존재 방식을 바꾸는 선택입니다.

당신의 마음과 함께 하세요. 작은 기쁨 하나를 기록할 때, 그것은 순간을 지나가는 감정이 아니라, 삶을 지탱하는 자양분이 됩니다. 오늘의 감사 세 줄, 기쁨 하나, 칭찬 한마디가 모여 내일의 나를 더 단단하게 만들고, 결국 삶 전체를 풍성하게 채워줄 것입니다.

삶의 본질은 고통만이 아니라, 작은 기쁨과 감사가 쌓여 가는 빛나는 순간들의 집합입니다. 순간들을 발견하고 기록할 때, 우리는 삶을 '결핍'이 아닌 '풍요'로 바라볼 수 있습니다. 감사와 기쁨은 타고나는 성향이 아니라, 매일 단련할 수 있는 마음의 근육입니다.

◇ 감사 & 기쁨 실습 템플릿
(3감사 · 작은 기쁨 수집 · 칭찬 리추얼)

- **독자가 실행하는 오늘의 3감사**

오늘 하루 내가 감사했던 일 3가지를 적어봅니다.

- **독자 자신을 위한 작은 기쁨 수집**

오늘 나를 환하게 만든 순간이나 사소한 기쁨을 기록해 보세요.

- **독자를 위한 칭찬 리추얼**

오늘 내가 나 자신과 타인에게 건넨 칭찬을 적어봅니다.

자기 칭찬: _____

타인 칭찬: _____

- **독자를 위한 오늘의 성찰**

이 기록을 하며 내 마음에 어떤 변화가 있었나요?

☐ _____

내일 더 많이 발견하고 싶은 감사/기쁨은 무엇인가요?

☐ _____

- **독자를 위한 마무리 메시지**

"감사와 기쁨은 타고나는 성향이 아니라, 매일 단련할 수 있는 근육입니다."

08
흔들릴 때 돌아오는 길
-위기대응 체크리스트(호흡·그라운딩·연락처·안전문장)

삶에는 누구에게나 갑작스럽게 찾아오는 순간이 있습니다.
호흡이 가빠지고, 가슴이 쪼여 오며, 모든 것이 무너져 내릴 것 같은 순간. 그럴 때 우리는 흔히 "나는 무력하다"는 생각에 휩싸이지만, 사실 그렇지 않습니다. 그 순간에도 우리에게는 다시 돌아올(갈) 길이 있습니다.

위기대응 체크리스트는 고통을 없애 주는 마법이 아닙니다.
대신, 내가 흔들릴 때 나에게로 돌아오는 길을 안내하는 나침반이 되어 줍니다.
호흡을 고르고, 발을 땅에 디디며, 누군가에게 손을 내밀고, 스스로에게 안전한 문장을 건네는 일. 이 단순한 네 가지 실천이 모여, 공황과 불안을 넘어설 작은 다리가 됩니다.
당신은 혼자가 아닙니다.
숨을 들이쉴 때마다, 발을 딛는 그 순간마다, 그리고 "나는 안전하다"는 말을 마음속으로 되뇌는 바로 그때, 당신은 이미 자신에게 돌아오고 있는 것입니다.

이 체크리스트는 위기를 피하기 위한 도구가 아니라, 다시 살아내기 위한 약속이며, 삶의 가장 어두운 순간에도 빛으로 향하는 방향을 가리켜 주는 표지판입니다.

◇ 위기 대응 체크리스트

• 호흡 안정 (Breathing)
의자에 앉거나 벽에 기대어 눈을 감습니다.
4-2-6 호흡: 코로 4초 들이마시고 → 2초 멈추고 → 입으로 6초 내쉽니다.
최소 3회 반복, 숨결에만 주의를 두며 "나는 지금 숨 쉬고 있다"를 속으로 되뇌기 합니다.

• 그라운딩 (Grounding)[33]
주변을 천천히 바라보며 5가지 확인- 내가 볼 수 있는 것 5개지를 체크합니다. 들을 수 있는 소리 4개, 만질 수 있는 감각 3개, 맡을 수 있는 냄새 2개, 맛볼 수 있는 1가지를 선정합니다. 현재의 공간과 연결감을 느끼며 "나는 지금 여기에 있다"라고 마음속으로 확인해 보세요.

• 독자가 확인하는 연락처 리스트 (Support Contacts)
비상 시 내가 바로 연락할 수 있는 사람들:

---

33) 그라운딩은 '땅에 발을 딛는 것'을 의미 합니다. 몸의 무게 중심이 발바닥을 통해 바닥에 전달되고, 호흡이 깊고 안정적으로 흐르며, 마음이 현재 상태에 머무르는 상태를 말합니다.

가까운 가족/친구: _____

상담사/치료자: _____

위기 지원 전화: _____

기타(지역 지원센터 등): _____

핸드폰 즐겨찾기·메모에 저장해 두기.

- **독자 자신을 위한 안전 문장 (Safe Statements)**

불안·공황·절망이 몰려올 때 스스로에게 말해줄 안전 문장을 준비하세요.

"이 순간도 지나갈 것이다."

"나는 지금 숨 쉬고 있고, 안전하다."

"내 안에는 다시 일어설 힘이 있다."

"도움은 언제든 받을 수 있다."

· 내 마음에 와 닿는 문장을 직접 작성해 보세요:

- **독자를 위한 오늘의 점검**

나는 지금 호흡을 가다듬었는가?

나는 주변과 연결되는 감각을 확인했는가?

나는 누군가에게 연락할 준비가 되어 있는가?

나는 내 안전 문장을 기억하고 있는가?

- **독자를 위한 마무리 메시지**

위기는 누구에게나 찾아옵니다.

예고 없이 밀려오는 불안과 공포, 주체할 수 없는 흔들림 속에서 우리는 종종 "나는 무너지고 있다"는 생각에 휩싸입니다. 하지만 잊지 마세요. 당신은 결코 혼자가 아니며, 그 순간에도 당신 안에는 다시 일어설 힘이 있습니다.

호흡을 고르며 "나는 지금 숨 쉬고 있다"고 되뇌는 일, 발바닥이 땅에 닿아 있음을 느끼며 현재의 순간으로 돌아오는 일, 소중한 사람에게 도움을 청할 수 있다는 확신을 떠올리는 일. 이 모든 작은 실천이 모여 당신을 다시 안전과 회복의 자리로 이끌어 줍니다.

때때로 우리는 도움을 청하는 것을 약함으로 오해합니다. 그러나 진실은 그 반대입니다. 도움을 요청하는 것은 용기의 증거이며, 스스로를 지키려는 가장 강한 선택입니다. 또한 "이 순간도 지나갈 것이다"라는 안전 문장은 단순한 위로가 아니라, 실제로 수많은 사람들이 위기를 견뎌내며 확인한 진실입니다.

당신은 약하지 않습니다. 지금 이 순간 숨을 고르고, 발을 딛고, 스스로에게 다정한 말을 건네는 바로 그 행위가 이미 회복의 시작입니다. 위기대응 체크리스트는 단순한 글자가 아니라, 당신이 길을 잃었을 때 다시 집으로 돌아오게 하는 빛나는 표지판입니다.

당신의 마음과 함께 하세요. 위기는 당신을 무너뜨리기 위해 오는 것이 아니라, 당신이 얼마나 단단한 존재인지 스스로 확인하게 하는 과정일지도 모릅니다. 오늘 이 페이지를 펼친 순간, 당신은 이미 그 길 위에서 다시 자신에게 돌아오고 있습니다.

09
의미의 확장 - 나눔과 봉사, 일의 재정의
-배운 것을 관계/일/사회에 환원하는 방법

치유는 결코 나 혼자에서 멈추지 않습니다.

내 안에 생겨난 여유와 평온은 관계 속의 따뜻함이 되고, 일 속의 의미가 되며, 사회 속의 기여로 자연스럽게 흘러갑니다. 내가 회복한 힘은 나만의 것이 아니라, 세상과 다시 나누어야 할 선물입니다.

나눔과 봉사는 거창하거나 특별한 일이 아닙니다.

그것은 단지 내가 회복한 작은 숨을 이웃과 나누는 일, 마음의 여유한 줌을 건네는 일상적인 실천입니다. 그 순간 치유는 개인적 경험에서 공동체적 의미로 확장되며, 나는 단지 살아가는 사람이 아니라 함께 살아내는 사람이 됩니다.

삶의 의미는 나를 넘어서 발견됩니다.

프랭클[34]이 말한 자기초월처럼, 고통조차도 타인과의 연결 속에서

---

34) 빅터 프랭클(Viktor Emil Frankl, 1905-1997)은 오스트리아의 정신과 의사이자 심리학자, 철학자로, 제2차 세계대전 당시 아우슈비츠를 비롯한 나치 수용소에 수감되었던 경험으로 잘 알려져 있다. 프로이트가 쾌락을, 아들러가 권력을 인간의 주된 동기로 보았다면, 프랭클은 '의미 추구의 의지(will to meaning)'를 핵심으로 보았다. 저서:《죽음의 수용소에서(Man's Search for Meaning, 1946)》

새로운 빛을 얻습니다. 동양 철학이 말하듯 수행은 혼자 완성되는 것이 아니라 세상 속에서 꽃을 피웁니다. 내가 가진 작은 기쁨, 시간, 재능, 경험을 나눌 때, 삶은 단순한 생존을 넘어 살아 있음의 증거가 됩니다.

내가 회복한 힘을 어떻게 관계에 환원할 것인가?
내 일이 어떻게 타인에게 기여하는 장으로 재정의될 수 있는가? 나의 작은 자원은 어떻게 사회와 나눌 수 있는가? 나눔과 봉사는 거대한 결심이 아니라, 지금 이 순간 내가 내 삶을 사랑하는 방식이며, 동시에 세상과 연결되는 의미의 문입니다.

심리학적 감성 에세이 – 치유는 나를 넘어선다.
우리가 명상과 성찰을 통해 자신을 회복시키는 이유는 단지 개인의 고통을 줄이기 위함만은 아닙니다. 내 안에 생긴 여유와 평온은 자연스럽게 관계 속의 따뜻함, 일 속의 의미, 사회 속의 기여로 흘러갑니다.
또한, 나눔과 봉사는 거창한 영웅적 행위가 아니라, 내가 가진 작은 회복을 타인과 나누는 일상적 실천입니다. 그렇게 할 때 치유는 개인적 경험을 넘어 공동체적 의미로 확장되어 갑니다.

§ 심리학 이론 — 의미와 기여의 심리학

- **자기초월(Self-Transcendence, Frankl)**
빅터 프랭클(Viktor Frankl)은 나치 수용소라는 극한 상황에서도 인간이 삶의 의미를 발견할 수 있다고 강조했습니다. 그는 단순히 '고통을 견디는 것'이 아니라, 그 속에서도 삶의 의미를 발견하고 그것을 타인과 나누는 행위가 인간을 진정으로 살아있게 한다고 보았습니다.

자기초월이란 자기 자신을 넘어서는 경험입니다. 즉 개인의 욕망이나 이익을 넘어서 더 큰 가치, 공동체 혹은 초월적 존재와 연결될 때, 인간은 더 깊고 성숙한 내적 힘을 얻게 됩니다. 이때 삶은 단순한 '생존'의 차원을 넘어 '의미와 성장의 여정'으로 확장됩니다.

자기초월은 자기 자신을 넘어서, 더 큰 공동체와 가치를 위해 살아갈 때 생겨나는 내적 성숙의 힘입니다.

- **친사회적 행동(Prosocial Behavior)**

심리학 연구에 따르면, 나눔과 봉사 같은 친사회적 행동은 단순히 타인을 돕는 차원을 넘어, 도움을 주는 사람의 마음에도 변화를 일으킵니다. 작은 친절과 나눔은 우울과 불안을 완화하고, 삶의 만족도와 행복감을 크게 높여줍니다. 다시 말해, 봉사는 타인을 위한 선물이자, 동시에 자신의 마음을 회복시키는 치유적 행위입니다.

작은 친절 하나, 짧은 미소 한 번이 누군가의 하루를 바꿀 수 있습니다. 동시에 그 행동은 내 마음에도 따뜻한 불씨를 심어 줍니다. 친사회적 행동은 타인을 살리고, 결국 나 자신을 살리는 길입니다. 즉, 나눔과 봉사는 세상에 건네는 선물인 동시에, 나를 회복시키는 가장 확실한 치유의 길입니다.

• 일의 재정의(Job Crafting, Wrzesniewski)

예일대의 에이미 레즈니에프스키(Amy Wrzesniewski)의 연구는 같은 일이라도 바라보는 관점에 따라 의미가 완전히 달라진다는 것을 보여줍니다. 단순히 '생계를 위한 노동'으로 일할 때는 쉽게 지치지만, 그 일을 타인에게 기여하는 나눔의 장, 나 자신이 성장하는 무대로 재 정의할 때, 직무 만족과 몰입은 놀라울 정도로 높아집니다.

즉, 일은 단순히 시간을 교환하는 행위가 아니라, 삶의 가치를 실현하는 장이 될 수 있습니다.

정리하면, 자기초월, 친사회적 행동, 일의 재정의는 모두 "치유가 나를 넘어 세상으로 흘러가는 과정"을 설명합니다. 고통 속에서 의미를 발견하고, 그것을 나눔으로 확장하며, 자기 일조차 기여와 성장의 시선으로 재해석할 때, 삶은 단순한 반복이 아니라 깊이와 풍요로움으로 채워진 여정이 됩니다.

▢ 독자를 위한 실천 가이드

• 관계에 환원하기

하루 한 번 감사 표현하기- 가까운 사람에게 "고마워, 네 덕분에 힘이 났어."와 같은 말을 건네 보세요. 짧은 한마디가 관계를 따뜻하게 만들고 나눔의 첫걸음이 됩니다.

경청 봉사 실천하기- 힘든 친구에게는 조언보다 온전히 들어주는 귀가 더 큰 위로가 됩니다.

해결책을 제시하기보다 그 사람이 안전하게 마음을 풀어낼 수 있는 공간이 되어 주세요.

• **일의 재정의**

내가 하는 일이 단순히 생계를 위한 노동이 아니라, 타인에게 가치를 전달하는 봉사라는 시각으로 바라보세요.

"내 일은 누구에게, 어떻게 도움이 되는가?"를 구체적으로 기록해 보세요.

이 작은 전환이 일에 대한 몰입과 보람을 크게 높여 줍니다.

• **사회에 환원하기**

작은 봉사 실천- 쓰레기 줍기, 소액 기부, 재능 나눔(글쓰기, 강연, 상담 지원 등). 큰일이 아니어도, 작은 나눔은 사회를 따뜻하게 바꾸는 시작점이 됩니다.

공동체 명상·모임 참여- 지역 모임이나 워크숍에서 함께 명상을 나누고 치유 경험을 공유해 보세요. 함께하는 실천은 나의 회복을 넘어, 공동체 전체의 회복으로 확장됩니다.

• **독자자신을 위한 자기 성찰 질문**

나의 회복이 타인에게 흘러간 경험은 언제였나요?

지금 내 일(직업/과제)을 '기여'의 시선으로 다시 정의한다면 어떻게 표현할 수 있나요?

내가 가진 작은 자원(시간, 재능, 경험) 중 오늘 사회와 나눌 수 있는 것은 무엇인가요?

- **독자에게 전하는 철학적 메시지**

동양의 지혜는 "수행은 혼자 앉아 완성되는 것이 아니라 세상 속에서 꽃을 피운다."고 말합니다. 내 마음속에 피어난 작은 깨달음과 평온은 나 혼자 간직할 때 시들지만, 세상과 나눌 때 더욱 향기롭게 퍼져 나갑니다. 꽃이 혼자 피어나지 않고 바람과 햇살, 곤충과 흙의 도움을 받아 만개하듯, 우리의 회복도 관계와 사회 속에서 완성됩니다.

서양의 실존철학자 빅터 프랭클 또한 말했습니다. **"삶의 의미는 자기 자신을 넘어선 그 무엇에 있다."** 그가 강조한 자기초월은 단순히 고통을 이겨내는 기술이 아니라, 고통을 통해 더 큰 의미와 연결되는 길입니다. 내가 겪은 아픔은 나만의 상처로 끝나지 않고, 타인을 이해하고 품는 힘으로 변모할 수 있습니다. 그 순간, 내 삶은 단순한 생존을 넘어 의미와 기여로 채워집니다.

나눔과 봉사는 거대한 영웅적 행위가 아닙니다. 그것은 내가 가진 작은 여유를 건네는 일, 미소 한 번, 따뜻한 말 한마디, 시간을 내어 경청해 주는 마음에서 시작됩니다. 이 작은 실천들이 모여, 세상은 조금씩 따뜻해지고, 내 삶 또한 풍요로워질 것입니다.

결국, 치유란 개인의 끝에서 멈추는 것이 아니라 관계와 일, 사회로 흘러가며 확장되는 여정입니다. 내가 나눈 작은 선물은 언젠가 다시 나에게 돌아와 더 큰 힘과 기쁨이 됩니다. 그래서 봉사와 나눔은 타인을 위한 것이자, 동시에 나 자신을 가장 깊이 치유하는 길이 됩니다.

삶이란 혼자 살아내는 고립된 길이 아니라 함께 짓는 이야기이자, 서로의 의미를 더해가는 공동체의 노래입니다. 그리고 나눔과 봉사는 내가 살아 있음을, 그리고 살아가는 이 순간이 결코 헛되지 않음을 확인하는 가장 깊은 증거입니다.

❏ 워크북 템플릿 — 의미의 확장: 나눔과 봉사, 일의 재정의

치유는 나 혼자에게 머무를 때 그 힘이 약해집니다.
그러나 그것이 관계로 흘러가고, 내가 하는 일 속에서 다시 태어나며, 사회와 공동체로 확장될 때 비로소 더 큰 의미를 가집니다.

우리가 회복을 통해 얻게 되는 평온과 여유는 단순히 개인의 위안을 넘어섭니다.
그것은 곧 관계 속 따뜻함, 일 속의 보람, 사회 속의 기여로 이어지며, 결국 나와 세상을 동시에 살리는 힘이 됩니다.

나눔과 봉사는 거창한 영웅적 행위가 아닙니다.
그것은 오늘 하루 작은 감사의 표현, 친구의 이야기를 끝까지 들어주는 경청, 그리고 내가 가진 시간과 재능을 조용히 나누는 소박한 실천에서 시작됩니다.

마음의 소리를 들어보세요.

내 회복은 어떻게 타인에게 흘러갈 수 있는가? 내 일이 단순한 생계가 아니라 기여의 장이라면, 나는 지금 어떤 의미를 살아내고 있는가? 오늘 내가 가진 작은 자원은 어떻게 세상과 나눌 수 있을까?

당신이 답을 적어 내려가는 순간,
치유는 이미 나에서 우리로,
개인에서 공동체로 확장되고 있을 것입니다.

• **관계에 환원하기**
(내 회복을 가까운 사람들과 나누는 방법)

오늘 내가 감사 표현할 수 있는 사람은 누구인가요?
☐ _____

내가 그에게 해줄 수 있는 작은 행동은 무엇인가요?
☐ _____

- **독자를 위한 일의 재정의**

(내 일이 단순한 생계가 아니라, 기여의 통로가 되도록 다시 바라보기)

내 일(직업/과제/역할)이 누군가에게 도움이 되는 방식은 무엇인가요?
  ☐ _____

오늘 내가 일 속에서 발견한 작은 의미는 무엇인가요?
  ☐ _____

- **독자 스스로 사회에 환원하기**

(내가 가진 자원을 더 넓은 공동체와 나누는 방법)

오늘 내가 사회와 나눌 수 있는 작은 봉사/재능/시간은 무엇인가요?
  ☐ _____

내가 참여하고 싶은 공동체 활동은 무엇인가요?
  ☐ _____

- **독자를 위한 오늘의 성찰**

"오늘 나는 _____ 을(를) 나눔으로써, 나의 회복을 확장했다."

"내일은 _____ 을(를) 실천해 나의 의미를 더 크게 하고 싶다."

• **독자에게 전하는 치유메시지**

치유는 흘러갈 때 더 깊어진다. 치유는 결코 개인의 울타리 안에서 끝나지 않습니다.

내가 회복한 숨은 곧 타인의 숨이 되고, 내가 발견한 의미는 누군가의 길을 밝히는 등불이 됩니다.

관계 속에서 전해지는 작은 감사 한마디는 마음을 살리고, 일 속에서 다시 찾은 보람은 나를 성장하게 하며, 사회 속에서 실천하는 나눔은 세상을 조금 더 따뜻하게 바꿔갑니다.

치유는 내 안에서 시작되지만, 거기서 멈추지 않습니다.

그것은 관계로, 일로, 그리고 사회로 흘러가며 더 큰 울림과 깊은 의미를 만들어 냅니다.

오늘 이 워크북에 적어 넣은 작은 다짐과 실천은 결국 나의 삶을 더 넓고 풍요롭게 하고, 세상과 연결되는 당신만의 새로운 길이 될 것입니다.

"치유는 개인에서 멈추지 않는다. 관계와 일, 그리고 사회로 흘러갈 때, 네 삶은 더 넓고 깊은 의미를 얻는다."

10
새로운 삶 선언문
-개인 확언문과 '내가 선택하는 삶' 서명식

삶은 매 순간 선택의 연속입니다. 그러나 많은 이들은 때때로 타인의 기대와 환경에 휩쓸려 자신이 주인공인 삶을 잊어버립니다. 우리는 수동적으로 떠밀려가는 존재가 아니라, 언제든 스스로의 길을 다시 정할 수 있는 삶의 저자입니다.

"새로운 삶 선언문"은 단순한 글이 아니라, 내가 내 삶을 다시 손에 쥐고 주체적으로 살아가겠다는 내적 서약입니다. 두려움 대신 용기를, 무력감 대신 희망을, 과거의 상처 대신 새로운 시작을 선택하는 의지의 기록입니다.

종이에 적어 내려가는 문장은 단순히 잉크가 아니라, 나의 방향을 고정하는 나침반이 됩니다. 그리고 그것을 낭독하고 서명하는 행위는 삶의 전환점을 알리는 작은 의례이며, 다시 살아내기 위한 출발선입니다.

이 장에서 독자께서는 자신만의 확언문을 작성해 보세요. 그것을 서명과 함께 내면에 각인함으로써 **"나는 내 삶을 선택하는 존재다"**라는 사실을 새롭게 경험하게 될 것입니다.

- **개인 확언문 (Affirmation)**

(예시: 독자가 직접 채워 넣을 수 있는 구조)

오늘 나는 선언합니다.
나는 더 이상 _____ 에 머물러 있지 않겠습니다.
나는 _____ 을 내려놓고 _____ 을 선택합니다.
나는 내 삶을 두려움이 아니라 _____ 으로 채우겠습니다.
나는 매일 작은 행동으로 _____ 를 실천하겠습니다.
나는 나 자신을 존중하며, 동시에 타인과 세상을 위해 _____ 할 것입니다.

실습: 참가자가 스스로 원하는 단어와 문장을 채워 넣어 "개인 확언문"을 완성합니다.

'내가 선택하는 삶' 서명식

선언문을 읽고 난 뒤, 스스로에게 약속하는 의식으로 서명합니다.

서명 페이지 예시: "나는 내 삶의 저자이며, 지금 이 순간 새로운 이야기를 쓰기 시작한다."
이름: _____
날짜: _____
서명: _____

• **독자를 위한 유지 전략**

선언문은 한 번 쓰고 끝나는 문장이 아닙니다. 그것은 매일의 삶 속에서 나를 일깨우는 살아 있는 약속입니다.

눈에 보이는 곳에 두기- 선언문은 책상 위, 다이어리 첫 장, 혹은 스마트폰 배경화면처럼 늘 시선이 닿는 자리에 두세요. 눈에 띌 때마다 다시 읽는 과정은 내 마음속에 선언을 깊이 새겨 넣고, 작은 순간마다 삶의 방향을 확인하게 해줍니다.

주기적 점검과 업데이트- 삶은 끊임없이 변하고, 나 또한 매일 조금씩 성장합니다. 따라서 선언문도 함께 살아 움직여야 합니다. 한 달에 한 번은 선언문을 다시 읽고, 지금의 나에게 맞는 내용으로 수정하거나 새로운 문장을 덧붙여 보세요. 그 과정은 내가 어디쯤 와 있는지 점검하고, 앞으로 나아갈 길을 다시 정돈하는 기회가 될 것입니다.

공유와 공동체적지지- 선언문은 혼자 간직할 때보다 신뢰할 수 있는 누군가와 나누었을 때 더 큰 힘을 발휘합니다. 친구, 가족, 혹은 공동체 안에서 선언문을 읽고, 서로 축복과 지지를 건네는 의식을 해보세요. 그 순간 선언은 개인의 다짐을 넘어, 함께 살아내는 약속으로 확장됩니다. 책임감은 강화되고, 지지는 더 깊어집니다.

정리하면, 선언문은 단순한 글이 아니라 살아 있는 실천 도구입니다. 매일 눈에 담고, 정기적으로 새롭게 쓰며, 함께 나눌 때 그 힘은 배가 됩니다. 이렇게 할 때 선언문은 종이에 적힌 글자를 넘어, 내 삶의 방향을 지탱하는 나침반이자 공동체적 울림을 만드는 약속이 됩니다.

- **독자에게 전하는 철학적 메시지**

선언문은 단순한 다짐이 아닙니다. 그것은 나를 묶고 있던 과거의 굴레를 끊고, 새로운 이야기를 시작하는 의식ritual입니다. 나는 더 이상 수동적인 관찰자가 아니라, 내 삶을 써 내려가는 저자가 됩니다.

철학자 빅터 프랭클은 "삶은 우리에게 의미를 묻는다. 그리고 우리는 행동으로 답한다."고 말했습니다. 선언문은 바로 그 질문에 대한 나의 대답입니다. 나는 더 이상 고통과 두려움에만 머물지 않고, 의미와 선택, 그리고 자유로 향하는 길을 걷겠다고 응답하는 것입니다.

이 다짐은 회복과 성장을 위한 문을 여는 첫 열쇠입니다.
삶은 완결된 책이 아니라, 매 순간 다시 쓰이는 원고입니다. 오늘 내가 쓴 선언문 한 줄은 내일의 삶을 바꾸는 씨앗이 되고, 서명은 그것을 지켜내겠다는 내 영혼의 약속이 됩니다.

당신의 마음을 헤아려 보세요. 당신은 이미 선택의 권한을 가진 존재입니다. 선언문은 그 권한을 다시 붙잡는 순간이며, 동시에 "나는 내 삶을 살겠다."는 가장 숭고한 선언입니다
선언문은 단순한 글이 아니라, 삶의 방향을 새롭게 고정하는 의식입니다. "나는 더 이상 수동적 존재가 아니라, 내 삶을 선택하는 주체다." 이 다짐은 곧 회복과 성장의 문을 여는 출발점이 됩니다.

☐ 새로운 삶 선언문 — 워크북 시트

삶은 주어진 길이 아니라, 내가 다시 써 내려가는 이야기입니다. 오늘 당신은 더 이상 과거의 상처와 두려움에 머무르지 않습니다.

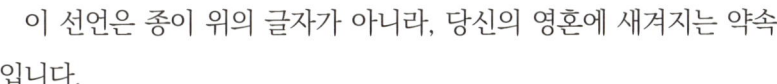

지금 이 순간, 당신은 선택할 수 있습니다.

나는 과거를 내려놓고, 새로운 삶을 선택한다.

나는 내 삶의 저자이며,

지금 이 자리에서 새로운 이야기를 쓰기 시작한다.

이 선언은 종이 위의 글자가 아니라, 당신의 영혼에 새겨지는 약속입니다.

그 약속은 한 줄 한 줄 모여 당신만의 역사와 대서사가 만들어집니다.

이제 용기를 내어 스스로에게 선포해 보세요.

"나는 지금 새로운 삶을 선택한다."

그 순간, 당신의 삶은 이미 새로운 장을 열고 있습니다.

나의 선언문

오늘 나는 새로운 삶을 선택합니다.

나는 더 이상 _____에 머물러 있지 않겠습니다.

나는 _____을(를) 내려놓고 _____을(를) 선택합니다.

나는 내 삶을 두려움이 아니라 _____으로 채우겠습니다.

나는 매일 작은 행동으로 _____을(를) 실천하겠습니다.

나는 나 자신을 존중하며, 동시에 타인과 세상을 위해 _____ 하겠습니다.

나의 서명식

"나는 내 삶의 저자이며, 지금 이 순간 새로운 이야기를 쓰기 시작한다."

이름: _____

날짜: _____

서명: _____

• **오늘의 다짐**

내 선언문을 매일 읽으며, 나는 어떤 변화를 기대하는가?

☐ _____

한 달 뒤, 나는 이 선언문과 어떻게 달라져 있을까?

☐ _____

● **독자에게 전하는 치유메시지**

"삶은 주어진 것이 아니라, 내가 다시 써 내려가는 이야기입니다. 내가 선택하는 한 줄 한 줄이 모여, 결국 나만의 역사와 대서사가 됩니다.

오늘 나는 더 이상 과거의 상처와 두려움에 머물러 있지 않겠습니다.
나는 내 안의 가능성과 자유를 선택하며, 새로운 삶을 향해 나아갑니다.
선언문은 종이 위의 글자가 아니라, 내 영혼에 새기는 약속입니다.

나는 지금, 내 삶의 저자가 되어 다시 쓰기 시작한 이 이야기 속에서 성장하고, 회복하고, 의미를 창조할 것입니다.
그러니 오늘, 용기 내어 외쳐보세요.
'나는 지금, 새로운 삶을 선택한다.'
그 순간, 당신의 삶은 이미 새로운 장을 열고 있습니다."

■ 에필로그

다시 길을 나서는 마음에게

책장을 덮는 지금, 당신은 어떤 마음으로 이 시간을 마주하고 있을까요?

아직은 여전히 지친 기운이 남아 있을 수도 있고, 혹은 작은 안도의 숨을 내쉴 수도 있습니다. 중요한 건 완전히 달라지는 것이 아니라, 내 마음의 신호를 조금 더 잘 알아차릴 수 있게 된 것입니다. 그것만으로도 충분합니다.

우리는 앞으로도 여전히 흔들리고, 때로는 다시 지칠지도 모릅니다. 하지만 이제 알게 되었지요. 마음이 보내는 신호를 무심히 흘려보내지 않고, 잠시 멈춰 귀 기울이는 법을. 그리고 스스로를 따뜻하게 안아주는 자기연민이야말로 새로운 힘을 불러온다는 것을.

삶은 완벽하지 않지만, 그 속에서 우리는 끊임없이 배우고 회복합니다.

무너질 때마다 다시 일어서는 힘—회복탄력성은 멀리 있는 것이 아니라, 이미 당신 안에 숨 쉬고 있습니다.

이 책과의 여정이 끝났다고 해서 당신의 회복이 끝나는 것은 아닙니다. 오히려 이제부터가 시작입니다. 매일의 작은 호흡, 작은 연민의 눈길, 작은 따뜻함이 모여 당신의 삶을 단단하게 지탱해 줄 것입니다.

당신의 내일이 조금 더 가벼워지기를,
당신의 마음이 다시 길을 나설 용기를 잃지 않기를,
이 마지막 글로 조용히 기원합니다.

목원 현용수

■ 상담심리학 용어사전

ㄱ
· 가족치료(Family Therapy) : 가족을 하나의 체계로 보고, 가족 내 상호작용을 변화시켜 문제를 해결하는 상담 접근.
· 가치 명료화(Value Clarification) : 내담자가 자신의 가치관을 탐색하고 선택하도록 돕는 상담 기법.
· 감정전이(Transference) : 내담자가 과거 중요한 인물에게 느꼈던 감정을 상담자에게 옮겨 표현하는 현상.

ㄴ
· 내담자 중심 상담(Client-Centered Counseling) : 칼 로저스(Rogers)가 제안한 접근으로, 상담자의 무조건적 긍정적 존중, 공감적 이해, 진실성이 핵심 조건.
· 내현적 자기애(Covert Narcissism) : 겉으로는 겸손해 보이지만 내면에 과도한 인정 욕구와 취약성을 가진 자기애 성향.
· 내적 통제 신념(Internal Locus of Control) : 자신의 삶이 스스로의 선택과 행동에 의해 좌우된다고 믿는 성향.

ㄷ
· 대처(Coping) : 스트레스 상황에서 개인이 사용하는 인지적 · 행동적 전략.
· 동기면담(Motivational Interviewing) : 내담자가 변화에 대한 동기를 발견 · 강화하도록 돕는 상담 방법.
· 동일시(Identification) : 타인의 특성이나 행동을 자기 것으로 받아들이는 심리적 과정.

ㅁ
· 마음챙김(Mindfulness) : 현재 순간의 경험을 판단 없이 알아차리는 주의집중 상태.

· 면담기술(Interview Skills) : 경청, 질문, 반영, 요약 등을 통해 상담 과정을 이끄는 기본 기술.
· 모래놀이치료(Sandplay Therapy) : 모래 상자와 작은 인형을 활용해 무의식적 경험을 표현·치유하는 치료 방법.

ㅂ

· 방어기제(Defense Mechanism) : 불안을 줄이기 위해 무의식적으로 사용하는 심리적 전략. (예: 억압, 합리화, 투사)
· 반영(Reflection) : 내담자의 감정이나 메시지를 상담자가 다시 비춰주는 기술.
· 분석심리학(Analytical Psychology) : 융(C. G. Jung)의 이론으로, 집단무의식과 원형(archetype)의 개념을 강조.

ㅅ

· 상담적 관계(Therapeutic Relationship) : 상담자와 내담자가 형성하는 협력적·치유적 관계.
· 성장지향적 상담(Growth-Oriented Counseling) : 문제 해결뿐 아니라 자기실현과 잠재력 발휘를 돕는 상담.
· 스트레스 면역 이론(Stress Inoculation Training, SIT) : 단계적으로 스트레스 상황에 대비하는 인지행동적 훈련.

ㅇ

· 역전이(Countertransference) : 상담자가 내담자와의 관계 속에서 자신의 무의식적 감정을 투사하는 현상.
· 인지행동치료(CBT) : 비합리적 사고를 수정하여 정서와 행동을 변화시키는 치료 접근.
· 위기개입(Crisis Intervention) : 급성 위기 상황에서 단기간 내 안정과 회복을 돕는 상담 기법.

ㅈ
- 자기개념(Self-Concept) : 자신에 대한 생각과 태도의 총체.
- 자기연민(Self-Compassion) : 실패와 고통 속에서도 자신을 비난하지 않고 따뜻하게 대하는 태도.
- 집단상담(Group Counseling) : 소규모 집단 내 상호작용을 통해 자기이해와 성장을 돕는 상담 방식.

ㅎ
- 해결중심 단기상담(Solution-Focused Brief Therapy, SFBT) : 문제보다는 해결 가능성과 자원을 강조하는 단기적 접근.
- 회복탄력성(Resilience) : 어려움 속에서도 다시 일어설 수 있는 심리적 힘.
- 현상학적 접근(Phenomenological Approach) : 내담자의 주관적 경험을 있는 그대로 이해하려는 태도.

마음의 쉼터, 회복의 심리학

초판 1쇄 인쇄 | 2025년 10월 20일
초판 1쇄 발행 | 2025년 10월 29일

지은이 | 현용수
펴낸이 | 최병윤
함께하는이 | UNI세계포럼위원회/한효정/양영숙/이관민/정태현, 그리고 NFG, Inc.
펴낸곳 | 행복한마음
출판등록 | 제10-2415호 (2002. 7. 10)

주소 | 서울시 마포구 성미산로2길 33, 202호
전화 | (02) 334-9107
팩스 | (02) 334-9108
이메일 | bookmind@naver.com

ⓒ 2025, 현용수
ISBN 978-89-91705-61-6 03180

* 책값은 뒤표지에 표기되어 있습니다.
* 잘못 만들어진 책은 구입처에서 교환해 드립니다.
* 이 책엔 신라문화체, MBC1961, 아리따 서체를 사용했습니다.